藻类DHA技术链与全球知识产权竞争格局

中国科学院武汉文献情报中心标准分析研究中心　研发

魏　凤　周　洪　牛振恒　邓阿妹　等　编著

科学出版社

北　京

内 容 简 介

本书主要基于对藻类（主要是微藻）DHA 技术链的调研，对微藻DHA 中藻种选育、发酵培养、收集提取、富集纯化、精制及产品技术开展全球知识产权竞争格局分析，包括全球微藻 DHA 专利的发展态势、技术分布、潜在的全球竞争、跨国公司的专利布局、专利申请覆盖国家、技术专利优势、研发重点、产品布局等，分析了印度、巴西、俄罗斯和澳大利亚等国的微藻 DHA 专利保护状况，尤其是针对我国微藻 DHA 专利申请机构做了详细分析，最后提出微藻 DHA 技术研发方向和知识产权保护的建议。

本书对布局微藻 DHA 技术研发、产品生产、市场开发等有重要的参考价值，适合政府部门、规划机构、管理机构、科研机构、产业部门、企业等决策人员、研发人员参考。

图书在版编目（CIP）数据

藻类DHA技术链与全球知识产权竞争格局/魏凤等编著. — 北京：科学出版社，2018.2
　　ISBN 978-7-03-055342-3

Ⅰ.①藻… Ⅱ.①魏… Ⅲ.①藻类–资源开发–生物技术产业–高技术企业–知识产权–关系–市场竞争–研究–世界 Ⅳ.①F416.77②D913.404

中国版本图书馆CIP数据核字(2017)第277154号

责任编辑：王　倩／责任校对：彭　涛
责任印制：张　伟／封面设计：无极书装

科学出版社 出版
北京东黄城根北街16号
邮政编码：100717
http://www.sciencep.com

北京京华虎彩印刷有限公司 印刷
科学出版社发行　各地新华书店经销
*
2018年2月第 一 版　开本：787×1092　1/16
2018年2月第一次印刷　印张：11 3/4
字数：260 000
定价：128.00元
（如有印装质量问题，我社负责调换）

"藻类 DHA 生产技术链与全球知识产权竞争格局"
研 究 组

组　长　魏　凤

副组长　周　洪　牛振恒　邓阿妹　崔　球

成　员　魏　凤　周　洪　邓阿妹　牛振恒

　　　　　崔　球　宋晓金　吴跃伟　吴　昊

　　　　　朱壁然　李春美　侯鑫鑫

序

"深海鱼油"大家一定比较熟悉，是从深海冷水鱼类取得，由于它们富含人体不能合成而又必需的多元不饱和脂肪酸OWEGA-3，其中有效成分主要为DHA（二十二碳六烯酸，Docosahexaenoic Acid）和EPA（二十碳五烯酸，Eicosapentaenoic Acid），对人体健康非常有益，尤其对大脑皮层、视网膜、神经细胞和心血管等作用显著，所以经常被公众作为滋补良品使用。但由于以下原因，鱼类来源OWEGA-3（ω-3）有逐渐被藻类来源ω-3替代的趋势：首先，多项调查发现从海洋鱼类提取的鱼油中能检测到多种陆地的污染物，如有机氯污染物、二噁英（Doixin）和毒杀芬等，随着海洋污染的加剧，公众对其安全性产生了担忧。其次，鱼类来源OWEGA-3的不饱和脂肪酸中除DHA外还含有EPA，而后者已被证明应避免用于婴孩和孕妇。再次，由于海洋捕捞的不确定性和资源枯竭，深海鱼类来源OWEGA-3越来越难以在可控下大规模工厂化生产。另外，不管如何精炼，鱼类来源OWEGA-3产品多少会有一点让一些人不愿接受的"腥味"。而随着技术进步，从藻类直接提取DHA的系列技术已经成熟，可完美解决上述不足，使得藻类DHA成为可以稳定提供优质OWEGA-3的重要来源。

藻类DHA目前主要从微藻制取，其生产过程包括：藻种的筛选分离、培养，大规模发酵培养，DHA提取、纯化，以及DHA的精炼、改性等，形成了藻类DHA生产完整的技术链。随着需求的增长，围绕藻类DHA生产技术专利与市场已经出现知识产权方面的激烈竞争。调研发现，欧美国家的相关企业巨头们通过掌握藻类DHA生产的完整技术链、严密的知识产权保护链和完善的DHA产品链，在全球藻类DHA市场竞争中占据了先机。为此，为推动我国研发机构和企业创新性技术的研发，突破国外知识产权保护链和绕开技术围堵，争取在国际竞争中占据一席之地，急需能有一本好的参考书籍能对目前全球藻类DHA生产的技术链及知识产权竞争格局提供权威的信息。

该书作者借助数据情报方面的专业优势，收集了丰富的有关藻类DHA的技术链信息与专利数据，并对两者作了权威的综合分析。在概要介绍藻类DHA生产兴起的缘由，以及全球藻类DHA知识产权的总体发展态势后，该书将主要篇幅集中在藻类DHA生产的专利分析上。这些专利分析非常专业与详细，按照藻类DHA生产技术链的每一个环节，从藻种选育、发酵培养、收集提取、精制、改性及衍生化等逐一分章节介绍了该环节目前的专利分布、专利持有人、专利成熟度以及最近年新出现的专利技术等。并在后面三个章节分别对新兴市场、跨国企业和在华企业的 DHA 专利情况进行了深入分析。

该书几乎囊括了目前国内外藻类 DHA 生产技术与专利的有用信息,写作布局合理、行文流畅、通俗易懂,是从事藻类 DHA 研究、生产与市场开拓等方面的人员以及相关专业大专院校师生一本实用的参考书。

中国科学院海洋研究所

周名江

2017 年 11 月

前　言

2016 年 10 月 25 日，中共中央、国务院发布《"健康中国 2030"规划纲要》，提出要把人民健康放在优先发展战略地位，标志着我国已经将健康中国上升到了国家发展战略高度。DHA（二十二碳六稀酸），俗称脑黄金，是一种重要的 ω-3 多不饱和脂肪酸，具有健脑益智、促进神经核视觉系统发育、抗癌、抗炎、预防和治疗心血管疾病和延缓衰老等多种功效，在医药、食品、饲料等行业具有广阔的应用前景，对保障人们健康具有重要作用。

藻类 DHA 的整个技术链条（藻种选育—发酵培养—收集提取—富集纯化—精制—改性及衍生—产品应用）已为全球所关注。本报告以全球藻类（主要是微藻）DHA 专利为研究对象，分析藻类 DHA 各环节的关键技术的知识产权问题、潜在竞争对手的技术研发趋势与市场竞争战略，研究当前藻类 DHA 关键技术知识产权战略、专利布局及空白点，挖掘国内外主要专利权人的技术趋势、竞争优势、研发重心、产品布局、专利保护、研发合作等，尤其是针对我国藻类 DHA 知识产权的发展情况，分析其在国内外市场的机遇和挑战，并提出对策建议。

目前，国外机构已经具有全链条的技术、市场开拓能力。例如，帝斯曼和马泰克的专利已覆盖藻类 DHA 生产的全链条；杜邦公司在菌种选育、收集提取方面具有领先优势；巴斯夫在菌种选育、发酵培养、精制方面具有领先优势等。相比之下，我国的研发机构由于起步较晚，专利主要集中于产品的应用形式、改性及衍生化方面，在藻类 DHA 生产技术上专利较为分散，需要加大研究和创新。

未来，藻类 DHA 的生产技术向着提高 DHA 的纯度、稳定性、产量的方向发展，产品形式日益多样化，并向日常消费品方向扩展。通过对藻类 DHA 生产技术的专利的分析，发现除了 DHA 的生产技术得到不断创新和优化外，利用基因工程的手段，通过转基因技术，DHA 已实现了从微藻到微生物（细菌、酵母等）再到高等植物的跨物种生产。就微藻 DHA 的生产技术来说，选育性状更加优良的微藻品种仍是提高 DHA 产量的关键因素；收集提取技术向着无污染、低残留、无溶剂的方向发展；富集纯化技术由单一技术向多种技术联合使用的复合技术方向发展；精制技术也由物理和化学方法向着酶和生物学方法的方向发展，以满足 DHA 的高纯度和高品质要求；DHA 的衍生物形式趋于多样化，磷脂型DHA 的制备技术日趋成熟；DHA 产品形式逐渐多样化，DHA 包埋技术不断得到优化，在食品、医药、保健品和饲料等领域的应用不断深入；DHA 在食品领域的应用已由在奶制品（婴幼儿配方奶粉、液态奶）领域向着饮料、面包、烘焙食品等日常消费品的方向发展。

虽然藻类 DHA 专利已覆盖整个藻类 DHA 技术链，但仍存在一些技术专利的空白点。

菌种选育方面的专利空白点为离子相关诱变技术、除草剂（喹禾灵等）诱变技术等；发酵培养方面的专利空白点为添加有植物激素的微藻培养基和微藻的流加培养技术；纯化富集方面的专利空白点为银离子改性分子筛技术和超临界流体色谱法技术；改性及衍生化方面的专利空白点为适合工业化生产高纯度 DHA 乙酯的方法。目前，在精制和产品应用方面还未发现存在专利的技术空白点。

根据上述研究结论，本书提出我国研发藻类 DHA 技术领域的主要建议：抓住当前藻类 DHA 专利布局的缺陷和空白，加快藻类 DHA 空白点技术研发和国内市场的专利战略布局；加大对国内市场和部分国外市场的开发；丰富产品形式和类型，向传统食品和保健品拓展；加强对藻类 DHA 的新生产和应用技术的研发和优化等。

由于 DHA 技术涉及多学科，综合性和创新性较强，本书的编著者专业和水平有限，对诸多问题理解难免不尽准确，如有不妥之处，恳请各位专家和读者提出宝贵意见和建议，以便进一步修改和完善。

本书的完成得到了中国科学院重大科技任务局任小波先生、中国科学院武汉文献情报中心张智雄主任、陈丹书记，以及众多专家的指导和支持，在此一并表示衷心感谢。

中国科学院武汉文献情报中心标准分析研究中心

魏　凤

2017 年 11 月

|目　录|

第1章 | 藻类 DHA 生产的关键技术链

1.1 DHA 技术概述及分类

二十二碳六烯酸（Docosahexaenoic Acid，DHA），分子式是 $C_{22}H_{30}O_2$，分子量为 328.48，分子结构中第一个不饱和双键位于甲基端的第三个碳上，含有 6 个双键，具有 22 个碳原子，是一种 ω-3 系列多不饱和脂肪酸。

目前，DHA 分为甘油三酯型、甲酯型、乙酯型和卵磷脂型 4 种类型，其中，DHA 甘油三酯型和卵磷脂型属于天然存在形式，甲酯型和乙酯型 DHA 是人们通过化学手段所获得，目的是方便提取，从而获得大量的高纯度 DHA，但是，天然存在形式的 DHA 更利于人体的消化吸收。人体对乙酯型 DHA 的吸收率仅有 20%，对甘油三酯型 DHA 的吸收率约为 50%，对卵磷脂型 DHA 的吸收率接近 100%[①]。

DHA 对人体具有极其重要的生理功能，俗称"脑黄金"，具有健脑益智、促进神经核视觉系统发育、抗癌、抗炎、预防和治疗心血管疾病及延缓衰老等功效。由于具有上述诸多功能，DHA 作为新一代功能食品药物保健因子，成为全球科研人员关注的热点。

1.2 DHA 的来源

传统来源——深海鱼油。深海鱼油是 DHA 的传统来源。然而，海水污染程度不断加重，渔业资源日益枯竭，DHA 含量和纯度较低，鱼腥味较重和二十碳五烯酸（eicosapentaenoic acid，EPA，一种抑制婴幼儿生长发育的物质）含量较高等因素，决定了深海鱼油 DHA 不仅无法满足市场对 DHA 的旺盛需求，而且还限制了其在食品和保健品中的进一步的应用。

新型来源——微藻。利用微生物生产 DHA 是产生于 20 世纪 90 年代的一项技术。该技术利用自然界中一些微生物具有合成 DHA 这一功能，通过对微生物的发酵培养，经过分离、提取和纯化等工艺获得 DHA。利用微生物法生产 DHA 具有微生物生长快易培育、DHA 含量高、提取工艺相对简单和无污染等优点。自然界中具有合成 DHA 功能的微生物有微藻、真菌和细菌等，其中，对微藻的研究最为集中。目前，利用微藻的发酵培养生产藻类 DHA 已实现了工业化和规模化生产。

和深海鱼油 DHA 相比，藻类 DHA 更容易被人体吸收及代谢，且食用更加安全，无异味、

---

① http://baike.baidu.com/link?url=AS9YH3LMd6fcS046erYSP4tYiFicqHCIgjEP3QXZKIv1mhP5jZBjp_m0W7m-q8Uz8r6M-3plaGZ2n7BmerRDhdZtnk0Rf4CJrfBBxbC1tpsu.

无污染。全球的 DHA 市场上已呈现藻类 DHA 逐渐取代鱼油 DHA 的发展趋势。

1.3 藻类 DHA 生产的关键技术链

利用微藻生产藻类 DHA 涉及多个复杂的流程，其生产技术链大致可分为如下六个阶段：菌种选育、发酵培养、分离提取（破壁萃取）、纯化、精制、改性。

1.3.1 菌种选育技术

目前，国内外生产藻类 DHA 所用到的微藻种类有裂殖壶菌（Schizochytrium sp.）、破囊壶菌（Thraustochytrium）和隐甲藻等，其中，裂殖壶菌和破囊壶菌的应用最为广泛。裂殖壶菌和破囊壶菌均属于真菌门（Eumycota）、卵菌纲（Oomycetes）、水霉目（Saprolegiales）、破囊壶菌科（Thraustochytriaceae），是一类生产 DHA 的类藻海洋真菌。在它们体内，DHA 均以甘油三酯的形式存在，但 DHA 的生物合成途径却不相同。破囊壶菌是通过碳链延长、脱氢的生化反应步骤来合成高度不饱和脂肪酸，而裂殖壶菌的多不饱和脂肪酸是在聚酮合酶（polyketide synthase，PKS）催化作用下形成的。裂殖壶菌和破囊壶菌都具有培养简单、生长速度快、脂肪酸组成简单且易分离纯化等特点。在适当的培养条件下，菌体的生物量、总脂含量和 DHA 产量可以达到很高的程度，是发酵生产 DHA 的理想菌种。

对 DHA 的生产来说，只有菌体内 DHA 含量和菌体生物量都高时，才能获得较高的 DHA 生产效率。因此，必须对自然界存在的微藻进行选育和种质改良，以获得在同一环境中高菌体生物量与高 DHA 含量能够同时满足的优良菌种。目前，对微藻的选育一般采用物理、化学或生物学的手段，引起细胞核染色体断裂、缺失、碱基置换和基因重组等生物学效应，从而使后代的性状发生变异。物理诱变育种主要采用激光、离子束和射线辐照等手段来获得优良的突变品种。在微藻选育中常用的技术有射线辐射诱变技术、激光诱变技术、离子束诱变技术和紫外线照射诱变技术等。化学诱变方法主要是采用诱变剂。在诱变育种方面应用较为广泛的化学诱变剂有甲基磺酸乙酯（ethyl methanesulfonate，EMS）、亚硝基胍（N-methyl-N'-nitrosoguanidine，MNNG）、叠氮化钠（NaN）、平阳霉素（PYM）等。生物学的方法主要有细胞融合技术和转基因技术等。

1.3.2 发酵培养技术

微藻的发酵培养过程是决定微藻 DHA 产量的关键环节。发酵培养过程中，影响微藻 DHA 产量的因素有培养基成分、培养条件和培养方式等。

1. 培养基成分

微藻培养基的成分包括碳源、氮源、碳氮比（C/N）、无机盐及其他外源添加成分等，选择不同的要素种类会对微藻 DHA 的产量产生重要影响。

（1）碳源

不同种属的微藻对不同碳源的利用效率差别很大。葡萄糖是微藻普遍能够利用的碳源。另外，果糖、麦芽糖、蔗糖、淀粉、甘露糖、粗甘油和亚麻籽油等也可作为微藻的碳源。

（2）氮源

微藻可以利用酵母浸出液、玉米浆及蛋白胨等有机氮源和硫酸铵、乙酸铵、硝酸铵、硝酸钠与谷氨酸钠等无机氮源。

（3）碳氮比

合适的碳氮比有助于产生最佳的菌体生物量，培养基中氮元素含量过低可导致菌体生物量减少，从而影响 DHA 的产量。

（4）无机盐

微藻培养基中常用的无机盐为氯化钠（NaCl）。向培养基中添加无机盐有两方面的作用：①微藻细胞内 DHA 的合成需要一些酶的参与，酶的最佳活性需要金属离子作为辅助，在培养基中添加一定量的无机盐可以为微藻提供所需的金属离子；②向微藻培养基中添加无机盐可以维持培养基的渗透压，有利于微藻的生长和 DHA 的积累。

（5）其他外源添加成分

培养基中的其他外源添加成分还包括微量元素、激素和维生素等。

为进一步提高微藻 DHA 的产量，许多研究者关注利用响应面法对微藻培养基的成分进行优化。华南理工大学的梅志刚等利用响应面法对隐甲藻的培养基进行了优化，优化后的培养基组成为葡萄糖 30.54 g/L，胰蛋白粉 5.03 g/L，酵母粉 4 g/L，甘油 20 g/L，不添加 $MgCl_2$ 和维生素溶液，其他组分同 460 培养基，在此培养基条件下，DHA 产量达（907.54 ± 1.02）mg/L，是优化前产量的 2.48 倍[1]。上海交通大学的金文翔等利用响应面法对裂殖壶菌 DHA 的发酵培养基进行了优化，葡萄糖、酵母浸出粉和磷酸二氢钾优化后浓度分别为 69.66 g/L、6.93 g/L、1.29 g/L，DHA 的产量较优化前提高了 62.04%[2]。

2. 培养条件

微藻的培养条件包括温度、pH 和溶氧度等。

（1）温度

温度是 DHA 生物合成的一个非常重要的环境因素。一般情况下，微藻在最适的温度条件下培养可获得最大的生物量，但是，油脂含量并不一定达到最大。有研究表明，冷处理可在一定程度上增加 DHA 的含量[3]。

（2）pH

裂殖壶菌和破囊壶菌生长的 pH 范围较广。中性 pH 有利于菌体的生长和脂肪酸的积累，

---

[1] 梅志刚，王菊芳. 响应面法优化隐甲藻产 DHA 的培养基. 中国酿造，2010, (11): 84-87.
[2] 金文翔，戈梅，钱秀萍. 响应面法优化裂殖壶菌 DHA 发酵培养基. 食品与发酵科技，2015, 51(4): 13-16+33.
[3] 刘静，高媛媛，江贤章，等. 低温胁迫对裂殖壶菌 DHA 生物合成及 SOD 表达的影响. 药物生物技术，2010,17(1): 50-55.

pH 较低时不利于菌体的生长，但对 DHA 相对含量的增加有利。pH 的变化是通过 H^+ 浓度的改变而影响细胞生理代谢过程，进而影响 DHA 等多不饱和脂肪酸的合成。破囊壶菌类微生物细胞生长和 DHA 生产的 pH 范围为 5~8。

（3）溶氧度

产油微生物合成多不饱和脂肪酸时，需要氧参与去饱和反应，氧分子还可以促进菌体的生长及维持细胞的代谢。氧的有效性决定微生物合成脂肪酸的不饱和度。在发酵过程中，需要提高培养基中溶氧度以促进不饱和脂肪酸的合成，从而提高 DHA 的产量。通气和机械搅拌有利于氧的传递和利用。

3. 培养方式

微藻的发酵培养主要有分批发酵、连续发酵和流加发酵三种方式。

（1）分批发酵

分批发酵也称间歇发酵，是微生物发酵的传统方式，是指在发酵过程中将营养物和菌种一次性加入进行培养，直到结束放出，中间除了空气进入和尾气排出，与外部没有物料交换。分批发酵的优点是操作简单、投资少、运行周期短、染菌机会少、生产过程和产品质量较易控制，缺点是发酵初期营养物过多会抑制微生物的生长，而发酵的中后期又因为营养物减少而降低培养效率。

（2）连续发酵

连续发酵是指以一定的速度向发酵罐内添加新鲜培养基，同时以相同的速度流出培养液，从而使发酵罐内的液量维持恒定，使微生物在稳定状态下生长。与分批发酵相比，连续发酵的优点主要表现在可长期连续进行、生产能力高，缺点是操作控制要求高、投资高、杂菌污染和微生物菌种变异等。

（3）流加发酵

流加发酵也称补料分批发酵或半连续发酵，是指在微生物分批发酵中，以某种方式向培养系统补加一定物料的培养技术。它是介于分批发酵和连续发酵之间的一种发酵技术，同时具备两者的部分优点，是一种在工业上较常用的发酵工艺。流加发酵通过向培养系统中补充物料，可以使培养液中的营养物浓度较长时间地保持在一定范围内，既保证微生物的生长需要，又不造成不利影响，从而达到提高培养效率的目的。流加发酵较分批发酵DHA 产量高很多，这主要是因为流加培养可以有效地减少发酵液黏度升高引起的传质效率低、降解物的阻碍效应及底物的反馈抑制现象，很好地控制代谢流向，提高菌体生物量、油脂含量及增加 DHA 的积累。

1.3.3 分离提取技术

裂殖壶菌和破囊壶菌等产 DHA 微生物具有较为坚韧的细胞壁，在油脂提取前应对藻体进行破壁处理。常见的破壁处理方法主要有研磨、酸热法、藻体自融法、蛋白质溶剂变性法、反复冻融法、超声波破碎法、微波破壁法和高压均质法等，其中，超声波破碎法适合对大多数微藻细胞进行破碎，超声波对细胞破碎的效率与细胞种类、时间、浓度和超声波的声频及声能有关。

微藻油脂的分离提取方法与大多数油类植物的提取方法相似，主要有物理压榨法、有机溶剂提取法和超临界 CO_2 萃取法等。

（1）物理压榨法

在微藻油脂的制取中，借助机械外力的作用，将其从微生物发酵菌中提取出来的取油方法称为物理压榨法。物理压榨法具有配套设备少、生产灵活、油品质量好、色泽浅和风味纯正等优点，但同时也具有物料变形、水分蒸发、蛋白质变性、榨饼残油量高及动力消耗大等缺点。

（2）有机溶剂提取法

有机溶剂提取法是目前国内外应用较为广泛的微藻油脂提取法。用于脂类提取的有机溶剂具有对油脂有较好溶解度、化学性质稳定、容易与油脂分离和安全性能好等特点。实验室常用的抽提溶剂主要有石油醚、己烷、丙酮、氯仿、乙醇和甲醇等。有机溶剂提取法按操作形式又可分为浸出法、搅拌热回流法和索氏提取法等。有机溶剂提取法的优点是出油率高、生产过程可以控制在较低温度下进行、动力消耗小、容易实现大规模和自动化生产，缺点是所用溶剂大多易燃、溶剂蒸气具有一定的毒性，以及提取的油脂中因残留溶剂不能直接食用。

（3）超临界 CO_2 萃取法

超临界 CO_2 萃取法 (supercritical CO_2 extraction, SC- CO_2) 是近二三十年发展起来的一种新型分离技术，其综合了溶剂萃取和蒸馏两种功能。由于其萃取温度低、不易破坏被萃取物的生理活性、选择性好、无溶剂残留、避免产物氧化、不影响萃取物有效成分、萃取速度快、使用安全和不污染环境等优势，特别适用于热敏物质和易氧化物质的分离，可有效分离链长差别较大的脂肪酸，但若将碳链长度相近的脂肪酸分开，还必须结合其他分离技术。

1.3.4 纯化技术

目前，用于分离纯化 DHA 的方法主要有低温结晶法、尿素包合法、分子蒸馏法、酶法、吸附分离法、超临界流体萃取法、超临界流体色谱法及上述两种或两种以上方法联合使用的复合法等。

（1）低温结晶法

低温结晶法又称溶剂分级分离法，该方法利用低温下不同的脂肪酸或脂肪酸盐在有机溶剂中溶解度不同的特性来进行分离纯化。这种溶解度的差异在随温度降低时表现更为显著。根据这一原理，将混合脂肪酸溶于有机溶剂，通过降温可过滤除去其中大量的饱和脂肪酸和部分单不饱和脂肪酸，从而获得所需的多不饱和脂肪酸。丙酮和乙醇为常用的有机溶剂。低温结晶法工艺原理简单、操作方便，但需要回收大量的有机溶剂，且分离效率不高，通常与其他分离方法联合使用。

（2）尿素包合法

尿素包合法是一种较常用的分离方法。利用尿素包合法分离饱和脂肪酸、单烯和多烯不饱和脂肪酸已实现商业化，且近年来还在不断改进。该技术的分离原理是尿素分子在结晶过程中能够与饱和脂肪酸形成较稳定的晶体包合物析出，与单不饱和脂肪酸形成不稳定的晶体包合物析出，而多不饱和脂肪酸不易被尿素包合，采用过滤方法除去饱和脂肪酸和单不饱和脂肪酸与尿素形成的包合物，即可得到较高纯度的多不饱和脂肪酸。尿素包合法成本较低，应用较普遍，但难以将双键数相近的脂肪酸分开。

（3）分子蒸馏法

分子蒸馏法是蒸馏法的一种，其原理是利用混合物组分挥发度不同的特性而实现分离。该方法一般在高度真空条件下进行，在这种条件下，脂肪酸分子间引力减小，挥发度提高，因而蒸馏温度比常压蒸馏大大降低。分子蒸馏时，饱和脂肪酸和单不饱和脂肪酸首先蒸出，而双键较多的不饱和脂肪酸最后蒸出。分子蒸馏法的优点是蒸馏温度较低，可有效防止多不饱和脂肪酸受热氧化分解；缺点是需高真空设备，且能耗较高。

（4）酶法

近年来，利用微生物酶富集 DHA 的方法逐渐受到人们的重视。与物理和化学方法相比，酶法具有一系列的优点：首先，酶催化效率高，在大规模的生产中用量很少，且固定化酶能多次重复利用；其次，酶催化反应在温和的 pH、温度和压力下进行，这对不稳定的 DHA 来说尤为重要；最后，酶法也避免了长链 DHA 中顺式结构双键被氧化、顺反异构、双键移位和聚合反应等情况的发生。

（5）吸附分离法

吸附分离法是利用吸附剂选择性吸附分离多不饱和脂肪酸。例如，银离子能与不饱和脂肪酸的双键形成络合物，将银离子固定在吸附剂载体上，不同饱和度的脂肪酸在吸附剂上的分配系数不同因而得以分离。吸附分离法的优点是分离效果好，产品纯度高；缺点是分离规模较小，分离成本高，有些洗脱剂容易污染产品。

（6）超临界流体萃取法

超临界流体萃取法的基本原理是通过调节温度和压力使原料各组分在超临界流体中的溶解度发生大幅度变化而达到分离的目的。与传统萃取方法相比，超临界流体萃取法具有良好的近于液体的溶解能力和近于气体的扩散能力，萃取效率大大提高。超临界流体萃取法常选用二氧化碳等临界温度低且化学惰性较强的物质作为萃取剂，特别适用于热敏物质和易氧化物质的分离。利用超临界流体萃取法可有效分离链长差别较大的脂肪酸，但若将碳链长度相近的脂肪酸分开，还需结合其他分离技术。

（7）超临界流体色谱法

超临界流体色谱法（supercriticai fiuid chromatography，SFC）是以超临界流体作为流动相，依靠流动相的溶剂化能力来进行分离、分析的一种色谱方法。该方法对物质的溶解能力比一般气体大得多，相当于有机溶剂，但比有机溶剂的扩散速度快、黏度低、表面张力小。该方法兼有气相色谱和液相色谱的特点,既可分析气相色谱不适应的高沸点、低挥发性样品,又具有比高效液相色谱有更快的分析速度和条件。该方法对分离乙酯型 DHA 具有独特的优越性。由于乙酯型 DHA 在超临界二氧化碳中具有相当大的溶解度,故可用纯二氧化碳作流动相而无需加入极性改性剂,对产品不会造成有机污染,后处理简便,特别适合规模化制备生产高纯度的 DHA-EE。

总之,由于各种提纯方法原理不同,依靠单一的方法获得高纯度的 DHA 产品比较困难,多种提纯方法联合使用的复合分离提纯技术已经受到广泛关注。复合分离新技术在大规模分离纯化多不饱和脂肪酸上已显示出巨大的潜力和广阔的应用前景。

1.3.5 精制技术

在实际生产应用中,DHA 油脂因其不饱和度高,极易氧化产生异味,影响味觉和营养。DHA 油脂分离纯化后还需经过精制技术,才可得到感官和品质均满足消费者需求的 DHA 精油。微藻 DHA 油脂精制技术通常分为脱胶、脱酸、脱色和脱臭四步工序,每个环节所经历的物化条件各异,去除的微组分也各不相同。

（1）脱胶

脱胶是整个油脂精制工艺的基础,主要作用是除去油脂中的磷脂等胶质。脱胶效果不佳会导致精炼损耗大,加重脱色、脱臭的负担,对设备也会造成比较大的影响（过滤困难、设备结焦和增加白土的消耗等）,同时还会造成精油酸败和回色现象。传统的油脂脱胶工艺是水化脱胶与酸法脱胶相结合的化学脱胶方法,工艺流程相对简单,但往往会造成磷脂脱除效果差、油脂损耗过多、废水多和油脂品质不稳定等不良影响。新型酶脱胶法是一种高效、经济、无污染的脱胶方法,其利用微生物发酵提取的磷脂酶,催化磷脂水解,转化为更容易水化的溶血磷脂,然后水化凝聚,将胶质从油脂中分离出来。相比传统的油脂脱胶工艺,新型酶脱胶法具有脱磷效果好、炼耗小和能耗低、产生污水少等优点,是油脂脱胶未来的主要发展趋势之一。

（2）脱酸

脱酸是油脂精制的重要工序之一,其目的是除去毛油中的游离脂肪酸,并同时除去部分色素、磷脂、烃类和黏液质等杂质及如生育酚、街醇等物质。传统的脱酸方法主要是化学脱酸法、物理脱酸法、混合油脱酸法。这些方法虽然能够达到食用油酸值的要求,但是会造成游离脂肪酸中 EPA 和 DHA 等多不饱和脂肪酸的浪费。目前,研究者发明了一些新的脱酸方法,包括生物脱酸法、化学脱酸法、溶剂萃取脱酸法、超临界萃取脱酸法、膜分离技术脱酸法、分子蒸馏脱酸法和液晶态脱酸法等[①]。其中,分子蒸馏脱酸法有诸多优点:①不仅能够达到脱除游离脂肪酸的目的,还可以充分利用脱除的游离脂肪酸进行 DHA 的回收,避免了游离多不饱和脂肪酸的损失;②简化了脱酸工艺,为后期从游离脂肪酸中分

---

① 刘军海,任慧兰. 食用油脱酸新方法研究进展. 粮食与油脂, 2008, (2): 1-6.

离 DHA 创造了条件。

（3）脱色

制取的油脂中由于含有色素而使油脂呈现不同的色泽和外观。为了改善油脂的色泽，大部分油脂都需经过脱色工艺对其中的色素进行脱除。脱色的方法主要有吸附脱色法、化学试剂脱色法、氧化脱色法和加热脱色法等。工业上应用最为广泛的是吸附脱色法，其利用某些对色素具有选择性作用的物质（吸附剂）吸附除去油脂内的色素及其他杂质。目前，最常用的吸附剂有硅藻土、活性炭、高岭土及活性白土等。

（4）脱臭

脱臭是油脂精制的最后一个主要工序，它是利用油脂中臭味化合物与甘油三酯挥发度的较大差异，在高温和高真空条件下借助水蒸气蒸馏脱臭除杂的过程。油脂脱臭技术不仅可以除去油脂中的臭味物质，改善油脂的风味，还能使油脂的稳定性、色度和品质有所改善。国内外关于微藻 DHA 油脂的脱臭工艺研究较少。蒋露等研究了汽提蒸汽量在脱臭工艺中对微藻 DHA 油脂品质的影响，结果表明，随着汽提蒸汽量的增加，DHA 油脂的过氧化值、酸值、含皂量、不皂化物、甾醇含量及色泽均随之降低，DHA 油脂的损耗随之增加，但不同的汽提蒸汽量对 DHA 含量影响却不大[1]。

1.3.6 改性技术

游离型 DHA 虽然比较容易吸收和利用，但却极易被氧化，产生对人体有害的物质，而且味道不好，不太适合直接用于保健品或食品行业。因此，需要利用 DHA 的理化性质，对其进行加工和改性，从而获得高含量、高稳定性、易于吸收利用的 DHA，以满足人们对于 DHA 产品的需求。

对 DHA 进行改性的技术主要有乙酯化和酯交换。乙酯化是将 DHA 转化成 DHA 乙酯，即 DHA-EE。DHA 乙酯化的方法有醇解法和酶法等。醇解法是 DHA 甘油三酯与无水乙醇在碱性催化剂的作用下发生乙酯化反应，生成 DHA 乙酯。醇解法成本较低，能耗较低、反应速率较快，得到的产品颜色相对较浅。酶法是以脂肪酸作为催化剂，在酶促反应下催化 DHA 乙酯化反应。中国海洋大学的孙兆敏等研究了酶促乙酯化和分子蒸馏联合使用制备高纯度 DHA 乙酯的方法，结果表明，两种方法的联合使用可显著提高 DHA 乙酯的获得率[2]。酯交换反应是一种酯与脂肪酸、醇或其他酯类作用，引起酰基交换或分子重排生成新酯的反应。根据酰基供体的不同可分为酸解、醇解及转酯三种类型。酯交换反应分为化学法和酶法两大类。化学法通常采用金属醇化物作为催化剂。酶法是以特异性的固定化脂肪酶为催化剂进行的酯交换反应。酯交换是油脂改性的重要手段之一，可以有效提高油脂的可塑性，既改变油脂物理性状，又不产生反式脂肪酸，保持了油脂的营养特性，成为

---

①蒋露，胡耀池，梁井瑞，等.汽提蒸汽量在脱臭工艺中对微藻 DHA 油脂品质的影响.中国油脂，2011，36(12):13-16.
②孙兆敏，张芹，郭正霞，等.酶促乙酯化和分子蒸馏联用制备高 DHA 乙酯的工艺.食品工业科技，2014，35(12): 167-171.

目前研究的热点。

1.4　DHA 相关的衍生产物

目前，DHA 衍生物的主要形式是 DHA- 磷脂。DHA- 磷脂是 DHA 与磷脂结合产生的衍生物形式。DHA 含有 6 个不饱和双键，极易被氧化，而磷脂具有较强的抗氧化特性。DHA 和磷脂结合后，氧化稳定性得到增强，并且磷脂分子形态可以原封不动地由细胞摄取，在细胞内分解为 DHA 与磷脂。DHA- 磷脂能够抑制肿瘤生长、降低血脂水平，显现更好的细胞膜穿透性。研究表明，磷脂型 DHA 比甘油三酯型 DHA 更有利于 DHA 吸收，可以更快速地为大脑皮层提供所需的 DHA。

天然状态下的 DHA- 磷脂受原料的限制，其产量无法满足人们需求，需要利用其他方法进行制备。DHA- 磷脂的制备方法有化学法与酶法。化学法因催化剂非专一性和试剂毒性，会造成副产物且影响产品安全性。酶法则具备较多优势：①酶具有位置特异性，既可以选择磷脂特定位点进行催化反应，也可以选择性地催化特定底物，副产物少，产品安全性好；②酶法反应条件温和，具有环境友好的优点。目前，利用酶法制备 DHA- 磷脂的研究主要集中于磷脂酶。大连理工大学的马彦庆[1]、中国海洋大学的马琴[2]、华南理工大学的李响[3]等均对利用磷脂酶制备 DHA- 磷脂的方法进行了研究。

此外，有学者研究了 DHA 的其他衍生形式。湖南大学的孟丽丽等合成了 DHA 双氢青蒿素酯，并对其抗肿瘤活性进行了初步研究，展现了 DHA 作为青蒿素类抗肿瘤药物载体方面的应用前景[4]。江南大学的孙月娥等以 DHA 乙酯和海藻糖为原料，通过固定化脂肪酶催化合成了 DHA 海藻糖酯，并对其分离纯化方法进行了研究[5]。

1.5　DHA 的用途广泛

1.5.1　DHA 的应用

目前，国内外市场上，DHA 已应用于食品行业、医药和保健品行业及饲料行业等。

（1）食品行业

国外市场上，藻类 DHA 在食品行业的应用比较成熟，已被添加于奶粉（含婴幼儿配方奶粉）、食用油、饮料、快餐食品和休闲食品、营养品及调味品等食品中。第一，DHA 在婴幼儿配方食品（含婴幼儿配方奶粉和婴幼儿辅食）领域的应用最为广泛。国

---

①马彦庆，陈斌斌，郑妍，等.固定化磷脂酶 A1 催化制备 DHA 型磷脂.中国粮油学报，2015, 30(3): 75-79.
②马琴.二十二碳六烯酸 - 磷脂生物活性的研究.中国海洋大学硕士学位论文，2009.
③李响.磷脂酶 A1 的固定化及其催化合成 DHA/EPA 型磷脂的研究.华南理工大学硕士学位论文，2015.
④孟丽丽，匡永清，肖义军，等.二十二碳六烯酸双氢青蒿素酯的合成及其抗肿瘤活性的初步研究.化学研究与应用，2009, 21(1): 123-126.
⑤孙月娥，夏文水，陈洁.二十二碳六烯酸海藻糖酯的分离纯化及鉴定.食品工业科技，2010, 31(3): 200-202+206.

际上几乎所有的大型配方奶粉公司都将藻油 DHA 添加到自己的产品中，如婴幼儿配方奶粉、米粉、果泥、麦片和代乳品等。第二，藻油 DHA 在食用油中的应用也较为广泛。例如，美国的 Now 牌保健食用油，其基础油为亚麻油和玻璃苣油，每汤匙（15mL）含有 100 mg DHA。Flora 和 Health from the sun 等品牌也有类似的产品[1]。第三，将藻油 DHA 添加在饮料中，如乳酸饮料、豆奶和果汁等。第四，将藻油 DHA 添加在快餐食品和休闲食品中，包括面包、饼干、巧克力派、罐头、鱼肉香肠、火腿和糖果等，如加拿大 Mepleleaf 公司推出的 Dempster 聪明面包、法国 Meadow Bakery 公司推出的男人面包、韩国好丽友推出的 DHA 贝贝饼干及巧克力派等。第五，将 DHA 添加在食品、营养品和调味品中，包括鸡蛋、豆腐乳、芝士、黄油、蛋黄酱、果酱、食用果胶和冷冻沙丁鱼等。

国内市场上，藻油 DHA 主要应用于配方奶粉、食用油、液态饮料（液态奶、儿童冲剂）和软糖中，如中粮集团的"福临门 DHA 谷物多食用植物性调和油"。此外，广东润科生物工程股份有限公司研究了藻油 DHA 在花生油和月饼中的应用。其他添加 DHA 的食物产品还处于开发之中。

（2）医疗和保健品行业

由于 DHA 具有多种生理功效，已大量应用于医疗和保健中，但以保健居多，以满足婴幼儿、孕妇、术后患者和普通人等人群的需要。在国内外市场中，DHA 主要以油剂或粉剂的形式存在于软胶囊、胶丸和微胶囊等产品中。例如，华中农业大学的解秀娟等利用乳化喷雾干燥法制备了藻油 DHA 微胶囊并研究了了其在乳品中的应用[2]。沧州市海源生物制品有限公司推出了浓缩鱼油硬胶囊、浓缩鱼油软胶囊和浓缩鱼油微胶囊等产品，其中，DHA 等 ω-3 多不饱和脂肪酸含量在 50% 以上。神威药业集团推出的降血脂药"神威牌多烯康胶丸"中 DHA 等 ω-3 多不饱和脂肪酸含量为 70%。青岛双鲸药业有限公司推出了"降血脂多烯康胶丸"，每粒药丸中 DHA 等 ω-3 不饱和脂肪酸含量为 200 mg[3]。当然，针对不同的需要，各产品中 DHA 的含量可能不同。

（3）饲料行业

DHA 作为饲料在水产养殖业和畜牧业中的应用具有潜在的发展空间。有研究表明，在水产饲料中添加微藻或 DHA 能提高鱼、虾及蟹类等的孵化率、成活率和生长率；在宠物饲料中添加微藻或 DHA 可提高饲料适口性，增加宠物的采食量和毛色光泽；在动物饲料中添加微藻或 DHA 可提高动物肉质中 DHA 的含量。例如，在鸡饲料中添加微藻或 DHA 不仅可以增加 DHA 在鸡蛋中的含量，还可提高鸡蛋产量及孵化率，并促进小鸡的生长。但是，由于成本较高等原因，DHA 在饲料行业的应用还不太普及。

---

① 温雪馨，李建平，侯文伟，等. 微藻 DHA 的营养保健功能及在食品工业中的应用. 食品科学，2010，31(21)：446-450.
② 解秀娟. 藻油 DHA 微胶囊的乳化喷雾干燥法制备及在乳品中的应用. 华中农业大学硕士学位论文，2009.
③ 彭云. 微藻 DHA 在几种烘焙产品中的应用. 华南理工大学硕士学位论文，2011.

1.5.2　DHA 产品趋现多样化

由于DHA已被广泛应用于多种行业,其产品形式也相应具有行业的特点。在食品行业,DHA 的产品形式主要为各类添加 DHA 的食品;在医药和保健品行业,DHA 的产品形式主要有 DHA 胶囊、DHA 微胶囊、DHA 胶丸和 DHA 粉剂等;在饲料行业,DHA 的产品形式主要为添加有 DHA 或微藻粉的各类饲料。

DHA 的产品形式还依赖于高分子材料、纳米技术和制造技术等其他高技术领域的进步。目前,DHA 产品的制备技术主要是 DHA 包埋技术,包括 DHA 微胶囊化技术和 DHA 脂质体技术。DHA 微胶囊化技术是目前研究的热点,其利用天然或合成的高分子材料对 DHA 进行包覆,制成具有囊壁的 DHA 微胶囊,在 DHA 藻油周围形成保护层,防止 DHA 氧化变质,同时,将 DHA 从液体油状态变成固体粉末状,提高了产品的稳定性,延长了产品的保质期,还便于使用、储藏和运输。目前,DHA 微胶囊的商业化生产多采用乳化喷雾法,即将藻油先溶于亲水性壁材的溶液中,并加入乳化剂,进行均质乳化,再喷雾干燥。由于微胶囊技术的成本较高,研究者还在继续进行优化和改进。厦门汇盛生物有限公司的钟惠昌等以乳清分离蛋白为主壁材制备了DHA 藻油微胶囊[1]。

DHA 脂质体包埋技术还在研究探索之中。东北农业大学的安树宁等研究了 DHA 脂质体的制备技术及其性质,结果表明,采用薄膜蒸发 - 冷冻干燥法制备 DHA 脂质体具有可行性[2]。另外,东北农业大学的胡本涛等研究了 DHA 固体脂质纳米颗粒(SLN)的制备、性质及应用[3]。

1.6　藻类 DHA 生产的技术链及关键技术

通过上述对藻类 DHA 技术的调研,绘制了藻类 DHA 生产技术链及关键技术的分布层级图,如图 1.1 所示。

[1]钟惠昌.以乳清分离蛋白为主壁材制备 DHA 藻油微囊粉的研究.食品工业科技,2015,36(17):224-228.
[2]安树,刘宁.DHA 脂质体的制备及其性质研究.食品工业科技,2010,31(1):99-102.
[3]胡本涛.DHA 固体脂质纳米颗粒(SLN)制备、性质及应用.东北农业大学硕士学位论文,2013.

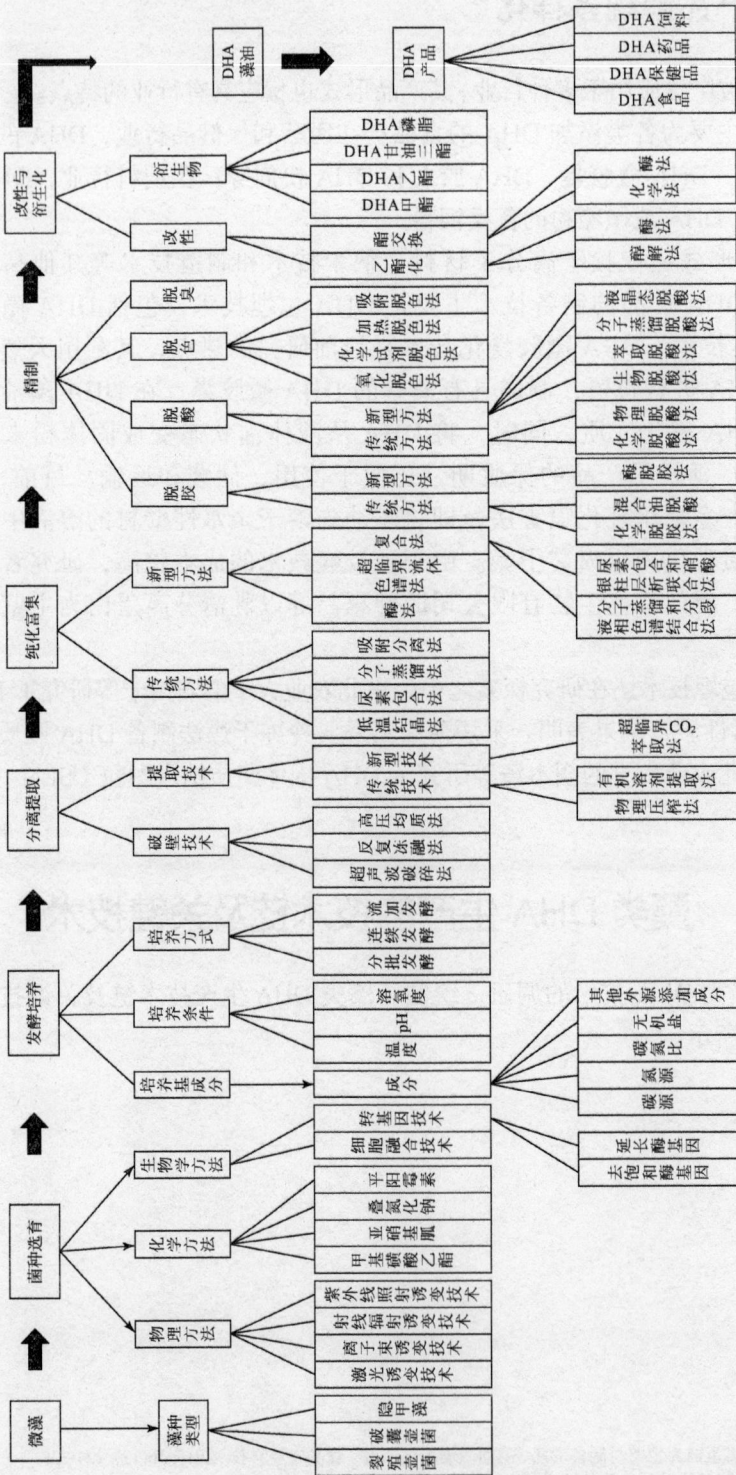

图 1.1 藻类 DHA 生产技术链及关键技术的分布层级图

|第 2 章| 藻类 DHA 全球知识产权总体发展态势

2.1 分析方法

为了揭示全球 DHA 生产技术的知识产权发展状况，对 DHA 领域的关键技术及 6 个关键阶段分别开展全球知识产权的检索与分析，采用了文献调研法、分类法、专家咨询法和专利计量法等方法。

1）文献调研法：开展 DHA 领域论文、会议和网络信息等方面的调研，了解 DHA 相关技术；

2）分类法：根据 DHA 领域全流程全链条菌种选育、发酵培养、收集提取、精制、改性及衍生化、产品应用形式，对每种技术流程进行分析；

3）专家咨询法：在初步建立 DHA 技术专利清单的基础上，通过专家咨询与建议，修改完善并确定专利清单。

4）专利计量法：通过对技术专利关键参数信息的检索，对 DHA 专利的整体状况、关键技术专利和核心专利等全球发展的特点、趋势与现状等开展专利计量分析。

2.2 数据库和检索式构建

基于 DHA 领域全流程全链条菌种选育、发酵培养、收集提取、精制、改性及衍生化与产品应用形式，对来自美国、日本、英国、法国、德国、韩国、欧洲专利局 (the European Patent Office, EPO) 和世界知识产权组织（World Intellectual Property Organization, WIPO）等四十多个国家或机构的专利数据进行采集，检索时间截至 2016 年 4 月 8 日。

同时，采用专家咨询和文献调研的方法，得到菌种选育、发酵培养、收集提取、精制、改性及衍生化、产品应用形式 6 个关键阶段相关的重要技术，用于数据的采集。

2.2.1 菌种选育重要技术专利采集

表 2.1 表示了菌种选育技术阶段的重要技术信息中英文对照，数据的采集将以该表显示的技术作为专利数据采集的依据。

表 2.1 菌种选育技术阶段的重要技术信息中英文对照表

技术名称	英文对照	技术名称	英文对照
物理诱变	physical mutagenesis	化学诱变	chemistry mutagenesis

技术名称	英文对照	技术名称	英文对照
紫外诱变	ultraviolet mutagenesis, UV mutagenesis	除草剂	herbicide
喹禾灵	quizalofop-ethyl	等离子体诱变	plasma（等离子体）
重离子诱变/辐射	heavy-ion irradiation	浅蓝菌素	cerulenin
脂肪酸合酶抑制剂	fatty acid synthase inhibitors	基因工程	genetic engineering
遗传改造	genetic transformation, gene transformation	去饱和酶	desaturase
离子注入诱变	ion implantation mutagenesis	离子束诱变	nitrogen ion beam mutagenesis (induced by nitrogen ion beam to perform mutagenesis)
激活标签诱变	activation tagging mutagenesis	诱变	mutagenic、mutagenized
诱变筛选	mutagenesis screening	突变	mutation
突变微藻	mutagenized microalgae	突变株	mutant strain
改组微生物	recombinant microbia		

2.2.2 发酵培养重要技术专利采集

表 2.2 表示了发酵培养技术阶段的重要技术信息中英文对照，数据的采集将以该表显示的技术作为专利数据采集的依据。

表 2.2 发酵培养技术阶段的重要技术信息中英文对照表

技术名称	英文对照	技术名称	英文对照
发酵	fermentation	生物反应器	fermenter, bioreactor
固态培养	solid state cultivation	固态发酵	solid-state fermentation
溶氧	dissolved oxygen	氧传递	oxygen delivery
温度	temperature	渗透压	osmotic pressure
盐度	salinity	发酵时间	fermentation time
纤维素	cellulose	培养基	culture medium
响应面法	response surface method, response surface methodology	分批补料/补料分批/流加培养	fed-batch
植物激素	plant hormone		

2.2.3　收集提取重要技术专利采集

表 2.3 表示了收集提取技术阶段的重要技术信息中英文对照，数据的采集将以该表显示的技术作为专利数据采集的依据。

表 2.3　收集提取技术阶段的重要技术信息中英文对照表

技术名称	英文对照	技术名称	英文对照
均质	homogenization	超声	ultrasound
水酶法	aqueous enymatic extraction	喷雾干燥	spray drying
萃取	solvent extraction	离心	centrifugation
细胞破碎、菌体破碎	cell disruption	超声波法	ultrasonic /ultrasound
微波法	microwave	均质法 / 均质机	homogenization, homogenize
酶解法	enzyme, enzymatic	纤维素酶	cellulase
低温结晶法 / 冷冻结晶法	freezing crystallization	尿素包含法 / 尿素络合	urea complexation
分子蒸馏法	molecular distillation	膜分离法，脂肪酶浓缩法	enzymatic, enzymolysis, lipase, concentration
超声波萃取法	ultrasound	超临界流体萃取法	supercritical
硝酸银络合 / 硝酸银 / 硝酸银柱层析	silver nitrate	吸附分离法	sorptive
柱色谱法 / 色谱	chromatography	银离子改性分子筛	silver ion modified molecular sieve
碱热法	alkaline heating		

2.2.4　精制重要技术专利采集

表 2.4 表示了精制技术阶段的重要技术信息中英文对照，数据的采集将以该表显示的技术作为专利数据采集的依据。

表 2.4　精制技术阶段的重要技术信息中英文对照表

技术名称	英文对照	技术名称	英文对照
脱酸	deacidification	脱胶	degumming
脱水	dehydration	脱色	decoloration, decoloring
脱臭	deodorization, deodorizing	脱蜡	dewaxing
冬化	winterization		

2.2.5 改性及衍生化重要技术专利采集

表 2.5 表示了改性及衍生化技术阶段的重要技术信息中英文对照，数据的采集将以该表显示的技术作为专利数据采集的依据。

表 2.5 改性及衍生化技术阶段的重要技术信息中英文对照表

技术名称	英文对照	技术名称	英文对照
超临界	supercritical	分子蒸馏	molecular distillation
乙酯	ethyl ester	磷脂	phospholipids
DHA 乙酯	DHA ethyl ester，DHA-EE	DHA 磷脂	DHA phospholipids
蔗糖酯	sucrose ester	DHA 甘油三酯	DHA triglyceride，DHA-TG
酯交换	ester exchange，transesterification		

2.2.6 产品应用形式重要技术专利采集

表 2.6 表示了产品应用形式技术阶段的重要技术信息中英文对照，数据的采集将以该表显示的技术作为专利数据采集的依据。

表 2.6 产品应用形式技术阶段的重要技术信息中英文对照表

技术名称	英文对照	技术名称	英文对照
藻油	algae oil	微胶囊	microcapsule
胶囊	capsule		

2.3 全球 DHA 知识产权总体发展态势

根据 2.2 节选取的 DHA 6 个关键阶段的重要技术，分别对全球 DHA 知识产权数据进行采集，获得 6 个关键阶段专利申请数量（基于优先权专利）随时间的发展态势，如图 2.1 所示[①]。早在 20 世纪 80 年代，已开始了 DHA 专利的申请；20 世纪 90 年代中期至 2012 年，专利申请数量总体上呈现了持续增长的态势；其中，2010 年至今[②]，菌种选育和精制等环节的专利申请数量的增长速度放缓，逐渐向平衡方向转变，

而收集提取和产品应用形式等其他四个环节的专利申请数量仍在快速增长。

---

①由于专利从申请到公开到数据库收录，会有一定时间的延迟，图 2.1 中近两年，特别是 2015 年的数据会大幅小于实际数据，仅供参考。数据时间截至 2016 年 4 月 8 日，下同。
②指至数据采集时间，下同。

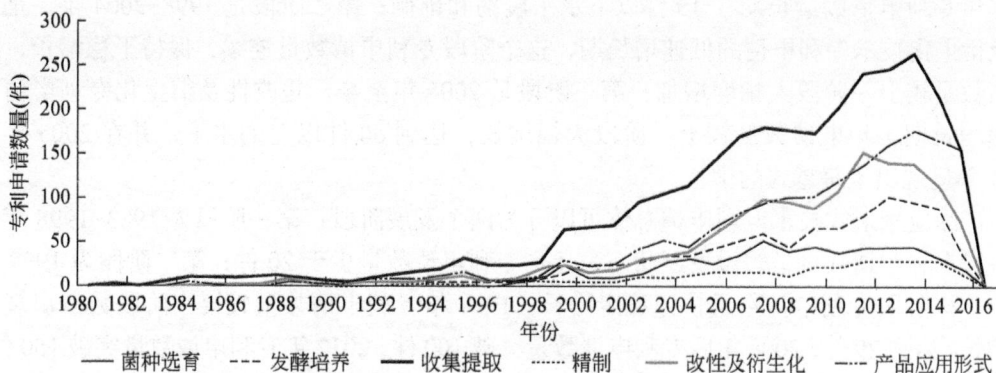

图 2.1 DHA 6 个关键阶段专利申请数量随时间的发展态势

　　具体来看，菌种选育技术专利申请数量的发展主要分为两个阶段：第一阶段是1995~2002 年，是菌种选育技术专利申请的起步萌芽期，专利申请数量不连续，除 1999年专利申请数量达到 25 件和 2002 年专利申请数量达到 12 件，其他年份的专利申请数量基本处于 10 件以下水平；第二阶段是 2003 年至今，是菌种选育技术专利申请的低速增长期，这个阶段专利申请数量连续，保持平稳增长，年申请数量较上一阶段大幅增长，达到40 件左右的水平，但近年来已呈现出下滑的趋势。

　　发酵培养技术专利申请数量的发展总体分为三个阶段：第一阶段为 1985~1998 年，该阶段专利申请数量呈缓慢发展状态，年均专利申请数量少于 10 件；第二阶段为 1999~2012年，该阶段专利申请数量快速稳定增长，1999 年专利申请数量仅为 14 件，2012 年专利申请数量增至 102 件（高峰期），在 13 年的时间里增加了 10 倍；第三阶段为 2013 年至今，专利申请数量呈现出增长放缓的趋势，2015 年专利申请数量降至 39 件。

　　收集提取技术专利申请数量的发展主要分为两个阶段：第一阶段是 1980~1998 年，是收集提取技术专利申请的起步萌芽期，专利申请不连续，在较长时间里发展缓慢，年专利申请数量长期在 30 件以下水平震荡和徘徊；第二阶段是 1999 年至今，是收集提取技术专利申请的增长期，专利申请数量连续，除 2006~2009 年的年申请量在 170 件左右外，总体上年申请量保持稳步增长，较上一阶段增长了近 10 倍，表明全球对收集提取技术研发与专利申请更为积极。

　　精制技术专利申请数量的发展主要分为两个阶段：第一阶段为 1982~2008 年，该阶段专利申请数量呈现波浪式增长，波峰分别在 1988 年（4 件）、1993 年（3 件）、1998 年（6 件）、2002 年（10 件）和 2005 年（16 件）；第二阶段为 2009 年至今，该阶段专利申请数量保持平稳增长且增速放缓，其中，2009 和 2010 年专利申请数量均为 22 件，2011~2014 年专利申请数量均为 28 件。

　　改性及衍生化技术专利申请数量的发展主要分为三个阶段：第一阶段是 1983~1997 年，

是改性及衍生化技术专利申请的起步萌芽期，专利申请数量不连续，在较长时间里发展缓慢，年专利申请数量长期在 13 件以下水平震荡和徘徊；第二阶段是 1998~2004 年，是改性及衍生化技术专利申请的低速增长期，这个阶段专利申请数量连续，保持平稳增长，年申请数量较上一阶段大幅度增加；第三阶段是 2005 年至今，是改性及衍生化专利申请的高速增长期，年申请数量较上一阶段大幅增长，达到 60 件以上的水平，并在 2005 年和 2011 年呈现出了跨越式的增长。

产品应用形式技术专利申请总体可以分为两个发展阶段：第一阶段为 1983~1998 年，该阶段专利申请数量呈缓慢发展状态，年均专利申请数量少于 20 件；第二阶段为 1999 年至今，该阶段专利申请数量快速稳定增长，1999 年专利申请数量较第一阶段数量出现大幅增长，达到 29 件，2008 年后专利申请数量突破 100 件，2012 年专利申请数量突破 150 件。

第3章 菌种选育专利分析

菌种选育技术是 DHA 生产过程中最基础也是最关键的技术环节。为获得在同一环境中同时满足高菌体生物量与高 DHA 含量的优良菌种，研究者对自然界中存在的微藻进行菌种选育。菌种选育具体涉及诱变突变、基因工程、遗传改造、基因重组、浅蓝菌素、脂肪酸合成酶抑制剂和脂肪酸去饱和酶等技术。本章根据 2.2.1 节的菌种选育检索式进行检索，并根据专家咨询，对结果进行了筛选和清洗，最终确定 258 件相关专利，开展相关专利技术布局、主要专利权人分析、技术发展动向、新出现的在华专利和外国公司在华失效专利等分析。

3.1 专利技术分布状况

根据国际上公认的学科、技术与专利的分类方法（IPC 分类法[①]），对菌种选育专利涉及领域、申请数量、时间跨度开展分析，结果见表 3.1（基于 IPC 分类号）。具体来看，目前菌种选育专利主要覆盖含氧有机化合物、微生物基因工程、植物基因工程、酶类、微生物及含微生物的混合物和基因 / 核苷酸序列等领域。

含氧有机化合物主要涉及脂肪、脂油、酯型蜡、高级脂肪酸及氧化油或脂的制备技术领域，IPC 分类号为 C12P-007/64。

微生物基因工程涉及的技术领域包括酵母的遗传改造（酵母转基因），细菌的遗传改造（细菌转基因），细胞的遗传改造、细胞转基因技术，DNA 重组技术，真菌的遗传改造（真菌转基因），基因突变、载体构建和质粒制备等，利用载体介导外源基因的转入、外源基因在宿主细胞内的表达及表达调控，以及酶或酶原基因的外源表达等，主要 IPC 分类号 包 括 C12N-001/19、C12N-001/21、C12N-005/10、C12N-015/09、C12N-001/15、C12N-015/00、C12N-015/63 和 C12N-015/52 等。

植物基因工程涉及的技术领域包括植物细胞表达载体构建、外源基因在植物细胞的表达，植物组织培养、植株再生，以及植物细胞或组织等，主要 IPC 分类号包括 C12N-015/82、A01H-005/00 和 C12N-005/04 等。

酶类主要涉及的技术领域包括氧化还原酶类，转移酶类，以及酶及酶原、酶的激活、活性抑制、分离和纯化等，主要 IPC 分类号包括 C12N-009/02、C12N-009/10 和 C12N-009/00 等。

微生物及含微生物的混合物涉及的技术领域包括细菌及培养基，微生物的扩繁、培养

---

①国际专利分类（international patent classification，IPC）。

和保存、含微生物复合物的制备和分离及培养基，以及单细胞藻类及培养基等，主要 IPC 分类号包括 C12N-001/20、C12N-001/00 和 C12N-001/12 等。

基因/核苷酸序列涉及的技术领域包括 PUFA/ω-3/DHA 合成的相关基因和基因克隆，适用于原核细胞（大肠杆菌除外）的载体或表达系统、载体在宿主细胞的表达及调控，涉及的 IPC 分类号包括 C07H-021/04、C12N-015/74。

表 3.1　菌种选育专利涉及的前 20 个专利技术领域及其申请情况

序号	覆盖领域	IPC 分类号	技术领域	专利申请数量（件）	时间跨度	近三年申请数量所占比例（%）
1	含氧有机化合物	C12P-007/64	脂肪、脂油、酯型蜡、高级脂肪酸及氧化油或脂的制备	159	1995~2015 年	31
2	微生物基因工程	C12N-001/19	酵母的遗传改造（酵母转基因）	68	1997~2015 年	26
		C12N-001/21	细菌的遗传改造（细菌转基因）	67	1997~2015 年	28
		C12N-005/10	细胞的遗传改造、细胞转基因技术	66	1997~2015 年	35
		C12N-015/09	DNA 重组技术	62	1997~2015 年	37
		C12N-001/15	真菌的遗传改造（真菌转基因）	54	1998~2015 年	30
		C12N-015/00	基因突变、载体构建、质粒制备等	41	1997~2015 年	29
		C12N-015/63	利用载体介导外源基因的转入、外源基因在宿主细胞内的表达及表达调控	39	1998~2015 年	31
		C12N-015/52	酶或酶原基因的外源表达	33	1997~2015 年	45
3	植物基因工程	C12N-015/82	植物细胞表达载体构建、外源基因在植物细胞的表达	77	1997~2015 年	34
		A01H-005/00	植物组织培养、植株再生	60	1997~2015 年	28
		C12N-005/04	植物细胞或组织	35	1997~2015 年	20
4	酶类	C12N-009/02	氧化还原酶类	55	1997~2015 年	40
		C12N-009/10	转移酶类	51	1997~2015 年	41
		C12N-009/00	酶及酶原、酶的激活、活性抑制、分离和纯化等	41	1998~2015 年	44
5	微生物及含微生物的混合物	C12N-001/20	细菌及培养基	47	1997~2015 年	19
		C12N-001/00	微生物的扩繁、培养和保存、含微生物复合物的制备和分离及培养基	44	1997~2015 年	34
		C12N-001/12	单细胞藻类及培养基	35	1997~2015 年	40
6	基因/核苷酸序列	C07H-021/04	PUFA/ω-3/DHA 合成的相关基因和基因克隆	73	1997~2015 年	22
		C12N-015/74	适用于原核细胞（大肠杆菌除外）的载体或表达系统、载体在宿主细胞的表达及调控	42	1999~2015 年	21

从专利申请数量上来看，菌种选育专利的技术主要集中在脂肪、脂油、酯型蜡、高级脂肪酸及氧化油或脂的制备（61.63%），植物细胞表达载体构建、外源基因在植物细胞的表达（29.85%），PUFA/ω-3/DHA 合成的相关基因和基因克隆（28.29%），酵母的遗传改造（酵母转基因）（26.36%），细菌的遗传改造（细菌转基因）（25.97%），细胞的遗传改造、细胞转基因技术（25.58%），以及 DNA 重组技术（24.03%）等技术领域。

从时间跨度来看，含氧有机化合物方面的研究最早，1995 年就已出现。微生物基因工程、植物基因工程、酶类、微生物及含微生物的混合物、基因/核苷酸序列等相关技术均在1997年左右出现。其中，基因/核苷酸序列涉及的适用于原核细胞（大肠杆菌除外）的载体或表达系统、载体在宿主细胞的表达及调控的技术出现相对较晚，在 1999 年后才出现相关专利。

从近年来的技术热点来看，酶或酶原基因的外源表达，酶及酶原、酶的激活、活性抑制、分离和纯化等，转移酶类最近三年的专利申请数量达到各自专利申请总量的 40% 以上，表明该技术领域相对自身发展较快。此外，氧化还原酶类，单细胞藻类及培养基，DNA 重组技术，细胞的遗传改造、细胞转基因技术最近三年的专利申请数量占比也较高，达到各自总专利申请数量的 35%，表明这些领域专利申请数量增长速度也较快。然而，在主要技术领域中，植物基因工程相关的植物细胞或组织，基因/核苷酸序列相关的 PUFA/ω-3/DHA 合成的相关基因和基因克隆，适用于原核细胞（大肠杆菌除外）的载体或表达系统、载体在宿主细胞的表达及调控的最近三年的专利申请数量在各自专利总量中的占比相对较低。

3.2　主要专利权人的竞争格局

图 3.1 和表 3.2 给出了专利申请数量较多的前 10 名专利权人的情况。这些专利权人的专利申请数量差别较大，前 5 名专利申请数量均超过了 15 件，5~10 名的专利申请数量均为 4 件。其中，有 5 家来自美国，各有 1 家分别来自澳大利亚、德国、法国、荷兰和英国；有 8 家为企业（5 家美国企业，1 家德国企业，1 家法国企业，1 家荷兰企业），2 家为研究机构（分别来自澳大利亚和英国）。

美国主要专利权人最多，且都是企业，包括杜邦公司、马泰克生物科学有限公司、雅培实验室、Bioriginal 食品科学公司、Joule Unlimited 技术公司。企业占据主导优势，积极在菌种选育技术领域进行专利布局。荷兰、德国、法国各有 1 家企业，分别是荷兰帝斯曼知识产权资产管理有限公司、德国巴斯夫植物科学有限公司、法国 Cellectis 公司。澳大利亚和英国则以科研机构为主，分别是澳大利亚联邦科学与工业研究组织、英国洛桑研究所。其中，马泰克生物科学有限公司与帝斯曼知识产权资产管理有限公司间存在收购关系，帝斯曼知识产权资产管理有限公司已于 2011 年收购马泰克生物科学有限公司。

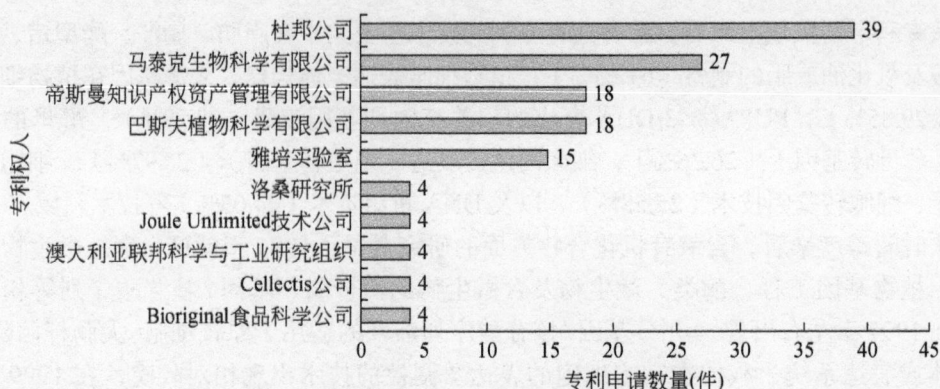

图 3.1　主要专利权人的专利申请数量情况

注：帝斯曼知识产权资产管理有限公司已于 2011 年收购马泰克生物科学有限公司，并于 2012 年收购了加拿大海洋营养保健品公司，下同

表 3.2　主要专利权人专利申请概况

专利排名	专利权人	所在国家	专利申请数量（件）	占全部专利申请总数量比例 (%)
1	杜邦公司	美国	39	15.12
2	马泰克生物科学有限公司	美国	27	10.47
3	巴斯夫植物科学有限公司	德国	18	6.98
4	帝斯曼知识产权资产管理有限公司	荷兰	18	6.98
5	雅培实验室	美国	15	5.81
6	Bioriginal 食品科学公司	美国	4	1.55
6	Cellectis 公司	法国	4	1.55
6	澳大利亚联邦科学与工业研究组织	澳大利亚	4	1.55
6	Joule Unlimited 技术公司	美国	4	1.55
6	洛桑研究所	英国	4	1.55

3.2.1　主要专利权人的竞争优势

本节从两个方面来分析专利权人的竞争力：①通过分析主要专利权人在某 IPC 分类号中申请的专利数量的比例来反映机构竞争力；②通过分析专利权人申请的专利的技术特长来反映机构竞争力。

图 3.2 通过主要专利权人在某 IPC 分类号中申请的专利数量的比例来分析企业竞争力。杜邦公司在脂肪、脂油、酯型蜡、高级脂肪酸及氧化油或脂的制备技术领域，PUFA/ω-3/DHA 合成的相关基因和基因克隆，酵母的遗传改造，细胞转基因等技术领域竞争力较强。具体来看，在脂肪、脂油、酯型蜡、高级脂肪酸及氧化油或脂的制备（C12P-007/64）技术领域，杜邦公司所拥有的专利申请数量在自身所有专利中的占比最高，达到 22%，其次是马泰克生物科学有限公司（13.8%）、巴斯夫植物科学有限公司（9.4%）、帝斯曼知识

产权资产管理有限公司（9.4%）和雅培实验室（7.6%）等机构；在植物细胞表达载体构建、外源基因在植物细胞的表达（C12N-015/82）技术领域，马泰克生物科学有限公司的专利占比最高，为 26%，其次是巴斯夫植物科学有限公司（22%）和帝斯曼知识产权资产管理有限公司（16.9%）等机构；在 PUFA/ω-3/DHA 合成的相关基因和基因克隆（C07H-021/04）技术领域，杜邦公司的专利占比最高，为 31.5%，其次是雅培实验室（20.6%）和马泰克生物科学有限公司（16.4%）等机构；在酵母的遗传改造（酵母转基因）（C12N-001/19）技术领域，杜邦公司的专利占比最高，为 36.8%，其次是巴斯夫植物科学有限公司（13.2%）和帝斯曼知识产权资产管理有限公司（13.2%）等机构；在细菌的遗传改造（细菌转基因）（C12N-001/21）技术领域，马泰克生物科学有限公司的专利占比最高，为 19.4%，其次是杜邦公司（14.9%）和帝斯曼知识产权资产管理有限公司（14.9%）等机构；在细胞的遗传改造、细胞转基因技术（C12N-005/10）领域，杜邦公司和帝斯曼知识产权资产管理有限公司的专利占比最高，为 16.7%，其次是巴斯夫植物科学有限公司（15.2%）和马泰克生物科学有限公司（13.6%）等机构；在 DNA 重组技术（C12N-015/09）领域，杜邦公司的专利占比最高，为 22.6%，其次是帝斯曼知识产权资产管理有限公司（17.7%）和马泰克生物科学有限公司（12.9%）等机构；在植物组织培养、植株再生（A01H-005/00）技术领域，巴斯夫植物科学有限公司的专利占比最高，为 23.3%，其次是马泰克生物科学有限公司（20%）和帝斯曼知识产权资产管理有限公司（16.7%）等机构；在氧化还原酶类（C12N-009/02）技术领域，杜邦公司的专利占比最高，为 36.4%，其次是巴斯夫植物科学有限公司（18.2%）和雅培实验室（9.1%）等机构；在真菌的遗传改造（真菌转基因）（C12N-001/15）技术领域，杜邦公司的专利占比最高，为 24.1%，其次是帝斯曼知识产

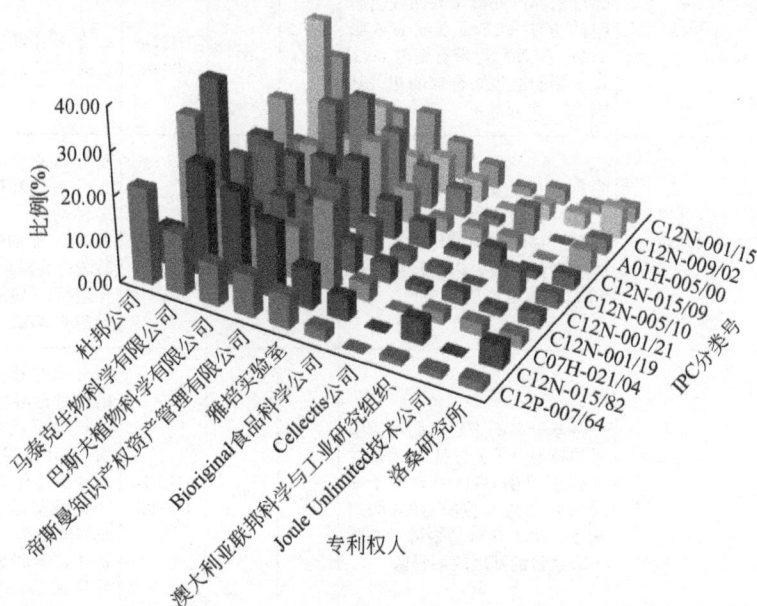

图 3.2　专利权人在某 IPC 分类号中申请的专利数量比例

权资产管理有限公司（14.8%）和巴斯夫植物科学有限公司（12.9%）等机构。

根据以上分析发现，杜邦公司在 7 个技术领域的专利占比最高；马泰克生物科学有限公司在 2 个技术领域的专利占比最高；巴斯夫植物科学有限公司在植物组织培养、植株再生技术领域的专利占比最高。

本节还通过分析机构的高被引专利来反映企业的技术特长。通常情况下，企业某一专利被引证次数越多，表明该专利的价值和影响力越大，很可能为企业在某一技术领域的基础或核心专利，包含生产或改善某种产品的重要技术信息。通过分析企业的高被引专利，并将其与企业相关技术联系起来，可以了解企业技术竞争力的优势所在。主要专利权人的技术特长分析结果见表 3.3，杜邦公司的技术特长主要集中于利用转基因产油酵母及 ω-3/ω-6 脂肪酸生物合成的相关基因生产 PUFA；马泰克生物科学有限公司的技术特长主要集中于拥有多个编码 PUFA 生物合成途径的关键酶（聚酮化合物合成酶、乙酰乳酸合成酶、聚酮合成酶、酰基辅酶 A 合成酶）的核酸序列；巴斯夫植物科学有限公司的技术特长也是拥有多个与 PUFA 合成相关的基因序列，这些序列或编码酰基辅酶 A：溶血磷脂酰转移酶，或编码 ω-3 去饱和酶，或编码 Δ4 去饱和酶；帝斯曼知识产权资产管理有限公司的技术特长和马泰克的技术特长一致；雅培实验室的技术特长主要集中于拥有有助于多不饱和脂肪酸生产的编码延长酶的核酸序列。

表 3.3　主要专利权人的技术特长分析

专利权人	序号	专利号	专利名称	申请年份	被引频次（次）	IPC分类号	技术特长
杜邦公司	1	WO2004101757-A2	通过培养产油酵母和回收脂肪酸的方法生产 ω-3 或 ω-6 脂肪酸，产油酵母带有编码 ω-3/ω-6 脂肪酸生物合成的相关基因	2004	61	C12N-000/00	该方法可以满足对任何所需要的 PUFA 的生产
	2	WO2005047485-A2	一种新的编码真菌 Δ12 去饱和酶的核酸片段，该片段用于扰乱或提高产油酵母多不饱和脂肪酸的产量，以生产亚油酸和 ω-3/ω-6 脂肪酸	2003	36	C12N-000/00	新分离的核酸片段编码真菌 Δ12 去饱和酶。该片段具有多种功能，可用于：①生产 PUFA、亚油酸和 ω-3/ω-6 脂肪酸；②操纵 PUFA 合成的生化途径；③破坏或提高产油酵母的 PUFA 的生产
	3	WO2005003310-A2	一种新分离的来自解脂耶氏酵母的核酸分子，包括 3-磷酸甘油醛脱氢酶 GPD 基因的启动子和磷酸甘油酸变位酶 GPM 基因的启动子，用于在转基因酵母细胞中表达目的基因的编码区	2003	30	C12N-000/00	新分离的核酸分子包含了 3-磷酸甘油醛脱氢酶 GPD 基因的启动子或磷酸甘油酸变位酶 GPM 基因的启动子。该核酸分子具有多种功能：①可在转化的酵母细胞内表达目的基因的编码区；②可用于生产 ω-3/ω-6 脂肪酸；③用于开发积累丰富多不饱和脂肪酸的产油酵母

专利权人	序号	专利号	专利名称	申请年份	被引频次（次）	IPC分类号	技术特长
杜邦公司	4	US2006094092-A1	一种新的重组宿主细胞，该细胞包含了解脂耶氏酵母的基因背景，用于生产富含ARA的人类、动物或水产养殖生物的饮食补充	2004	28	C12N-001/18	该重组宿主细胞具有解脂耶氏酵母的基因背景，包含了ω-3/ω-6脂肪酸生物合成途径的相关基因。该重组宿主细胞可用于生产ARA或富含ARA的人类、动物或水产养殖生物的饮食补充品
马泰克生物科学有限公司	1	WO9855625-A1	一种新的编码海产弧菌聚酮化合物合成酶的核酸和生产多不饱和脂肪酸的经过遗传改造的植物和微生物，多不饱和脂肪酸作为药品和食品补充剂	1997	65	C12N-015/31	该核酸分子在宿主细胞表达时可生产DHA，可实现在植物细胞内大规模地生产PUFA
	2	WO200283869-A2	一种新的核酸分子，用于转化破囊壶菌目微生物或在破囊壶菌中的外来核酸	2001	61	C12N-000/00	新分离的核酸分子编码，一个拥有684个氨基酸的乙酰乳酸合成酶，可用于转化破囊壶菌目微生物
	3	WO2004087879-A2	一种新分离的多不饱和脂肪酸聚酮合酶的核酸分子，可用于治疗炎症、胃肠道疾病、癌症、恶病质、贲门狭窄，或神经退行性疾病	1999	56	C12N-000/00	新分离的核酸分子编码PUFA聚酮合成酶（PKS），核酸分子可用于治疗慢性炎症、急性炎症、胃肠道疾病、癌症、恶病质、贲门狭窄，神经退行性疾病、肝脏的退行性疾病、血脂异常、骨质疏松、骨关节炎、自身免疫性疾病、先兆子痫、早产、年龄相关性黄斑病变、肺病和过氧化物酶病等疾病
	4	WO2007106903-A2	一种新分离的编码酰基辅酶A合成酶（ACOAs）的核酸分子，该酶催化长链多不饱和脂肪酸的游离脂肪酸转变为酰基辅酶A，用于提高宿主体内多不饱和脂肪酸的产量	2006	43	A01H-001/00	新分离的核酸分子编码酰基辅酶A合成酶（ACOAs），在利用经过遗传改造的生物体生产PUFA时，该核酸分子可提高该生物体的PUFA的产量
巴斯夫植物科学有限公司	1	WO2004076617-A2	一种新的编码酰基辅酶A——溶血磷脂酰转移酶的核酸分子，用于转化宿主生物生产多不饱和脂肪酸	2003	23	C12N-000/00	新分离的核酸分子编码酰基辅酶A——溶血磷脂酰转移酶。该核酸分子可允许在真核表达系统中生产多不饱和脂肪酸，该方法操作简单、成本低廉
	2	WO2008022963-A2	一种编码具有ω-3去饱和酶活性的多肽的多核苷酸，用于生产含脂质成分或含脂肪酸成分或含油成分的物质（如用于化妆品的成分）	2006	12	A01K-067/027	该多核苷酸编码的多肽具有多种优势：①能够将DPA转变为DHA；②允许多不饱和脂肪酸的合成；③使ω-6生物合成途径向ω-3生物合成途径转变，以生产多不饱和脂肪酸等

专利权人	序号	专利号	专利名称	申请年份	被引频次（次）	IPC分类号	技术特长
巴斯夫植物科学有限公司	3	WO2004090123-A2	一种编码 Δ4 去饱和酶的核酸分子及相关多肽、载体和遗传转化的生物，用于制备转基因生物以生产多不饱和脂肪酸	2003	12	C12N-009/00	该核酸分子编码具有 Δ4 去饱和酶活性的多肽，可用于转化细胞以生产 PUFA（尤其是 ω-3 类脂肪酸）。该多肽特异性地将 DPA 转变为 DHA，不会产生有害的副产物
帝斯曼知识产权资产管理有限公司	1	WO9855625-A1	一种新的编码海洋弧菌聚酮化合物合成酶的核酸和生产多不饱和脂肪酸的经过遗传改造的植物和微生物，多不饱和脂肪酸作为药品和食品补充剂	1997	65	C12N-015/31	该核酸分子在宿主细胞表达时可生产 DHA，可实现在植物细胞内大规模地生产 PUFA
	2	WO200283869-A2	一种新的核酸分子，用于转化破囊壶菌目微生物或在破囊壶菌中的外来核酸	2001	61	C12N-000/00	新分离的核酸分子编码，一个拥有 684 个氨基酸的乙酰乳酸合成酶，可用于转化破囊壶菌目微生物
	3	WO2004087879-A2	一种新分离的多不饱和脂肪酸聚酮合成酶的核酸分子，可用于治疗炎症、胃肠道疾病、癌症、恶病质、贲门狭窄，或神经退行性疾病	1999	56	C12N-000/00	新分离的核酸分子编码 PUFA 聚酮合成酶（PKS），核酸分子可用于治疗慢性炎症、急性炎症、胃肠道疾病、癌症和恶病质等疾病
	4	WO2007106903-A2	一种新分离的编码酰基辅酶 A 合成酶（ACOAs）的核酸分子，该酶催化长链多不饱和脂肪酸的游离脂肪酸转变为酰基辅酶 A，用于提高宿主体内多不饱和脂肪酸的产量	2006	43	A01H-001/00	新分离的核酸分子编码酰基辅酶 A 合成酶（ACOAs），在利用经过遗传改造的生物体生产 PUFA 时，该核酸分子可提高该生物体的 PUFA 的产量
雅培实验室	1	WO200208401-A2	一种编码延长酶的核酸序列，用于生产多不饱和脂肪酸，多不饱和脂肪酸可作为营养成分和药物成分	1998	58	C12N-009/00	新分离的核酸序列编码延长酶，可直接或间接地用于多不饱和脂肪酸的生产
	2	US2005014231-A1	一种新分离的核酸序列，用于生产多不饱和脂肪酸。例如，EPA 可作为营养或药物组分治疗哮喘	2003	38	C12P-019/60	新分离的核酸序列或片段涉及 PKS 生物合成途径，可用于生产 EPA 和 DHA 等多不饱和脂肪酸

3.2.2　主要专利权人技术布局及对比

专利的技术布局和研发重心能在一定程度上反映出各主要专利权人的技术特点和发展重心。技术布局通过各主要专利权人在主要 IPC 分类号（排名前 20 的 IPC 分类号）的专利申请数量分布来反应。研发重心通过各主要专利权人具体 IPC 分类号的专利申请数量在该机构相关专利申请总数量中的百分比来反映，比例越高，说明该专利权人相关专利中涉及这一技术的专利越多，一定程度上反映出该机构在这一技术上投入研发较多。由于 1 件专利可能会涉及多个技术领域，各技术间的专利申请数量会存在交叉和重合，研发重心百分比数据相加大于 100%。

菌种选育领域专利申请数量较多的专利权人的技术布局和研发重心见表 3.4，包括杜邦公司、马泰克生物科学有限公司、巴斯夫植物科学有限公司和帝斯曼知识产权资产管理有限公司等 10 家公司与机构在前 20 个专利技术中分布，覆盖含氧有机化合物、微生物基因工程、植物基因工程、酶类、微生物及含微生物的混合物及基因 / 核苷酸序列等领域。从表 3.4 中可以看出，杜邦公司、马泰克生物科学有限公司、巴斯夫植物科学有限公司、帝斯曼知识产权资产管理有限公司、雅培实验室专利数量相对较多，主要领域的技术都有所涉及。

杜邦公司技术分布较广且专利申请数量较多，重点关注含氧有机化合物的制备、DNA 重组技术、氧化还原酶、核酸。杜邦公司在脂肪、脂油、酯型蜡、高级脂肪酸及氧化油或脂的制备（C12P-007/64）技术领域的专利申请数量最多，39 件专利中有 89.7% 涉及该领域，酵母的遗传改造（酵母转基因）（C12N-001/19）和 PUFA/ω-3/DHA 合成的相关基因和基因克隆（C07H-021/04）等技术领域也是杜邦公司的研发重心，39 件专利中分别有 64.1% 和 59.0% 涉及相关技术。

马泰克生物科学有限公司的专利主要分布在脂肪、脂油、酯型蜡、高级脂肪酸及氧化油或脂的制备，植物细胞表达载体构建、外源基因在植物细胞的表达，以及适用于原核细胞（大肠杆菌除外）的载体或表达系统、载体在宿主细胞的表达及调控等技术上。马泰克生物科学有限公司在脂肪、脂油、酯型蜡、高级脂肪酸及氧化油或脂的制备（C12P-007/64）技术领域的专利申请数量最多，81.5% 的专利属于该领域。此外，马泰克生物科学有限公司重心主要集中在植物相关的菌种选育，主要是植物细胞表达载体构建和外源基因在植物细胞的表达（C12N-015/82）（74.1%），以及细菌的遗传改造（细菌转基因）（C12N-001/21）（48.1%）等技术领域。

巴斯夫植物科学有限公司重点技术领域有脂肪、脂油、酯型蜡、高级脂肪酸及氧化油或脂的制备，DNA 重组技术，植物相关的专利和氧化还原酶。巴斯夫植物科学有限公司在植物细胞表达载体构建和外源基因在植物细胞的表达（C12N-015/82）技术领域的专利申请数量最多，94.4% 的专利属于该领域；植物细胞或组织（C12N-005/04）技术领域的专利申请数量也较多，18 件专利中的 77.8% 涉及这一技术。

与巴斯夫植物科学有限公司类似，帝斯曼知识产权资产管理有限公司重点关注脂肪、脂油、酯型蜡、高级脂肪酸及氧化油或脂的制备、植物相关基因重组的技术。在脂肪、脂油、酯型蜡、高级脂肪酸及氧化油或脂的制备（C12P-007/64）技术领域的专利申请数量最多，18 件专利中有 83.3% 涉及该技术。植物细胞表达载体构建、外源基因在植物细胞的表达（C12N-015/82）技术领域也是帝斯曼知识产权资产管理有限公司的研发重点，18 件专利中有 72.2% 涉及该技术。

雅培实验室的专利更集中于 PUFA/ω-3/DHA 合成的相关基因和基因克隆（C07H-

表 3.4 菌种选育领域专利申请数量较多的专利权人的技术布局和研发重心

覆盖领域	技术领域	杜邦公司	马泰克生物科学有限公司	巴斯夫植物科学有限公司	帝斯曼知识产权资产管理有限公司	雅培实验室	Bioriginal 食品科学公司	Cellectis 公司	澳大利亚联邦科学与工业研究组织	Joule Unlimited 技术公司	洛桑研究所
	专利申请总数（件）	39	27	18	18	15	4	4	4	4	4
含氧有机化合物	脂肪、脂油、酯型蜡、高级脂肪酸及氧化油或脂的制备	35(89.7%)	22(81.5%)	15(83.3%)	15(83.3%)	12(80%)	4(100%)	0(0%)	2(50%)	2(50%)	3(75%)
	酵母的遗传改造（酵母转基因）	25(64.1%)	6(22.2%)	9(50%)	9(50%)	5(33.3%)	3(75%)	1(25%)	2(50%)	1(25%)	2(50%)
	细菌的遗传改造（细菌转基因）	10(25.6%)	13(48.1%)	7(38.9%)	10(55.6%)	5(33.3%)	2(50%)	1(25%)	0(0%)	4(100%)	2(50%)
	细胞的遗传改造、细胞转基因技术	11(28.2%)	9(33.3%)	10(55.6%)	11(61.1%)	6(40%)	4(100%)	1(25%)	3(75%)	1(25%)	2(50%)
微生物基因工程	DNA 重组技术	14(35.9%)	8(29.6%)	4(22.2%)	11(61.1%)	5(33.3%)	2(50%)	2(50%)	2(50%)	(0%)	3(75%)
	真菌的遗传改造（真菌转基因）	13(33.3%)	6(22.2%)	7(38.9%)	8(44.4%)	5(33.3%)	3(75%)	1(25%)	2(50%)	1(25%)	2(50%)
	基因突变、载体构建、质粒制备等	11(28.2%)	6(22.2%)	5(27.8%)	6(33.3%)	6(40%)	2(50%)	0(0%)	3(75%)	1(25%)	1(25%)
	利用载体介导外源基因的转入、外源基因在宿主细胞内的表达及表达调整	7(17.9%)	5(18.5%)	8(44.4%)	8(44.4%)	4(26.7%)	4(100%)	1(25%)	1(25%)	0(0%)	1(25%)
	酶或酶原基因的外源表达	7(17.9%)	3(11.1%)	4(22.2%)	2(11.1%)	1(6.7%)	3(75%)	0(0%)	3(75%)	0(0%)	3(75%)
植物基因工程	植物细胞表达载体构建、外源基因在植物细胞的表达	7(17.9%)	20(74.1%)	17(94.4%)	13(72.2%)	7(46.7%)	4(100%)	0(0%)	4(100%)	0(0%)	4(100%)
	植物组织培养、植株再生	1(2.56%)	8(29.6%)	0(0%)	5(27.8%)	3(20%)	0(0%)	0(0%)	1(25%)	1(25%)	0(0%)
	植物细胞或组织	5(12.8%)	12(44.4%)	14(77.8%)	10(55.6%)	6(40%)	4(100%)	1(25%)	4(100%)	0(0%)	2(50%)

续表

覆盖领域	技术领域	杜邦公司	马泰克生物科学有限公司	巴斯夫植物科学有限公司	帝斯曼知识产权资产管理有限公司	雅培实验室	Bioriginal食品科学公司	Cellectis公司	澳大利亚邦科学与工业研究组织	Joule Unlimited技术公司	洛桑研究所
酶类	氧化还原酶类	20(51.3%)	4(14.8%)	10(55.6%)	4(22.2%)	5(33.3%)	3(75%)	0(0%)	2(50%)	2(50%)	4(100%)
	转移酶类	11(28.2%)	8(29.6%)	7(38.9%)	8(44.4%)	9(60%)	0(0%)	0(0%)	2(50%)	1(25%)	1(25%)
	酶及酶原、酶的激活、活性抑制、纯化等	10(25.6%)	4(14.8%)	3(16.7%)	5(27.8%)	7(46.7%)	0(0%)	0(0%)	1(25%)	1(25%)	1(25%)
微生物及含微生物的混合物	细菌及培养基	7(17.9%)	8(29.6%)	2(11.1%)	6(33.3%)	7(46.7%)	1(25%)	0(0%)	0(0%)	3(75%)	2(50%)
	微生物的扩繁、培养和保存、含微生物复合物的制备和分离及培养基	13(33.3%)	11(40.7%)	3(16.7%)	5(27.8%)	1(6.7%)	2(50%)	0(0%)	1(25%)	2(50%)	2(50%)
	单细胞藻类及培养基	6(15.4%)	12(44.4%)	5(27.8%)	7(38.9%)	5(33.3%)	1(25%)	0(0%)	1(25%)	0(0%)	2(50%)
基因/核苷酸序列	PUFA/ω-3/DHA 合成相关的基因和基因克隆	23(59.0%)	12(44.4%)	7(38.9%)	9(50%)	15(100%)	3(75%)	0(0%)	2(50%)	2(50%)	2(50%)
	适用于原核细胞（大肠杆菌除外）的载体或表达系统；载体在宿主细胞的表达及调控	15(38.5%)	14(51.9%)	0(0%)	5(27.8%)	3(20%)	0(0%)	0(0%)	0(0%)	3(75%)	1(25%)

注：括号中的百分比是该技术领域专利占该机构所有相关专利的比例，用来反映专利权人相关专利中涉及这一技术的专利权人的研发重心。这一比例越高，说明该专利权人相关专利中涉及这一技术的专利越多，一定程度上反映出该机构在这一技术上投入研发较多。例如，杜邦公司在菌种选育首阶段拥有 39 件专利，在脂肪、脂油、醋型蜡、高级脂肪酸及氧化油或脂的制备或氧化脂的相关技术领域申请 35 件专利，占菌种选育首阶段有专利的 89.7%。由于 1 件专利可能涉及多个技术领域，各技术同期的专利申请数量合在交叉和重合，研发重心百分比数据相加不为 100%。下同

021/04）技术领域，15 件专利都涉及这一技术。此外，Bioriginal 食品科学公司、Cellectis 公司、Joule Unlimited 技术公司专利主要集中在基因、遗传改造方面，澳大利亚联邦科学与工业研究组织专利主要集中在植物基因改造方面，洛桑研究所专利主要关注植物细胞表达载体构建和外源基因在植物细胞的表达，氧化还原酶技术领域。

3.2.3　专利权人的全球布局战略

专利保护区域及范围是专利权人对其专利技术进行目标区域保护及市场占有规划的重要反映，专利保护区域越广、保护范围越宽，专利技术潜在的市场占有范围也越大。表 3.5 给出了菌种选育主要专利权人的专利国家布局和保护区域分布情况。

表 3.5　菌种选育主要专利权人的专利国家布局和保护区域分布情况

机构名称	美国	WIPO	EPO	中国	加拿大	澳大利亚	日本	印度	韩国	巴西	墨西哥	德国
杜邦公司	39	24	18	14	16	13	14	5	4	5	2	
马泰克生物科学有限公司	26	13	11	8	19	11	11	8	6	6	9	
巴斯夫植物科学有限公司	16	16	16	5	14	14	4	3		2	1	8
帝斯曼知识产权资产管理有限公司	17	18	15	13	11	12	13	10	7	8	11	
雅培实验室	15	8	6	2	5	6	5			4	4	2
Bioriginal 食品科学公司	4	4	4		4	4	2					2
Cellectis 公司	2	4	2				1					
澳大利亚联邦科学与工业研究组织	3	4	3	3	3	3	2	1	1	2		
Joule Unlimited 技术公司	4	4	2	1	1			1		1	1	
洛桑研究所	4	4	4	2	3	4	3	1	1			2

首先，各主要机构表现出对《专利合作条约》（Patent Cooperation Treaty，PCT）专利申请的普遍重视，其中，申请 PCT 专利较多的机构包括杜邦公司、帝斯曼知识产权资

产管理有限公司和巴斯夫植物科学有限公司等。但与其他主要专利权人相比，马泰克生物科学有限公司、雅培实验室的 PCT 专利在各自总专利申请数量中的比例不高。

其次，各主要机构在专利技术保护区域规划方面，表现出以本国市场为主兼顾国际市场的布局特点。主要机构专利都在本国申请了较多专利进行专利保护。除法国 Cellectis 公司外，主要机构专利保护区域都达到 8 个国家（地区）以上，基本都涉及美国、WIPO、EPO、中国和加拿大等。

同时，各主要机构大多在中国申请了专利。杜邦公司、帝斯曼知识产权资产管理有限公司、马泰克生物科学有限公司、巴斯夫植物科学有限公司申请专利达到 5 件以上。目前，美国 Bioriginal 食品科学公司和法国 Cellectis 公司还未在中国申请专利。

3.3 全球主要发明人的竞争优势

对菌种选育专利的主要发明人进行分析（表 3.6），这些发明人主要来自雅培实验室、巴斯夫植物科学有限公司、杜邦公司、马泰克生物科学有限公司。

表 3.6 菌种选育专利的主要发明人情况分析

所在机构	发明人	专利申请数量（件）	主要合作者	活跃时段	2014~2016年专利申请数量所占比例（%）	TOP 专利技术
雅培实验室	LEONARD A E	10	MUKERJI P；HUANG Y；PEREIRA S L	2000~2014	20	有脱氧核糖基作为糖化物基团的化合物（10件）；脂肪、脂油、酯型蜡、高级脂肪酸及氧化油或脂的制备（8件）；遗传工程涉及的 DNA 或 RNA 及载体等（7件）；细菌及其培养基（7件）
	PEREIRA S L	11	MUKERJI P；LEONARD A E；DAS T	2002~2015 年	36	有脱氧核糖基作为糖化物基团的化合物（11件）；脂肪、脂油、酯型蜡、高级脂肪酸及氧化油或脂的制备（8件）；转移酶（7件）
	MUKERJI P	15	PEREIRA S L；LEONARD A E；DAS T	2000~2015 年	33	有脱氧核糖基作为糖化物基团的化合物（15件）；脂肪、脂油、酯型蜡、高级脂肪酸及氧化油或脂的制备（12件）；转移酶（9件）
巴斯夫植物科学有限公司	BAUER J	11	QIU X；WU G；SENGER T；VRINTEN P；CIRPUS P	2004~2016 年	55	适用于植物细胞的载体或表达系统（10件）；脂肪、脂油、酯型蜡、高级脂肪酸及氧化油或脂的制备（9件）；遗传工程涉及的 DNA 或 RNA 及载体等（9件）

所在机构	发明人	专利申请数量（件）	主要合作者	活跃时段	2014~2016年专利申请数量所占比例（%）	TOP 专利技术
杜邦公司	ZHU Q Q	36	XUE Z；YADAV N S；DAMUDE H G	2004~2016年	53	脂肪、脂油、酯型蜡、高级脂肪酸及氧化油或脂的制备（30件）；引入外来遗传物质对酵母进行修饰（22件）；有脱氧核糖作为糖化物基团的化合物（21件）
	MACOOL D J	10	XUE Z；ZHU Q Q；YADAV N S；ZHANG H；PICATAGGIO S K；RAGGHIANTI J J；GILLIES P J；DAMUDE H G	2006~2015年	50	脂肪、脂油、酯型蜡、高级脂肪酸及氧化油或脂的制备（9件）；有脱氧核糖基作为糖化物基团的化合物（7件）；专门适用于大肠杆菌以外的原核细胞宿主的表达载体（5件）；引入外来遗传物质对酵母进行修饰（5件）；氧化还原酶（5件）
	PICATAGGIO S K	10	ZHU Q Q；YADAV N S；XUE Z；ZHANG H	2004~2016年	40	脂肪、脂油、酯型蜡、高级脂肪酸及氧化油或脂的制备（9件）；有脱氧核糖基作为糖化物基团的化合物（7件）；专门适用于大肠杆菌以外的原核细胞宿主的表达载体（6件）；氧化还原酶（6件）；面包酵母、啤酒酵母及其培养基（6）件；微生物本身及其组合物（6件）
	DAMUDE H G	14	ZHU Q Q；XUE Z；YADAV N S；ZHANG H；PICATAGGIO S K；MACOOL D J；RAGGHIANTI J J；GILLIES P J	2006~2015年	50	脂肪、脂油、酯型蜡、高级脂肪酸及氧化油或脂的制备（12件）；有脱氧核糖基作为糖化物基团的化合物（10件）；氧化还原酶（9件）
	ZHANG H	14	YADAV N S；ZHU Q Q；XUE Z；PICATAGGIO S K	2004~2015年	50	脂肪、脂油、酯型蜡、高级脂肪酸及氧化油或脂的制备（12件）；有脱氧核糖基作为糖化物基团的化合物（9件）；氧化还原酶（7件）
	YADAV N S	19	ZHU Q Q；ZHANG H；XUE Z	2004~2016年	58	脂肪、脂油、酯型蜡、高级脂肪酸及氧化油或脂的制备（16件）；有脱氧核糖基作为糖化物基团的化合物（10件）；氧化还原酶（10件）
	XUE Z	24	ZHU Q Q；YADAV N S；MACOOL D J	2004~2016年	50	脂肪、脂油、酯型蜡、高级脂肪酸及氧化油或脂的制备（19件）；引入外来遗传物质对酵母进行修饰（14件）；有脱氧核糖基作为糖化物基团的化合物（12件）

续表

所在机构	发明人	专利申请数量（件）	主要合作者	活跃时段	2014~2016年专利申请数量所占比例（%）	TOP 专利技术
马泰克生物科学有限公司	BARCLAY W R	12	METZ J G；FLATT J H；WEAVER C A	2004~2016年	8	脂肪、脂油、酯型蜡、高级脂肪酸及氧化油或脂的制备（11件）；专门适用于大肠杆菌以外的原核细胞宿主的表达载体（9件）；适用于植物细胞的载体或表达系统（9件）
	FLATT J H	12	METZ J G；BARCLAY W R；WEAVER C A	2004~2016年	8	脂肪、脂油、酯型蜡、高级脂肪酸及氧化油或脂的制备（11件）；专门适用于大肠杆菌以外的原核细胞宿主的表达载体（9件）；适用于植物细胞的载体或表达系统（9件）
	WEAVER C A	14	METZ J G；BARCLAY W R；FLATT J H	2004~2016年	7	脂肪、脂油、酯型蜡、高级脂肪酸及氧化油或脂的制备（12件）；适用于植物细胞的载体或表达系统（11件）；专门适用于大肠杆菌以外的原核细胞宿主的表达载体（10件）
	METZ J G	26	WEAVER C A；BARCLAY W R；FLATT J H	1998~2016年	35	脂肪、脂油、酯型蜡、高级脂肪酸及氧化油或脂的制备（20件）；适用于植物细胞的载体或表达系统（20件）；被子植物的植株再生（14件）

3.4 基于专利的技术成熟度分析

一般而言，技术的发展需要经过四个阶段：第一阶段为技术萌芽期，专利申请数量不连续，专利申请数量和申请人数量均很少；第二阶段为技术成长期，专利申请连续，专利申请数量与申请人数量较技术萌芽期急剧上升；第三阶段为技术成熟期，专利申请数量与申请人数量的增长逐渐减缓；第四阶段为技术衰退期，专利申请数量与专利权人数量呈现负增长。本节分析中，通过分析优先权专利申请数量（优先权年 DII 数据库中专利申请的数量）、发明人数量（优先权年 DII 数据库中发明人的数量）这两个指标随时间的变化趋势来分析技术的生命周期，反映技术的成熟度。

由图 3.3 可知，菌种选育技术在 1995~2002 年为技术萌芽期，该技术还未引起公众的注视；2003 年至今技术处于低速增长阶段。图 3.3 还表示了近年来菌种选育技术领域的新发明人增加情况。总体来看，总发明人数量呈现出上升趋势，最近几年新发明人数量呈现出一定的增长。发明人的发展也可分为两个阶段；第一阶段是 1995~2002 年，这个时期发明人数量较少，每年新增的发明人数量也较少；第二阶段是 2003 年至今，这个时期发明人数量相对第一阶段有所增加，并且基本每年都有较大比例的新发明人进入该领域，但近几年新发明人进入该领域的趋势减缓。

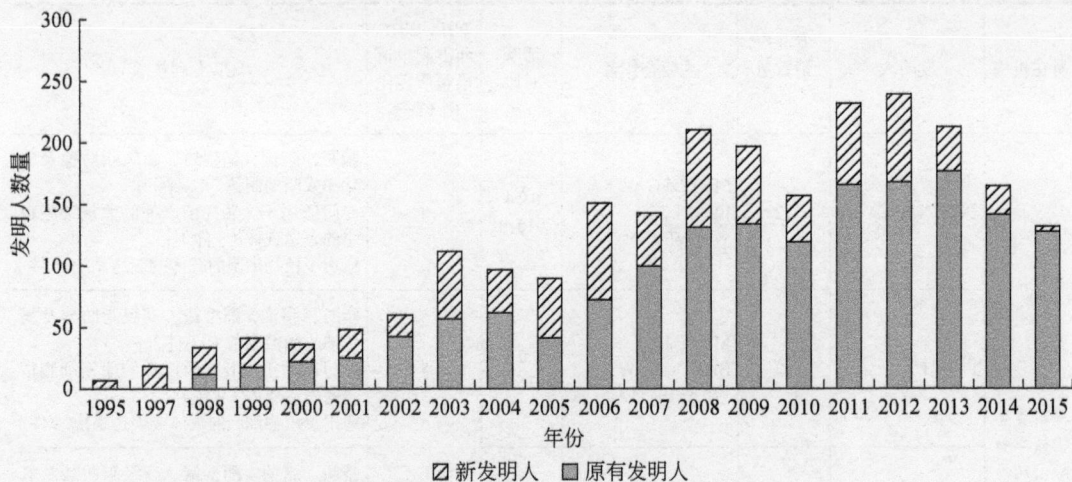

图 3.3　菌种选育技术领域发明人数量随时间的发展变化

　　将专利申请数量和发明人数量结合形成菌种选育专利的技术生命周期图，如图 3.14 所示。可以看出，1995~2002 年，专利申请数量和发明人数量都较少，但总体上呈现出上升趋势，属于技术萌芽期；2003~2012 年，专利申请数量和发明人数量相对第一阶段有所增加，属于低速增长阶段；2013~2015 年，专利申请数量和发明人数量出现一定的减少，一定程度上反映出增长趋势减缓。

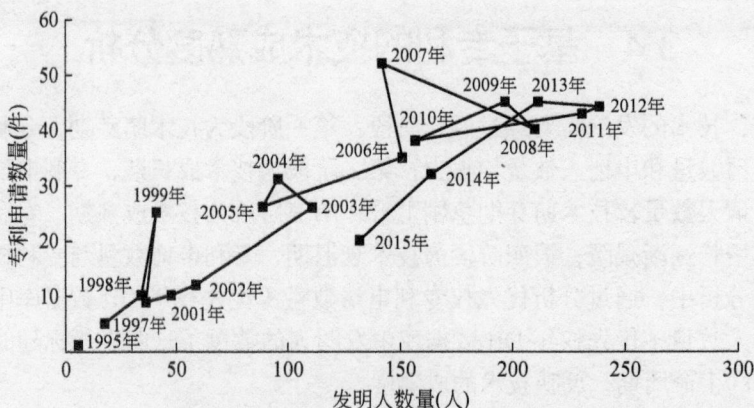

图 3.4　菌种选育专利的技术生命周期图

3.5　近期新出现的专利技术

　　2013 年以来，菌种选育技术领域出现了新的技术和方法，新出现的主要技术条目见表 3.7。在使用食用海藻方面，出现了新裂殖 mangrovei 菌株，其能够用于微藻生物质生产棕榈酸和 DHA；在有机化合物方面，出现了天然藻油组合物及其制备方法，能够用于制备高纯度 Ω-3EPA 制剂；在含氧的有机物制备液态烃混合物方面，出现了能提高 DHA 生产速度的株，生产的微生物油富含 ARA、DHA、EPA 和肉豆蔻酸，并且具有成本效益；在脂肪族的微生物方面，出现了重组核酸分子技术，能使遗传修饰的微生物比没有重组核酸分子的微生物生产更多的 DHA、DPAN-6 和 EPA。

表 3.7　2013 年以来菌种选育技术领域新出现技术情况

序号	技术领域首次出现年份	IPC 分类号	技术领域	专利申请数量（件）	涉及技术	机构名称	机构所在国	专利法律状态
1	2014	A 23 L-001/337	食用海藻	1	新裂殖 mangrovei 菌株，用于微藻生物质生产棕榈酸和 DHA，作为人或动物的食品或食物补充	罗盖特兄弟公司	法国	审中 - 实审①
		A 61 K-031/7032	与多元醇连接的有机化合物	1	提供了天然藻油组合物及其制备方法，所述组合物能够用于制备高纯度 Ω-3EPA 制剂	奥罗拉藻类股份有限公司	美国	审中 - 实审②
2	2015	C 10 G-003/00	从含氧的有机物制备液态烃混合物	1	微生物油富含 ARA，DHA、EPA 和肉豆蔻酸，株能提高 DHA 生产速度，具有成本效益	Synthetic Genomics 公司	美国	有效③
		C 12 N-001/28	脂肪族的微生物	1	重组核酸分子提供遗传修饰的微生物，比没有重组核酸分子的微生物生产更多的 DHA、DPAN-6 和 EPA	帝斯曼知识产权资产管理有限公司	荷兰	有效④

注：①目前正在中国申请。②目前正在中国申请。③目前在美国等市场有效，尚未在中国申请。④目前在美国等市场有效，尚未在中国申请

3.6　本章小结

菌种选育专利的技术主要集中在脂肪、脂油、酯型蜡、高级脂肪酸及氧化油或脂的制备，植物细胞表达载体构建、外源基因在植物细胞的表达，PUFA/ω-3/DHA 合成的相关基因和基因克隆，以及酵母的遗传改造（酵母转基因）等技术领域。近年来酶或酶原基因的外源表达，酶及酶原、酶的激活、活性抑制、分离和纯化等和转移酶类等酶相关的技术，以及 DNA 重组技术，细胞的遗传改造（细菌转基因）和细胞的遗传改造、细胞转基因技术等基因工程技术相对自身发展较快。

杜邦公司、马泰克生物科学有限公司、巴斯夫植物科学有限公司、帝斯曼知识产权资产管理有限公司在菌种选育专利上具有竞争力。杜邦公司重点关注含氧有机化合物的制备、DNA 重组技术、氧化还原酶、核酸；马泰克生物科学有限公司在植物相关的菌种选育专

利较多；巴斯夫植物科学有限公司重点技术领域有含氧有机化合物的制备 DNA 重组技术，植物相关的专利和氧化还原酶。

2013 年以来，菌种选育专利虽然出现增长趋势减缓，但涌现出了一批新技术。在菌株方面，出现了新裂殖 mangrovei 菌株，能够用于微藻生物质生产棕榈酸和 DHA；在有机化合物方面，出现了天然藻油组合物及其制备方法，能够用于制备高纯度 Ω-3EPA 制剂；在含氧的有机物制备液态烃混合物方面，出现了能提高 DHA 生产速度的株；在脂肪族微生物方面，出现了重组核酸分子技术，能使遗传修饰的微生物比没有重组核酸分子的微生物生产更多的 DHA、DPAN-6 和 EPA。

第4章 发酵培养专利分析

发酵培养过程是决定微藻 DHA 产量的关键环节，具体涉及培养基成分、培养条件和培养方式等。本章根据 2.2.2 节的发酵培养检索式进行检索，并根据专家咨询，对结果进行了筛选和清洗，最终确定 627 件相关专利，开展相关专利技术布局、主要专利权人分析、技术发展动向、新出现的在华专利和外国公司在华失效专利等分析。

4.1 专利技术分布状况

发酵培养专利共涉及 1065 个 IPC 分类号，根据 IPC 分类号对发酵培养专利涉及的前 20 个专利技术领域及其申请情况进行分析（表 4.1）。发酵培养专利在技术上主要涉及含氧有机化合物、食品或食料、微生物、动物饲料、含有机有效成分的医药配制品、食用油或脂肪、脂肪或脂油的生产、具有特定治疗活性的化合物或药物制剂与奶粉或奶粉的配制品等领域。

表 4.1 发酵培养专利涉及的前 20 个专利技术领域及其申请情况

序号	覆盖领域	IPC 分类号	技术领域	专利申请数量（件）	专利所占比例（%）	时间跨度	2014~2016 年申请数量所占比例（%）
1	含氧有机化合物	C12P-007/64	脂肪、脂油、酯型蜡、高级脂肪酸及氧化油或脂的制备	234	37.3	1988~2016 年	23
2	食品或食料	A23L-001/30	含添加剂的食品或食料	133	21.2	1989~2016 年	21
		A23L-001/29	改变食品的营养性质或营养制品	43	6.9	1990~2016 年	28
3	微生物	C12N-001/12	单细胞藻类	91	14.5	1985~2015 年	19
		C12N-001/14	真菌及其培养基	55	8.8	1988~2015 年	22
		C12N-001/20	细菌及其培养基	42	6.7	1993~2015 年	14
		C12N-001/00	微生物本身及其组合物	35	5.6	1986~2015 年	23
		C12R-001/89	藻类	39	6.2	1985~2015 年	33
		C12R-001/645	真菌类	35	5.6	2000~2015 年	46
4	动物饲料	A23K-001/16	补充附加食物要素的动物饲料	83	13.2	1990~2016 年	30
		A23K-001/18	专门适用于特定动物的喂养饲料	61	9.7	1985~2015 年	25
		A23K-001/00	动物饲料	41	6.5	1985~2015 年	32

续表

序号	覆盖领域	IPC 分类号	技术领域	专利申请数量（件）	专利所占比例（%）	时间跨度	2014~2016年申请数量所占比例（%）
5	含有机有效成分的医药配制品	A61K-031/202	以羧酸（含3个或3个以上双键）为有效成分的医药配制品	57	9.1	1990~2016 年	32
		A61K-031/20	以羧酸（有与至少7个碳原子的无环链相连的羧基）为有效成分的医药配制品	40	6.4	1990~2015 年	40
6	食用油或脂肪	A23D-009/00	松酥油脂和烹饪用油等食用油或脂肪	43	6.9	1990~2015 年	23
7	脂肪或脂油的生产	C11B-001/00	从原料生产脂肪或脂油	38	6.1	1990~2015 年	39
		C11B-001/10	利用萃取法从原料生产脂肪或脂油	32	5.1	1990~2015 年	34
8	具有特定治疗活性的化合物或药物制剂	A61P-029/00	非中枢性止痛剂、退热药或抗炎剂	37	5.9	1999~2015 年	24
		A61P-043/00	用于特殊目的的药物	33	5.3	1990~2014 年	3
9	奶粉或奶粉的配制品	A23C-009/13	使用添加物的奶配制品	33	5.3	1990~2016 年	12

具体地说，含氧有机化合物领域主要涉及脂肪、脂油、酯型蜡、高级脂肪酸及氧化油或脂的制备，涉及的 IPC 分类号为 C12P-007/64；食品或食料领域包括含添加剂的食品或食料和改变食品的营养性质或营养制品两个分技术领域，涉及的 IPC 分类号为 A23L-001/30 和 A23L-001/29；微生物领域包括单细胞藻类、真菌及其培养基、细菌及其培养基、微生物本身及其组合物、藻类和真菌类等分技术领域，涉及的 IPC 分类号有 C12N-001/12、C12N-001/14、C12N-001/20、C12N-001/00、C12R-001/89 和 C12R-001/645；动物饲料领域包括补充附加食物要素的动物饲料、专门适用于特定动物的喂养饲料和动物饲料三个分技术领域，涉及的 IPC 分类号有 A23K-001/16、A23K-001/18 和 A23K-001/00；含有机有效成分的医药配制品领域主要涉及以羧酸为有效成分的医药配制品，涉及的 IPC 分类号有 A61K-031/202 和 A61K-031/20；食用油或脂肪领域主要涉及松酥油脂和烹饪用油等食用油或脂肪，涉及的 IPC 分类号为 A23D-009/00；脂肪或脂油的生产领域主要涉及从原料生产脂肪或脂油利用萃取法从原料生产脂肪或脂油，涉及的 IPC 分类号为 C11B-001/00 和 C11B-001/10；具有特定治疗活性的化合物或药物制剂领域主要涉及非中枢性止痛剂、退热药或抗炎剂，以及用于特殊目的药物涉及的 IPC 分类号为 A61P-029/00 和 A61P-043/00；奶粉或奶粉的配制品领域主要涉及使用添加物的奶配制品，其 IPC 分类号为 A23C-009/13。

从专利申请数量上来看，脂肪、脂油、酯型蜡、高级脂肪酸及氧化油或脂的制备技术领域的专利申请数量最多，达 234 件，占发酵培养专利申请总数量的 37.3%，涉及的 IPC 分类号为 C12P-007/64；其次是含添加剂的食品或食料（专利申请数量为 133 件，占比为

21.2%)、单细胞藻类（专利申请数量为 91 件，占比为 14.5%）和补充附加食物要素的动物饲料（专利申请数量为 83 件，占比为 13.2%）等技术领域。

从时间跨度上来看，这些技术领域的时间跨度都较大，最早可追溯至 1985 年，最晚的出现在 2000 年，大多数技术领域的专利出现在 1990 年左右。

对发酵培养专利的技术热点进行分析（表 4.1），2014~2016 年，微生物真菌类技术领域专利的申请数量占比最高，为 46%，说明该技术领域是专利申请的热点领域。另外，脂肪或脂油的生产、以羧酸（含 3 个或 3 个以上双键）为有效成分的医药配制品、动物饲料和藻类等技术领域专利的申请数量占比也较高，达到 30% 以上，也是专利申请的热点领域。

4.2　主要专利权人的竞争格局

对发酵培养专利的主要专利权人进行分析，结果如图 4.1 所示。根据专利申请数量，发酵培养专利排名前 5 位的专利权人分别为帝斯曼集团（荷兰、27 件）、马泰克生物科学有限公司（美国、25 件）、巴斯夫集团（德国、14 件）、Fermentalg 公司（法国、10 件）和纽迪希亚公司（荷兰、10 件），其中，帝斯曼集团包括帝斯曼知识产权资产管理有限公司、帝斯曼营养产品有限公司和中化帝斯曼制药有限公司 3 家子公司，巴斯夫集团包括巴斯夫中国有限公司、巴斯夫植物科学公司、巴斯夫瑞士公司 3 家子公司。另外，日本的 Daicho Kikaku 公司、川崎钢铁公司、三得利公司和美国的米德约翰逊营养品公司、美赞臣公司、Solazyme 公司的专利申请数量也较多。

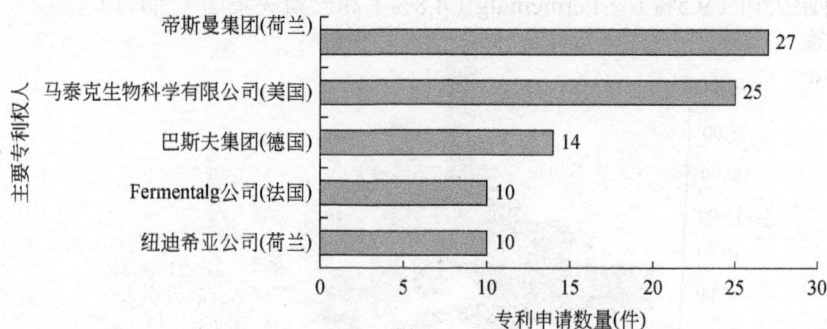

图 4.1　发酵培养专利的主要专利权人

4.2.1　主要专利权人的竞争优势

本节从两个方面来分析企业的竞争力：①通过分析主要专利权人在某 IPC 分类号中专利申请数量的占比来反映机构的竞争力；②通过分析主要专利权人申请的专利的技术特长来反映机构的竞争力。

首先，分析主要专利权人在某 IPC 分类号中申请的专利数量的比例，如图 4.2 所示，在脂肪、脂油、酯型蜡、高级脂肪酸及氧化油或脂的制备（C12P-007/64）技术领域，帝斯曼集团的专利占比最高，为8.1%，然后是马泰克生物科学有限公司（7.7%）、巴斯夫集团（5.6%）和 Fermentalg 公司（4.3%）；在含添加剂的食品或食料（A23L-001/30）技术领域，马泰克生物科学有限公司的专利占比最高，为7.5%，其次是帝斯曼集团（6%）、纽迪希亚公司（6%）、巴斯夫集团（2.2%）和 Fermentalg 公司（0.8%）；在单细胞藻类（C12N-001/12）技术领域，纽迪希亚公司的专利占比最高，为11%，其次是帝斯曼集团（8.8%）和马泰克生物科学有限公司（7.7%）；在补充附加食物要素的动物饲料（A23K-001/16）技术领域，帝斯曼集团的专利占比最高，为8.4%，其次是马泰克生物科学有限公司（6%）、巴斯夫集团（4.8%）和 Fermentalg 公司（1.2%）；在专门适用于特定动物的喂养饲料（A23K-001/18）技术领域，帝斯曼集团和马泰克生物科学有限公司的专利占比最高，均为6.6%，其次是 Fermentalg 公司（1.6%）；在以羧酸（含3个或3个以上双键）为有效成分的医药配制品（A61K-031/202）技术领域，马泰克生物科学有限公司的专利占比最高，为10.5%，其次是帝斯曼集团（8.8%）、巴斯夫集团（3.5%）和纽迪希亚公司（3.5%）；在真菌及其培养基（C12N-001/14）技术领域，帝斯曼集团的专利占比最高，为12.7%，其次是马泰克生物科学有限公司（10.9%）和 Fermentalg 公司（5.5%）；在松酥油脂和烹饪用油等食用油或脂肪（A23D-009/00）技术领域，帝斯曼集团的专利占比最高，为27.9%，其次是马泰克生物科学有限公司（18.6%）和巴斯夫集团（4.7%）；在改变食品的营养性质、营养制品（A23L-001/29）技术领域，纽迪希亚公司的专利占比最高，为14%，其次是马泰克生物科学有限公司（9.3%）和帝斯曼集团（7%）；在细菌及其培养基（C12N-001/20）技术领域，帝斯曼集团的专利占比最高，为11.9%，其次是马泰克生物科学有限公司（9.5%）、Fermentalg（4.8%）和巴斯夫集团（2.4%）。

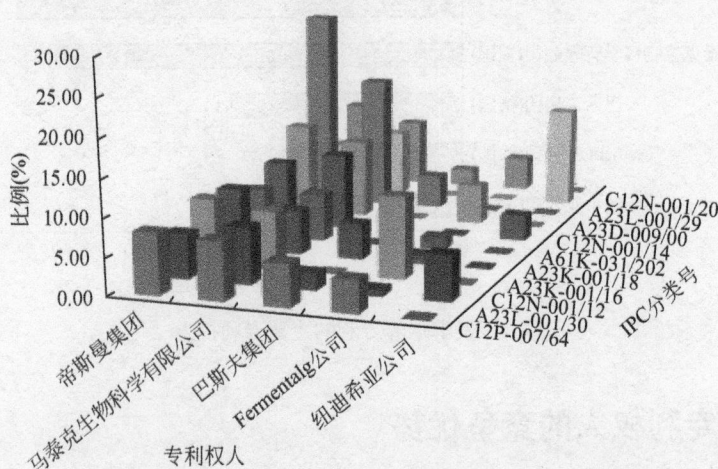

图4.2　主要专利权人在某 IPC 分类号中申请的专利数量的比例

通过以上分析，可以看出，帝斯曼集团在6个技术领域的专利占比最高，马泰克生物科学有限公司在3个技术领域的专利占比最高，纽迪希亚公司在2个技术领域的专利占比最高。

其次,分析主要专利权人的技术特长,本研究通过分析机构的高被引专利来反映企业的技术特长。主要专利权人的技术特长分析结果见表 4.2,帝斯曼集团的技术特长主要在于先进的微生物油脂生产工艺,该工艺不仅可以从酵母、细菌、真菌和藻类等多种细胞中获取油脂,而且不需要使用有机溶剂,且油脂产量高。马泰克生物科学有限公司的技术特长主要在于:①含微生物来源的 DHA 的可食用油技术,该食用油可用于婴儿的喂养和饮食及药物成分,避免了鱼油的腥味和多余的 EPA;②含微生物油脂的婴儿配方奶粉技术。巴斯夫集团的技术特长主要在于拥有生产多不饱和脂肪酸的相关核苷酸。Fermentalg 公司的技术特长主要在于拥有先进的裂殖壶菌培养方法和性能优良的藻种,使 DHA 的生产简单可行且产量高。纽迪希亚公司的技术特长主要在于利用多不饱和脂肪酸生产婴幼儿营养产品。

表 4.2 主要专利权人的技术特长分析

专利权人	序号	专利号	专利名称	申请年份	被引频次	IPC分类号	技术特长
帝斯曼集团	1	WO200153512-A1	一种从微生物中获得油脂的工艺,涉及裂解细胞并用水溶液洗涤,无需使用非极性有机溶剂	2000	87	C12P-007/64	该工艺不需要使用挥发性或易燃性的非极性有机溶剂,且不需要在提取前对微生物进行昂贵的干燥处理
	2	WO2004087879-A2	一种新分离的多不饱和脂肪酸聚酮合酶(PKS)核酸分子,可用于治疗炎症、胃肠道疾病、癌症、恶病质、贲门狭窄,或神经退行性疾病	1999	56	C12N-000/00	该 PKS 核酸分子有助于治疗慢性炎症、急性炎症、胃肠道疾病、癌症、恶病质、贲门狭窄、神经退行性疾病、肝脏的退行性疾病、血脂异常、骨质疏松、骨关节炎、自身免疫性疾病、先兆子痫、早产、年龄相关性黄斑病变、肺疾病和过氧化物酶体异常等多种疾病
	3	EP1178118-A1	从微生物细胞中获得油脂的工艺,涉及破坏微生物的细胞壁以释放油脂,然后分离油脂	2000	31	C12P-007/64	该工艺不仅可以从酵母、细菌、真菌或藻类细胞中获得油脂,而且不需要利用有机溶剂,且纯化的油脂产量高
马泰克生物科学有限公司	1	WO9111918-A	含有来自海洋微生物的 DHA 的可食用油,用于婴儿喂养,饮食补充剂和药物组分	1990	156	A23D-009/00	该可食用油通过对产油微生物的培养获得,所含的 DHA 含量较高,可用于婴儿的喂养和饮食及药物成分。该食用油避免了鱼油的腥味和多余的 EPA
	2	WO9212711-A1	含微生物油脂的婴儿配方奶粉,该微生物油脂至少来源于两种不同的微生物,且含有至少两种不同的长链多不饱和脂肪酸	1991	124	A61K-031/20	向婴儿配方奶粉中添加长链多不饱和脂肪酸可为婴儿提供所需的多不饱和脂肪酸。该方法可经济灵活地改变长链多不饱和脂肪酸的组分
	3	WO200153512-A1	一种从微生物中获得油脂的工艺,涉及裂解细胞并用水溶液洗涤,无需使用非极性有机溶剂	2000	87	C12P-007/64	该工艺不需要使用挥发性或易燃性的非极性有机溶剂,且不需要在提取前对微生物进行昂贵的干燥处理

专利权人	序号	专利号	专利名称	申请年份	被引频次	IPC分类号	技术特长
巴斯夫集团	1	WO2008022963-A2	一种编码具有 ω-3 去饱和酶活性的多肽的核酸序列，用于生产作为化妆品成分的油脂或脂肪酸	2006	12	A01K-067/027	该核苷酸编码的多肽能够将 DPA 转换为 DHA，实现长链多不饱和脂肪酸的合成，使 ω-6 合成途径转向 ω-3 合成途径以生产多不饱和脂肪酸
	2	WO2010023202-A2	一种新的多核苷酸，用于生产多不饱和脂肪酸或调节多不饱和脂肪酸的生产，多不饱和脂肪酸为 ARA 或 EPA 或 DHA	2008	6	C12N-015/82	该核酸实现了高浓度多不饱和脂肪酸（ARA 或 EPA 或 DHA）的生产
Fermentalg 公司	1	FR2976292-A1	一种通过在可变的或不连续的照明条件下混合模式培养裂殖壶菌生产虾青素和 DHA 的方法	2012	1	C12N-001/12	该方法使虾青素和 DHA 的生产简单可行且产量高
	2	FR2988100-A1	一种新的微藻分离株（Ondotella），用于生产 EPA 和 DHA，并可作为鱼类养殖的食物补充剂和化妆品的成分	2011	1	C12N-001/12	该微藻菌株气味愉悦，不含胆固醇，只需消耗较少的能量即可实现微藻的轻松制备
纽迪希亚公司	1	WO2005122790-A1	使用多不饱和脂肪酸制造包含 EPA、DHA、ARA，具有甘露糖单元同源性的低聚糖的组分，用于刺激肠道屏障的完整性	2004	21	A23L-001/29	长链多不饱和脂肪酸和低聚糖的组合通过协同地降低肠道通透性和黏液的产生，提高了屏障的完整性
	2	WO2008153377-A1	一种包含非消化性寡糖和活性双歧杆菌的婴幼儿营养液，该营养液有利于婴幼儿营养成分的形成，并治疗感染和过敏	2007	19	A23L-001/09	该营养液易于饮用且稳定性好，保存时间长。此外，该营养液为非发酵的营养成分，通过增加乳酸菌的数量或减少病原菌的数量或刺激免疫系统来改善肠道菌群
	3	WO2008153391-A2	一种包含带有非活性双歧杆菌的非消化性寡糖的婴幼儿营养产品，用于治疗过敏、感染、尿布性皮炎、湿疹和哮喘等疾病	2007	14	A23L-001/09	该婴幼儿营养产品稳定，保质期较长（至少为 6 个月），成本低，且易于食用

因此，综合以上两个方面的分析，可以得出以下结论：帝斯曼集团在微生物油脂的制备领域具有绝对的竞争力和优势；马泰克生物科学有限公司在含 DHA 的婴幼儿用食用油和配方奶粉领域具有很强的竞争和优势；巴斯夫集团在多不饱和脂肪酸生产和合成的基因序列领域具有较强的竞争力；Fermentalg 公司在藻种的发酵培养领域具有很强的竞争力和优势；纽迪希亚公司在利用多不饱和脂肪酸生产婴幼儿营养产品领域具有很强的竞争力和优势。

4.2.2　主要专利权人技术布局及对比

发酵培养领域专利申请数量较多的专利权人的技术布局和研发重心见表 4.3，包括帝斯曼集团、马泰克生物科学有限公司和巴斯夫集团等 5 家公司在前 20 个专利技术中分布，覆盖含氧有机化合物、食品或食料、微生物、动物饲料、含有机有效成分的医药配制品、食用油或脂肪等领域。从表 4.3 中可以看出，帝斯曼集团、马泰克生物科学有限公司、巴斯夫集团和 Fermentalg 公司的研发重心均在脂肪、脂油、酯型蜡、高级脂肪酸及氧化油或脂的制备（C12P-007/64）技术领域，纽迪希亚公司的研发重心则为含有添加剂的食品或食料领域。

表 4.3　发酵培养领域专利申请数量较多的专利权人的技术布局和研发重心

覆盖领域	技术领域	帝斯曼集团	马泰克生物科学有限公司	巴斯夫集团	Fermentalg 公司	纽迪希亚公司
专利申请总数量（件）		27	25	14	10	10
含氧有机化合物	脂肪、脂油、酯型蜡、高级脂肪酸及氧化油或脂的制备	19(70.3%)	18(72%)	13(92.8%)	10(100%)	0(0%)
食品或食料	含添加剂的食品或食料	3(11.1%)	4(16%)	0(0%)	0(0%)	6(60%)
	改变食品的营养性质或营养制品	8(29.6%)	10(40%)	3(21.4%)	1(10%)	8(80%)
微生物	微生物本身及其组合物	6(22.2%)	5(20%)	3(21.4%)	1(10%)	0(0%)
	单细胞藻类	8(29.6%)	7(28%)	0(0%)	10(100%)	0(0%)
	真菌及其培养基	7(25.9%)	6(24%)	0(0%)	3(30%)	0(0%)
	细菌及其培养基	5(18.5%)	4(16%)	1(7.1%)	2(20%)	0(0%)
	藻类	4(14.8%)	4(16%)	0(0%)	8(80%)	0(0%)
	真菌类	4(14.8%)	3(12%)	0(0%)	0(0%)	0(0%)
动物饲料	动物饲料	4(14.8%)	3(12%)	1(7.14%)	0(0%)	0(0%)
	补充附加食物要素的动物饲料	7(25.9%)	5(20%)	4(28.5%)	1(10%)	0(0%)
	专门适用于特定动物的喂养饲料	4(14.8%)	4(16%)	0(0%)	1(10%)	0(0%)
含有机有效成分的医药配制品	以羧酸（含 3 个或 3 个以上双键）为有效成分的医药配制品	5(18.5%)	6(24%)	2(14.2%)	0(0%)	2(20%)
	以羧酸（有与至少 7 个碳原子的无环链相连的羧基）为有效成分的医药配制品	6(22.2%)	5(20%)	0(0%)	0(0%)	1(10%)
食用油或脂肪	松酥油脂和烹饪用油等食用油或脂肪	12(44.4%)	8(32%)	2(14.2%)	0(0%)	0(0%)

覆盖领域	技术领域	帝斯曼集团	马泰克生物科学有限公司	巴斯夫集团	Fermentalg公司	纽迪希亚公司
脂肪或脂油的生产	从原料生产脂肪或脂油	14(51.9%)	8(32%)	0(0%)	0(0%)	0(0%)
	利用萃取法从原料生产脂肪或脂油	8(29.6%)	7(28%)	0(0%)	0(0%)	0(0%)
具有特定治疗活性的化合物或药物制剂	非中枢性止痛剂、退热药或抗炎剂	3(11.1%)	2(8%)	0(0%)	0(0%)	0(0%)
	用于特殊目的的药物	1(3.70%)	2(8%)	0(0%)	0(0%)	0(0%)
奶粉或奶粉的配制品	使用添加物的奶配制品	0(0%)	1(4%)	0(0%)	0(0%)	2(20%)

帝斯曼集团在脂肪、脂油、酯型蜡、高级脂肪酸及氧化油或脂的制备技术领域的专利申请数量最多,27件专利中的70.3%涉及该技术;其次是从原料生产脂肪或脂油(51.9%)松酥油脂和烹饪用油等食用油或脂肪(44.4%),改变食品的营养性质、营养制品(29.6%),单细胞藻类(29.6%),以及利用萃取法从原料生产脂肪或脂油(29.6%),等技术领域领域。

马泰克生物科学有限公司也在脂肪、脂油、酯型蜡、高级脂肪酸及氧化油或脂的制备技术领域的专利申请数量最多,25件专利中的72%的专利属于该领域,其次是改变食品的营养性质、营养制品(40%),松酥油脂和烹饪用油等食用油或脂肪(32%),从原料生产脂肪或脂油(32%)和单细胞藻类(28%)等技术领域。

巴斯夫集团也在脂肪、脂油、酯型蜡、高级脂肪酸及氧化油或脂的制备技术领域的专利申请数量最多,14件专利中的92.9%的专利属于该领域,其次是补充附加食物要素的动物饲料(28.6%),以及改变食品的营养性质、营养制品(21.4%)等技术领域。

Fermentalg公司的专利在脂肪、脂油、酯型蜡、高级脂肪酸及氧化油或脂的制备技术领域和单细胞藻类技术领域的占比均为100%,其次是藻类(80%)和真菌及其培养基(30%)技术领域;纽迪希亚公司在改变食品的营养性质和营养制品技术领域的专利数量最多,80%的专利属于该领域,其次是含添加剂的食品或食料(60%)和以羧酸(含3个或3个以上双键)为有效成分的医药配制品(20%)、使用添加物的奶配制品(20%),等技术领域。

4.2.3 专利权人的全球布局战略

对主要机构专利的国家布局进行分析,结果见表4.4,帝斯曼集团、马泰克生物科学有限公司、巴斯夫集团专利的国家布局格局相似,布局范围较广,达到10个及以上国家和地区,且在世界知识产权组织、美国、EPO、澳大利亚、加拿大、中国、日本等主要的国家和地区布局的专利申请数量较多。Fermentalg公司在本国布局的专利申请数量最多,其次是WIPO、EPO和美国等国家和地区;纽迪希亚申请在世界知识产权组织布局的专利申请数量最多,其次是EPO、美国和中国等国家和地区。

表 4.4　主要机构专利的国家布局分析（保护区域）

专利权人	WIPO	EPO	美国	澳大利亚	加拿大	中国	日本	墨西哥	西班牙	韩国	巴西	德国	法国	印度
帝斯曼集团	25	19	19	16	16	15	14	11	10	10	7	6	0	9
马泰克生物科学有限公司	17	14	21	16	13	7	9	7	8	9	7	5	0	6
巴斯夫集团	14	14	14	12	13	3	4	0	1	0	0	6	0	1
Fermentalg 公司	9	5	4	0	0	3	0	0	1	0	0	0	10	1
纽迪希亚公司	10	6	6	2	2	5	1	1	2	0	3	0	0	4

4.3　全球主要发明人的竞争优势

对发酵培养专利的主要发明人进行分析，见表 4.5。

表 4.5　发酵培养专利的主要发明人情况分析

所在机构	发明人	专利申请数量（件）	主要合作者（合作专利的数量）	活跃时段	近三年专利申请数量所占比例（%）	TOP 专利技术
Fermentalg 公司	CALLEJA P	10	ROMARI K（6 件）；GODART F（5 件）；PAGLIARDINI J（5 件）	2011～2014 年	30	脂肪、脂油、酯型蜡、高级脂肪酸及氧化油或脂的制备（10 件）；单细胞藻类（10 件）；藻类（8 件）
马泰克集团	BARCLAY W R	9	ABRIL J R（1 件）；FLATT J H（1 件）；BEILRI R B（1 件）	1988～2015 年	11	脂肪、脂油、酯型蜡、高级脂肪酸及氧化油或脂的制备（8 件）；使用微生物或酶制备化合物（4 件）；微生物本身及其组合物（8 件）
巴斯夫集团	BAUER J	9	QIU X（5 件）；SENGER T（4 件）；VRINTEN P L（3 件）	2006～2016 年	11	专门适用于植物细胞的载体或表达系统（9 件）；脂肪、脂油、酯型蜡、高级脂肪酸及氧化油或脂的制备（8 件）；被子植物的植株再生（8 件）
	SENGER T	7	BAUER J（4 件）；MARTY L（3 件）；STYMNE S（2 件）；LINDBERG YILMAZ J（2 件）	2008～2016 年	43	专门适用于植物细胞的载体或表达系统（7 件）；脂肪、脂油、酯型蜡、高级脂肪酸及氧化油或脂的制备（6 件）；被子植物的植株再生（5 件）

续表

所在机构	发明人	专利申请数量（件）	主要合作者（合作专利的数量）	活跃时段	近三年专利申请数量所占比例（%）	TOP 专利技术
Daicho Kikaku Yg	ONAGA T	8	OCHIAI A（3件）；DAICHO T（1件）；REN L（0件）	2004~2014 年	12	以与碳环稠合的杂环化合物为有效成分的医药配制品（7件）；非中枢性止痛剂、退热药或抗炎剂（7件）；含有来自五加科植物成分的医用或梳妆用的配制品（5件）；以 17β 位由含 3 个或 3 个以上碳原子的链取代的含环戊为有效成分的医药配制品（5件）；以有氧作为环杂原子的化合物为有效成分的医药配制品（5件）；含有来自豆科植物成分的医用或梳妆用的配制品（5件）
帝斯曼集团	BEHRENS P W	7	HANSEN J M（5件）；PFEIFER J W（5件）；APT K E（5件）	2002~2015 年	57	脂肪、脂油、酯型蜡、高级脂肪酸及氧化油或脂的制备（7件）；松酥油脂和烹饪用油等食用油或脂肪（5件）；从原料生产脂肪或脂油（5件）
帝斯曼集团	HANSEN J M	7	BEHRENS P W（5件）；PFEIFER J W（5件）；APT K E（5件）	2000~2015 年	57	脂肪、脂油、酯型蜡、高级脂肪酸及氧化油或脂的制备（6件）；松酥油脂和烹饪用油等食用油或脂肪（5件）；从原料生产脂肪或脂油（5件）；发酵或使用酶的方法合成目标化合物（5件）
帝斯曼集团	LEININGER N F	7	SHANK G（4件）；TABAYEHNEJAD N（4件）；BARKER M（4件）	2005~2014 年	14	含有水相的食用油或脂肪组分（5件）；从原料生产脂肪或脂油（4件）；脂肪或脂油的精制（4件）

4.4 基于专利的技术成熟度分析

本节通过分析优先权专利申请数量（优先权年 DII 数据库中专利申请的数量）、发明人数量（优先权年 DII 数据库中发明人的数量）这两个指标随时间的变化趋势来分析技术的生命周期，反映技术的成熟度。

图 4.3 反映了发酵培养专利发明人的总数随时间的变化趋势。总的来说，专利发明人总数呈上升趋势，具体可分为 3 个发展阶段：第一阶段，1985~1997 年，该阶段专利发明人长期保持极少数量；第二阶段，1998~2012 年，该阶段专利发明人总数呈不断上升趋势，

2012 年发明人数量达到峰值，为 409 人；第三阶段，2013 年至 2015 年，该阶段发明人总数呈下降趋势，2015 年专利发明人总数仅降至 183 人。2013 年以后发明人总数下降的原因是原有发明人数量呈下降趋势，新增发明人数量在 2013 年和 2014 年没有明显增加，在 2015 年锐减。

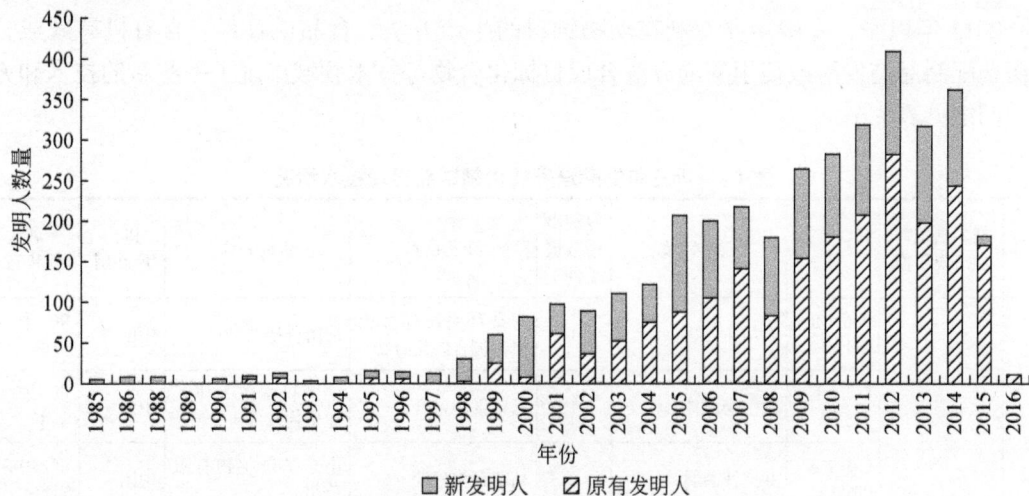

图 4.3　发酵培养专利发明人总数随时间的变化趋势

图 4.4 反映了发酵培养专利发明人数量和专利申请数量随时间的变化趋势，可以看出，1998 年以前，发明人数量和专利申请数量均较少；1998~2012 年，发明人数量和专利申请数量快速上升；2013~2015 年，发明人数量和专利申请数量呈下降趋势。

因此，通过以上分析，得出结论：1998 年以前，发酵培养技术处于萌芽期，还未引起公众的注视；1998~2012 年，发酵培养技术处于快速发展期并到达成熟状态，发明人数

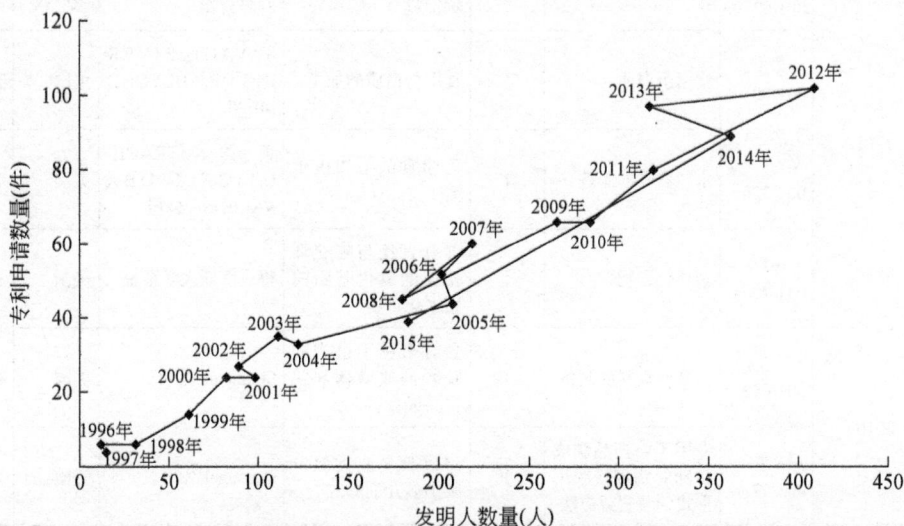

图 4.4　发酵培养专利的技术生命周期图

量和专利申请数量均达到峰值；2013 年以后，发酵培养技术进入衰退期。

4.5　近期新出现的专利技术

2013 年以来，发酵培养专利在动物饲料的生产方法、食品或食料、含有机有效成分的医药配制品与发酵或使用酶的方法合成目标化合物等技术领域出现了一些新的技术和方法，归纳见表 4.6。

表 4.6　近三年发酵培养技术领域新出现技术情况

序号	技术领域首次出现年份	IPC 分类号	技术领域	专利申请数量（件）	涉及技术	机构名称	机构所在国	专利法律状态
1	2014	A61K-031/519	杂环化合物	1	与杂环系统邻位或迫位稠合的化合物	河南科技大学	中国	审中-实审
		C12N-015/04	微生物遗传工程	1	真菌细胞融合	中国科学院天津工业生物技术研究所	中国	审中-实审
		C12R-001/125	芽孢杆菌属	1	枯草芽孢杆菌	山东圣琪生物有限公司	中国	审中-实审
		C12P-013/08	含氮有机化合物的制备	1	赖氨酸；二氨基庚二酸；苏氨酸；缬氨酸	山东圣琪生物有限公司	中国	审中-实审
		C12P-013/14	含氮有机化合物的制备	1	谷氨酸；谷氨酰胺	山东圣琪生物有限公司	中国	审中-实审
		C12P-019/40	含有糖残基的化合物的制备	1	含有在同一环上有两个氮原子的六元环的稠合环体系	山东圣琪生物有限公司	中国	审中-实审
2	2015	A23K-001/02	动物饲料的生产方法	1	利用废糖蜜生产动物饲料	宿州瑞泰农业发展有限公司	中国	审中-实审
		A23J-003/00	食用蛋白质	1	食用蛋白质的加工	SAVAGE RIVER INC DBA BEYOND MEAT	美国	有效
		A23L-001/328	水产食物的制备	1	鱼卵食品（如鱼子酱）	美国 NUTRACE-UTICALS DBA VALENSA 公司	美国	有效
		A61K-031/7068	杂环化合物	1	含有直接与嘧啶环相连的氧代基团的碳水化合物	得克萨斯大学系统	美国	有效
3	2016	A23L-001/052	食品或食料的制备	1	含有来源于植物的胶凝剂或增稠剂的食品或食料	Solazyme 公司	美国	有效
		A61J-003/07	专用于将药品制成特殊的物理或服用形式的装置或方法	1	制成胶囊或类似口服小囊丸剂形式	Capsugel 公司	美国	有效

注：序号 2 和序号 3 中的技术，目前在美国等国申请有效专利，但还未在中国申请相关专利

4.6　本章小结

从专利的技术分布来看，发酵培养专利共涉及 1065 个 IPC 分类号，主要涉及含氧有机化合物、食品或食料、微生物本身、动物饲料、含有机有效成分的医药配制品、食用油或脂肪、脂肪或脂油的生产、具有特定治疗活性的化合物或药物制剂与奶粉或奶粉的配制品等领域。其中，脂肪、脂油、酯型蜡、高级脂肪酸及氧化油或脂的制备技术领域的专利申请数量最多，达 234 件，占发酵培养专利申请总数量的 37.3%。

发酵培养专利的主要专利权人有帝斯曼集团（27 件）、马泰克生物科学有限公司（25 件）、巴斯夫集团（14 件）、Fermentalg 公司（10 件）和纽迪希亚公司（10 件）等。在竞争力方面，帝斯曼集团在微生物油脂的制备领域具有绝对的竞争力和优势；马泰克生物科学有限公司在含 DHA 的婴幼儿用食用油和配方奶粉领域具有很强的竞争和优势；巴斯夫集团在多不饱和脂肪酸生产和合成的基因序列领域具有较强的竞争力；Fermentalg 公司在藻种的发酵培养领域具有很强的竞争力和优势；纽迪希亚公司在利用多不饱和脂肪酸生产婴幼儿营养产品领域具有很强的竞争力和优势。技术布局和研发重心方面，帝斯曼集团、马泰克生物科学有限公司、巴斯夫集团和 Fermentalg 公司的研发重心均在脂肪、脂油、酯型蜡、高级脂肪酸及氧化油或脂的制备（C12P-007/64）技术领域，纽迪希亚公司的研发重心则为改变食品的营养性质或营养制品（A23L-001/29）技术领域。

从发酵培养技术的发展动向来看，目前，发酵培养技术已进入衰退期，在动物饲料的生产方法、食品或食料、含有机有效成分的医药配制品与发酵或使用酶的方法合成目标化合物等技术领域出现了一些新的技术和方法，微生物真菌类技术领域是近几年来专利申请的技术热点。

|第 5 章| 收集提取专利分析

收集提取是 DHA 生产中的中间环节，是提高 DHA 纯度的重要技术。裂殖壶菌和破囊壶菌等产 DHA 微生物具有较为坚韧的细胞壁，在油脂提取前应对藻体进行破壁处理。微藻油脂的分离提取方法与大多数油类植物的提取方法相似，主要有物理压榨法，有机溶剂提取法和超临界萃取法等。本章根据 2.2.3 节的收集提取检索式进行检索，并根据专家咨询，对结果进行了筛选和清洗，最终确定 1900 件相关专利，开展相关专利技术布局、主要专利权人分析、技术发展动向、新出现的在华专利和外国公司在华失效专利等分析。

5.1 专利技术分布状况

根据国际上公认的学科、技术与专利的分类方法（IPC 分类法），对收集提取专利涉及领域、申请数量、时间跨度开展分析，结果见表 5.1（基于 IPC 分类号）。具体来看，目前收集提取专利主要覆盖脂肪、脂油、高级脂肪酸的制备，萃取法，以及食品或饲料添加剂、医药配制品的有机有效成分、化合物或药物制剂的特定治疗活性等食品、医药领域中的技术。

表 5.1　收集提取专利涉及的前 15 个专利技术领域及其申请情况

序号	覆盖领域	IPC 分类号	技术领域	专利申请数量（件）	时间跨度	2014~2016 年申请数量所占比例（%）
1	含氧有机化合物	C12P-007/64	脂肪、脂油、酯型蜡、高级脂肪酸及氧化油或脂的制备	346	1985~2016 年	15
2	萃取法	C11B-001/10	萃取法	107	1984~2016 年	15
3	食品或食料	A23L-001/30	改变食品营养性质的添加剂	438	1988~2016 年	22
		A23L-001/29	改变食品的营养性质或营养制品	210	1987~2016 年	37
		A23K-001/16	动物饲料补充附加食物要素或盐块	141	1995~2016 年	19
		A23D-009/00	其他食用油或脂肪的制备	123	1988~2016 年	14
		A23C-009/152	含有添加物的奶制品	104	1999~2016 年	14
4	含有机有效成分的医药配制品	A61K-031/202	以羧酸（含 3 个或 3 个以上双键）为有效成分的医药配制品	309	1998~2016 年	22
		A61K-031/20	以羧酸（有与至少 7 个碳原子的无环链相连的羧基）为有效成分的医药配制品	153	1985~2016 年	16
		A61K-031/232	含 3 个或 3 个以上双键的，含有羧基连接至少 7 个碳原子的碳链上的羧酸的酯	105	1992~2016 年	15

续表

序号	覆盖领域	IPC 分类号	技术领域	专利申请数量（件）	时间跨度	2014~2016 年申请数量所占比例（%）
5	具有特定治疗活性的化合物或药物制剂	A61P-009/00	治疗心血管系统疾病的药物	120	2000~2016 年	22
		A61P-043/00	用于特殊目的的药物	113	1998~2016 年	15
		A61P-029/00	非中枢性止痛剂、退热药或抗炎剂	107	1998~2016 年	22
		A61P-025/00	治疗神经系统疾病的药物	106	2000~2016 年	37
		A61P-003/06	抗高血脂药	105	1997~2016 年	16

食品或饲料添加剂涉及的研究方法包括改变食品营养性质的添加剂、改变食品的营养性质或营养制品、动物饲料补充附加食物要素或盐块、其他食用油或脂肪的制备和含有添加物的奶制品等，主要 IPC 分类号包括 A23L-001/30、A23L-001/29、A23K-001/16、A23D-009/00 和 A23C-009/152 等。

医药配制品的有机有效成分主要涉及含 3 个或 3 个以上双键与至少 7 个碳原子的无环链相连的羟基的羧酸、含 3 个或 3 个以上双键与至少 7 个碳原子的无环链相连的羟基的羧酸和含 3 个或 3 个以上双键且有羧基连接至少 7 个碳原子的碳链上的羧酸的酯等，主要 IPC 分类号包括 A61K-031/202、A61K-031/20 和 A61K-031/232 等。

化合物或药物制剂的特定治疗活性主要涉及治疗心血管系统疾病的药物，用于特殊目的的药物，非中枢性止痛剂、退热药或抗炎剂，治疗神经系统疾病的药物和抗高血脂药等，主要 IPC 分类号包括 A61P-009/00、A61P-043/00、A61P-029/00、A61P-025/00 和 A61P-003/06 等。

从专利申请数量上来看，收集提取专利涉及的技术主要集中在改变食品营养性质的添加剂（23.05%），脂肪、脂油、酯型蜡、高级脂肪酸及氧化油或脂的制备（18.21%），含 3 个或 3 个以上双键与至少 7 个碳原子的无环链相连的羟基的羧酸（16.26%）和改变食品的营养性质或营养制品（11.05%）等领域，并呈现出技术占比较低、领域分散的特点。

从时间跨度来看，萃取法方面的研究最早，1984 年就已出现。脂肪、脂油、酯型蜡、高级脂肪酸及氧化油或脂的制备，含 3 个或 3 个以上双键与至少 7 个碳原子的无环链相连的羟基的羧酸，改变食品的营养性质或营养制品，改变食品营养性质的添加剂和其他食用油或脂肪的制备等相关技术在 80 年代中后期出现。化合物或药物制剂的特定治疗活性相关技术出现相对较晚，在 1997 年后才出现相关专利。

从 2014~2016 年年来的技术热点来看，改变食品的营养性质或营养制品和治疗神经系统疾病的药物技术三年的专利申请数量达到各自专利申请总数量的 37%，表明该技术领域相对自身发展较快。此外，脂肪、脂油、酯型蜡、高级脂肪酸及氧化油或脂的制备，改变食品营养性质的添加剂，含 3 个或 3 个以上双键与至少 7 个碳原子的无环链相连的羟基的羧酸，治疗心血管系统疾病的药物，以及非中枢性止痛剂、退热药或抗炎剂技术三年的专利申请数量占比达到各自总专利数量 20% 以上，表明这些领域专利申请数量增长速度也相对较快。

5.2 主要专利权人的竞争格局

图 5.1 和表 5.2 给出了受理专利数量较多的前 5 名主要专利权人的情况，这些机构的专利申请数量均超过了 20 件。这 5 家主要专利权人均为企业，其中，帝斯曼知识产权资产管理有限公司来自荷兰，马泰克生物科学有限公司和杜邦公司来自美国，日本油脂公司和日本水产株式会社来自日本。

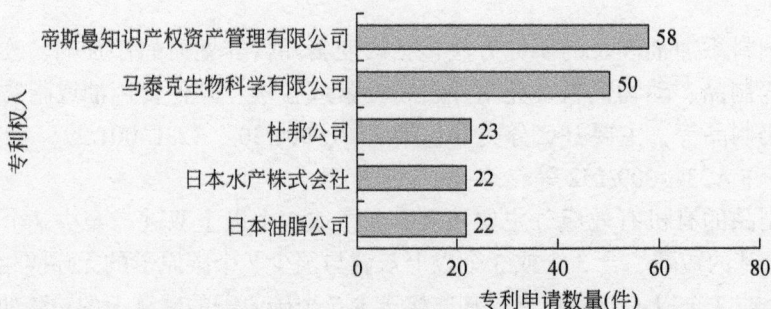

图 5.1　前 5 名主要专利权人的专利申请数量

表 5.2　前 5 名主要专利权人专利概况

专利排名	专利权人	所在国家	专利申请数量（件）	占全部专利申请总数量比例（%）
1	帝斯曼知识产权资产管理有限公司	荷兰	58	3.05
2	马泰克生物科学有限公司	美国	50	2.63
3	杜邦公司	美国	23	1.21
4	日本水产株式会社	日本	22	1.16
4	日本油脂公司	日本	22	1.16

5.2.1　主要专利权人的竞争优势

本节通过分析专利权人在某 IPC 分类号中申请的专利数量的比例来反映机构竞争力，结果如图 5.2 所示。

在改变食品营养性质的添加剂（A23L-001/30）技术领域，帝斯曼知识产权资产管理有限公司所拥有的专利申请数量在该领域所有专利中的占比最高，为 5.48%，其后依次是马泰克生物科学有限公司（4.11%）和日本水产株式会社（1.14%）等机构；在脂肪、脂油、酯型蜡、高级脂肪酸及氧化油或脂的制备（C12P-007/64）技术领域，帝斯曼知识产权资产管理有限公司占比最高为 8.38%，其次是马泰克生物科学有限公司（8.09%）、杜邦公司（4.91%）和日本水产株式会社（3.47%）等机构；在含 3 个或 3 个以上双键的，有与至少 7 个碳原子的无环链相连的羟基的羧酸（A61K-031/202）技术领域，帝斯曼知识产权资产管理有限公司占比最高为 6.15%，其次是马泰克生物科学有限公司（5.18%）、杜邦公司（1.29%）、日本水产株式会社（1.29%）等机构；在改变食品的营养性质或营养制品（A23L-001/29）技术领域，帝斯曼知识产权资产管理有限公司占比最高为 5.24%，其次为马泰克生物科学有限公司（2.38%）；在含 3 个或 3 个以上双键的，有与至少 7 个碳原子的无环链相连的羟基的羧酸（A61K-031/20）技术领域，帝斯曼知识产权资产管理有限公司占比最高为 9.15%，马泰克生物科学有限公司占比为 6.54%，其次为杜邦公司（1.31%）和日本油脂公司（1.31%）；在动物饲料补充附加食物要素或盐块（A23K-001/16）技术领域，帝斯曼知识产权资产管理有限公司占比最高为 6.38%，其次是马泰克生物科学有限公司（4.96%）、杜邦公司（4.26%）和日本水产株式会社（2.13%）等机构；在其他食用油或脂肪的制备（A23D-009/00）技术领域，帝斯曼知识产权资产管理有限公司占比最高为 15.45%，其次是马泰克生物科学有限公司（9.76%）、杜邦公司（4.88%）和日本水产株式会社（3.25%）等机构；在治疗心血管系统疾病的药物（A61P-009/00）技术领域，帝斯曼知识产权资产管理有限公司占比最高为 4.17%，其次是马泰克生物科学有限公司（3.33%）和杜邦公司（1.67%）等机构；在用于特殊目的的药物（A61P-043/00）技术领域，马泰克生物科学有限公司占比最高为 4.42%，其次是帝斯曼知识产权资产管理有限公司（3.54%）；在非中枢性止痛剂、退热药或抗炎剂（A61P-029/00）领域，马泰克生物科学有限公司占比最高为 6.54%，其次是帝斯曼知识产权资产管理有限公司（2.80%）和杜邦公司（1.87%）等机构。

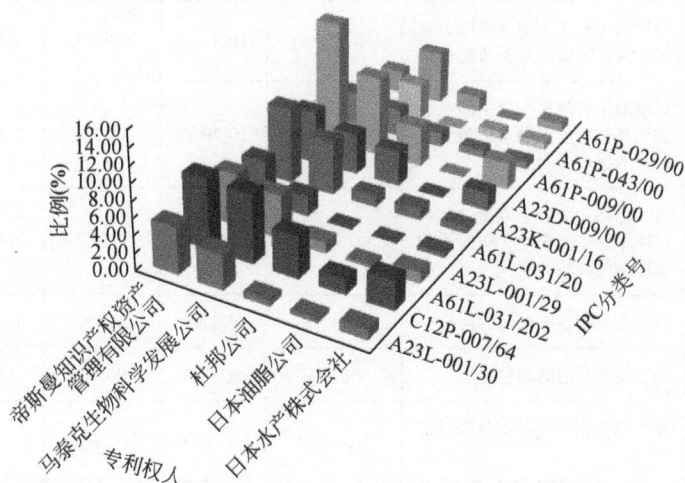

图 5.2　专利权人在某 IPC 分类号中申请的专利数量的比例

5.2.2 主要专利权人技术布局及对比

收集提取领域专利申请数量较多的专利权人的技术布局和研发重心见表 5.3，包括帝斯曼知识产权资产管理有限公司、马泰克生物科学有限公司和杜邦公司等 5 家公司在前 15 个专利技术中分布，覆盖脂肪、脂油、醋型蜡、高级脂肪酸及氧化油或脂的制备，萃取法，食品或饲料添加剂和医药配制品的有机有效成分等技术领域。

表 5.3　收集提取领域专利申请数量较多的专利权人的技术布局和研发重心

覆盖领域	技术领域	帝斯曼知识产权资产管理有限公司	马泰克生物科学有限公司	杜邦公司	日本油脂公司	日本水产株式会社
专利申请总数量（件）		59	50	23	22	22
含氧有机化合物	脂肪、脂油、醋型蜡、高级脂肪酸及氧化油或脂的制备	29(49.2%)	28(56%)	17(73.9%)	6(27.3%)	12(54.5%)
萃取法	萃取法	10(16.9%)	9(18%)	4(17.4%)	0(0%)	2(9.09%)
食品或食料	改变食品营养性质的添加剂	24(40.7%)	18(36%)	3(13.0%)	2(9.09%)	5(22.7%)
	改变食品的营养性质或营养制品	11(18.6%)	5(10%)	0(0%)	0(0%)	1(4.55%)
	补充附加食物要素的动物饲料	9(15.3%)	7(14%)	6(26.1%)	0(0%)	3(13.6%)
	其他食用油或脂肪的制备	19(32.2%)	12(24%)	6(26.1%)	0(0%)	4(18.2%)
	含有添加物的奶制品	5(8.47%)	4(8%)	0(0%)	0(0%)	1(4.55%)
医药配制品的有机有效成分	以羧酸（含 3 个或 3 个以上双键）为有效成分的医药配制品	19(32.2%)	16(32%)	4(17.4%)	1(4.54%)	4(18.2%)
	以羧酸（有与至少 7 个碳原子的无环链相连的羧基）为有效成分的医药配制品	14(23.7%)	10(20%)	2(8.7%)	2(9.09%)	1(4.55%)
	含 3 个或 3 个以上双键的，含有羧基连接至少 7 个碳原子的碳链上的羧酸的酯	9(15.3%)	6(12%)	0(0%)	1(4.55%)	3(13.6%)
化合物或药物制剂的特定治疗活性	治疗心血管系统疾病的药物	5(8.47%)	4(8%)	2(8.7%)	1(4.55%)	1(4.55%)
	用于特殊目的的药物	4(6.8%)	5(10%)	0(0%)	1(4.55%)	1(4.55%)
	非中枢性止痛剂、退热药或抗炎剂	3(5.08%)	7(14%)	2(8.69%)	0(0%)	1(4.55%)
	治疗神经系统疾病的药物	2(3.39%)	5(10%)	1(4.34%)	0(0%)	0(0%)
	抗高血脂药	3(5.08%)	1(2%)	2(8.7%)	1(4.55%)	0(0%)

帝斯曼知识产权资产管理有限公司技术全面，在脂肪、脂油、醋型蜡、高级脂肪酸及氧化油或脂的制备，萃取法，食品或饲料添加剂，医药配制品的有机有效成分和化合物或药物制剂的特定治疗活性等技术领域都具有较多专利。帝斯曼知识产权资产管理有限公司在脂肪、脂油、醋型蜡、高级脂肪酸及氧化油或脂的制备（C12P-007/64）技术领域的专利申请数量最多，49.2% 的专利属于该领域，其次是改变食品营养性质的添加剂（A23L-001/30）（41.7%）、含 3 个或 3 个以上双键与至少 7 个碳原子的无环链相连的羟基的羧酸（A61K-031/202）（32.2%）等技术领域。

马泰克生物科学有限公司相关专利的申请数量也较多，在主要领域的技术都有所涉及。在化合物或药物制剂的特定治疗活性方面，马泰克生物科学有限公司在非中枢性止痛剂、退热药或抗炎剂，用于特殊目的的药物和治疗神经系统疾病的药物等技术领域具有一定的专利。马泰克生物科学有限公司与帝斯曼知识产权资产管理有限公司类似，也在脂肪、脂油、醋型蜡、高级脂肪酸及氧化油或脂的制备（C12P-007/64）技术领域的专利申请数量最多，56% 的专利属于该领域，其次是改变食品营养性质的添加剂（A23L-001/30）技术领域（36%）和含 3 个或 3 个以上双键与至少 7 个碳原子的无环链相连的羟基的羧酸（A61K-031/202）（32%）等技术领域。

杜邦公司关注脂肪、脂油、醋型蜡、高级脂肪酸及氧化油或脂的制备，以及食品或饲料添加剂。杜邦公司主要布局在脂肪、脂油、醋型蜡、高级脂肪酸及氧化油或脂的制备（C12P-007/64）技术领域，73.9% 的专利属于该领域，其次为动物饲料补充附加食物要素或盐块（A23K-001/16）技术领域（26.7%）、其他食用油或脂肪的制备（A23D-009/00）技术领域（26.7%）。

日本油脂公司技术分布较分散，主要为脂肪、脂油、醋型蜡、高级脂肪酸及氧化油或脂的制备（C12P-007/64）（27.3%），改变食品营养性质的添加剂（A23L-001/30）（9.09%）和含 3 个或 3 个以上双键与至少 7 个碳原子的无环链相连的羟基的羧酸（A61K-031/20）（9.09%）等技术领域。

日本水产株式会社的专利主要集中在脂肪、脂油、醋型蜡、高级脂肪酸及氧化油或脂的制备，改变食品营养性质的添加剂和其他食用油或脂肪的制备等技术领域。日本水产株式会社在脂肪、脂油、醋型蜡、高级脂肪酸及氧化油或脂的制备（C12P-007/64）技术领域的专利申请数量最多，54.5% 的专利属于该领域，其次是改变食品营养性质的添加剂（A23L-001/30）（22.7%）、其他食用油或脂肪的制备（A23D-009/00）（18.1%）和含 3 个或 3 个以上双键与至少 7 个碳原子的无环链相连的羟基的羧酸（A61K-031/202）（18.2%）等技术领域。

5.2.3 专利权人的全球布局战略

本节对收集提取主要专利权人的专利国家布局和保护区域分布情况进行了分析，结果见表 5.4。

表 5.4　收集提取主要专利权人的专利国家布局和保护区域分布情况

机构名称	WIPO	美国	中国	日本	EPO	澳大利亚	加拿大	韩国	印度	墨西哥	德国
帝斯曼知识产权资产管理有限公司	52	47	34	34	42	29	32	23	27	26	6
马泰克生物科学有限公司	41	42	15	22	29	26	19	12	15	17	4
杜邦公司	17	22	10	10	14	12	12	5	2	1	0
日本油脂公司	0	1	0	22	0	0	0	0	0	0	0
日本水产株式会社	13	11	9	22	10	5	6	8	2	0	3

首先，主要机构表现出对 PCT 专利申请的普遍重视。其中，申请 PCT 专利较多的机构包括帝斯曼知识产权资产管理有限公司、马泰克生物科学有限公司和杜邦公司等。但与欧美机构相比，日本主要机构对此重视不足，日本油脂公司并没有申请 PCT 专利，日本水产株式会社申请的 PCT 专利在总专利申请数量中的比例不高。

其次，各主要机构在专利技术保护区域规划方面，表现出以本国市场为主兼顾国际市场的布局特点。主要机构专利都在本国申请了较多专利进行专利保护。除日本油脂公司外，主要机构专利保护区域都达到 10 个国家（地区）以上，基本都涉及 WIPO、美国、中国、日本、EPO、澳大利亚和加拿大等。

同时，除日本油脂公司外的各主要机构大多在中国申请了专利。帝斯曼知识产权资产管理有限公司、马泰克生物科学有限公司、杜邦公司申请专利数量达到 10 件以上，日本水产株式会社申请专利数量达到 9 件。

5.3　全球主要发明人的竞争优势

对收集提取专利的主要发明人进行分析，见表 5.5。这些发明人主要来自马泰克生物科学有限公司、杜邦公司、嘉必优生物工程（武汉）股份有限公司、帝斯曼知识产权资产管理有限公司。

表 5.5　收集提取专利的主要发明人情况分析

所在机构	发明人	专利申请数量（件）	主要合作者	活跃时段	2014~2016年专利申请数量所占比例（%）	TOP 专利技术
马泰克生物科学有限公司	ABRIL J R	12	ABRIL J（5件）；LEININGER N F（4件）；SENANAYAKE S P J N（4件）；FICHTALI J（4件）；AHMED N（4件）	2002~2015年	42	改变食品营养性质的添加剂（7件）；含 3 个或 3 个以上双键的，有与至少 7 个碳原子的无环链相连的羟基的羧酸（5件）；其他食用油或脂肪的制备（5件）；含有水相的食用油或脂肪组分的食用油或脂肪（5件）

所在机构	发明人	专利申请数量（件）	主要合作者	活跃时段	2014~2016年专利申请数量所占比例（%）	TOP 专利技术
杜邦公司	XUE Z	12	ZHU Q Q（8 件）； YADAV N S（7 件）； ZHANG H（5 件）； PICATAGGIO S K（5 件）； MACOOL D J（5 件）	2004~2016 年	25	脂肪、脂油、酯型蜡高级脂肪酸及氧化油或脂的制备（9 件）； 有脱氧核糖基作为糖化物基团的核酸（7 件）； 酵母及其培养基（6 件）； 面包酵母和啤酒酵母（6 件）； 专门适用于大肠杆菌以外之原核细胞宿主的 DNA 重组技术（6 件）
杜邦公司	ZHU Q Q	10	XUE Z YADAV N S（7 件）； ZHANG H（5 件）； PICATAGGIO S K（5 件）； MACOOL D J（5 件）	2004~2016 年	25	脂肪、脂油、酯型蜡高级脂肪酸及氧化油或脂的制备（9 件）； 有脱氧核糖基作为糖化物基团的核酸（7 件）； 专门适用于大肠杆菌以外之原核细胞宿主的 DNA 重组技术（7 件）； 酵母及其培养基（6 件）； 面包酵母和啤酒酵母（6 件）
嘉必优生物工程（武汉）股份有限公司	WANG Z	9	LI X（9 件）； LU S（8 件）； YI D（8 件）	2006~2016 年	88	脂肪、脂油、酯型蜡高级脂肪酸及氧化油或脂的制备（9 件）； 改变食品的营养性质或营养制品（4 件）； 真菌（2 件）； 酯交换（2 件）； 藻（2 件）； 改变食品营养性质的添加剂（2 件）； 萃取法（2 件）
嘉必优生物工程（武汉）股份有限公司	LI X	9	WANG Z（9 件）； LU S（8 件）； YI D（8 件）	2006~2016 年	88	脂肪、脂油、酯型蜡高级脂肪酸及氧化油或脂的制备（9 件）； 改变食品的营养性质或营养制品（4 件）； 真菌（2 件）； 酯交换（2 件）； 藻（2 件）； 改变食品营养性质的添加剂（2 件）； 萃取法（2 件）
帝斯曼知识产权资产管理有限公司	LEININGER N F	9	BARKER M（4 件）； SHANK G（4 件）； TABAYEHNEJAD N（4 件）；	2007-2016 年	56	含有水相的食用油或脂组分，（如人造奶油）（5 件）； 其他食用油或脂肪的制备（4 件）； 从原料生产脂肪或脂油（4 件）； 脂肪或脂油的精制（4 件）； 脂肪、脂油、酯型蜡高级脂肪酸及氧化油或脂的制备（4 件）

5.4 基于专利的技术成熟度分析

本节通过分析优先权专利申请数量（优先权年 DII 数据库中专利申请的数量）、发明人数量（优先权年 DII 数据库中发明人的数量）这两个指标随时间的变化趋势来分析技术的生命周期，反映技术的成熟度。

图 5.3 反映了收集提取技术领域利发明人总数随时间的变化趋势。总体来看，总发明人数量呈现出上升趋势，新发明人不断涌现。发明人总数发展也可分为两个阶段；第一阶段是 1980~1998 年，这个时期发明人数量相对较少，每年新增的发明人数量也较少，且增幅不太稳定；第二阶段是 1999~2016 年，这个时期发明人数量相对第一阶段有所增加，并且每年都有较大比例的新发明人进入该领域，呈现出积极增长的趋势。

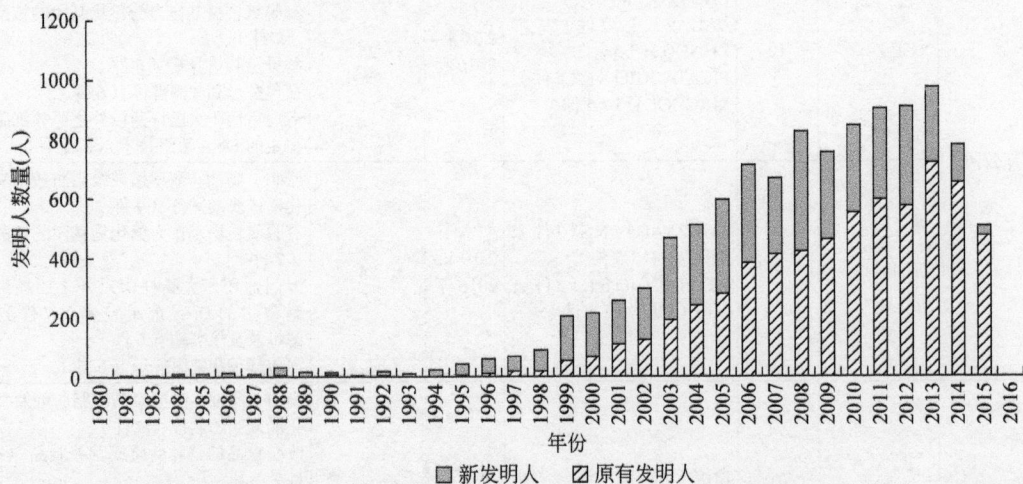

图 5.3　收集提取技术领域发明人总数随时间的变化趋势

将专利申请数量和发明人数量结合形成收集提取专利的技术生命周期图，如图 5.4 所示。可以看出，1980~1998 年这一阶段，专利申请数量和发明人数量都较少，发展相对较慢，呈现出缓慢上升趋势，属于技术萌芽期；1999 年 ~2016 年，专利申请数量和发明人数量相对第一阶段有大幅度的增加，且保持一定的增速，是收集提取专利的技术成长期。

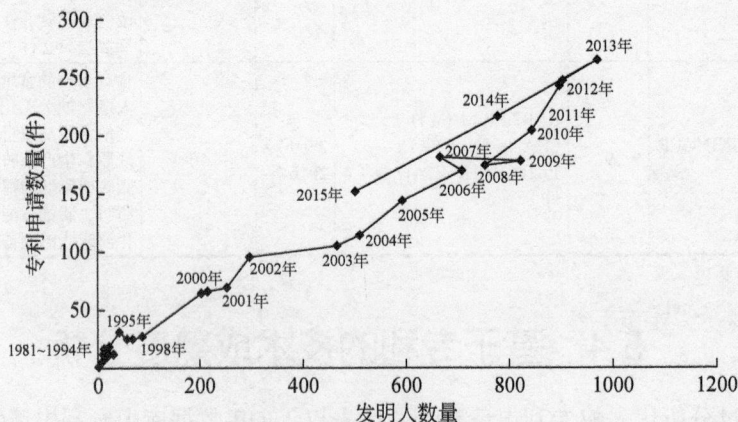

图 5.4　收集提取专利的技术生命周期图

5.5 近期新出现的专利技术

2013 年以来，收集提取技术领域出现了新的技术和方法，新出现的主要技术条目见表 5.6。在结合组织肽方面，出现了新技术，能从鳕鱼骨中提取 ω-3 多不饱和脂肪酸及骨胶原蛋白和活性钙；真空蒸馏方面，出现了多烯酸及其酯单体的制备方法及其装置，可用于鱼油、微藻油、微生物油、植物油及其他生物油粗油脂中多烯酸及其酯单体的高纯度分离制备；蜂产品方面，出现了含油提取物的蜂胶提取物，其有机溶剂是角鲨烯、十二碳六烯酸或二十碳五烯酸；作为副产品或从废物、纤维素材料基质中制得方面，出现了一种清洁的微藻油脂利用装置及其方法，可以获得 DHA 和 EPA 等产品；含有碱金属、铜、金或银的硫酸盐方面，出现了植物甾醇脂肪酸酯及其催化合成方法。此外，还出现了采用糟渣类原料发酵生产富 DHA 饲料添加剂的工艺、富含 n-3 多不饱和脂肪酸的佐餐酱及其制备方法和使用超声波制备含 ω-3 不饱和脂肪酸的油包水乳液等技术。

表 5.6 近三年收集提取新出现技术情况

序号	技术领域首次出现年份	IPC 分类号	技术领域	专利申请数量（件）	涉及技术	机构名称	机构所在国	专利法律状态
1	2014	C07K-014/78	结合组织肽，如胶原蛋白、弹性蛋白、纤维连接素、玻连蛋白、冷不溶性免疫球蛋白	1	从鳕鱼骨中提取 ω-3 多不饱和脂肪酸及骨胶原蛋白和活性钙	青岛金海源食品有限公司	中国	有权
		C12P-007/08	作为副产品或从废物、纤维素材料基质中制得	1	一种清洁的微藻油脂利用装置及其方法，可以获得 DHA 和 EPA 等产品	中国科学院广州能源研究所	中国	审中-实审
		B01D-003/10	真空蒸馏	1	多烯酸及其酯单体的制备方法及其装置，可用于鱼油、微藻油、微生物油、植物油及其他生物油粗油脂中多烯酸及其酯单体的高纯度分离制备	国家海洋局第三海洋研究所	中国	有权
2	2015	A23L-001/076	蜂产品（如蜂王浆或花粉）；其代用品	2	含油提取物的蜂胶提取物，有机溶剂是角鲨烯、十二碳六烯酸和 / 或二十碳五烯酸	日本笑颜公司	日本	有效 *
		B01J-027/055	含有碱金属、铜、金或银的硫酸盐	1	植物甾醇脂肪酸酯及其催化合成方法	陕西海斯夫生物工程有限公司	中国	审中-实审
		A23K-001/06	酒厂或酿造厂废液	1	采用糟渣类原料发酵生产富含 DHA 饲料添加剂的工艺	中国科学院青岛生物能源与过程研究所	中国	审中-实审
		A23L-027/60		2	富含 n-3 多不饱和脂肪酸的佐餐酱及其制备方法	中国科学院青岛生物能源与过程研究所	中国	有权
					使用超声波制备含 ω-3 不饱和脂肪酸的油包水乳液	日本玛鲁哈株式会社	日本	有效 *

* 目前在日本申请有效专利，但还未在中国申请相关专利

5.6　本章小结

收集提取专利主要覆盖脂肪、脂油、酯型蜡、高级脂肪酸及氧化油或脂的制备，萃取法，以及食品或饲料添加剂、医药配制品的有机有效成分、化合物或药物制剂的特定治疗活性等食品、医药领域中的技术等领域，近年来，改变食品的营养性质或营养制品及治疗神经系统疾病的药物等技术相对自身发展较快。

帝斯曼知识产权资产管理有限公司、马泰克生物科学有限公司、杜邦公司、日本油脂公司、日本水产株式会社在收集提取专利上具有竞争力。帝斯曼知识产权资产管理有限公司技术全面，在脂肪、脂油、酯型蜡、高级脂肪酸及氧化油或脂的制备，萃取法，食品或饲料添加剂，医药配制品的有机有效成分，以及化合物或药物制剂的特定治疗活性等各方面都具有较多专利；马泰克生物科学有限公司专利申请数量也相关较多，在主要领域的技术都有所涉及；杜邦公司关注脂肪、脂油、酯型脂高级脂肪酸及氧化油或脂的制备，以及食品或饲料添加剂技术领域。

收集提取技术专利持续快速增长，1999 年后专利申请数量呈现出快速增长。2013 年以来，收集提取技术新出现的主要包括：在结合组织肽方面，从鳕鱼骨中提取 ω-3 多不饱和脂肪酸及骨胶原蛋白和活性钙；真空蒸馏方面出现了多烯酸及其酯单体的制备方法及其装置，能对多烯酸及其酯单体进行高纯度分离制备；一种清洁的微藻油脂利用装置及其方法，可以获得 DHA 和 EPA 等产品；含有碱金属、铜、金或银的硫酸盐方面，出现了植物甾醇脂肪酸酯及其催化合成方法。

|第 6 章| 精制专利分析

DHA 油脂收集提取后，还需经过脱胶、脱酸、脱色和脱臭等精制技术，才能得到符合消费者要求的 DHA 精油。本章根据 2.2.4 节的精制检索式进行检索，并根据专家咨询，对结果进行了筛选和清洗，最终确定 217 件相关专利，开展相关专利技术布局、主要专利权人分析、技术发展动向、新出现的在华专利和外国公司在华失效专利等分析。

6.1 专利技术分布状况

根据国际上公认的学科、技术与专利的分类方法（IPC 分类法），对精制技术涉及的领域、申请数量和时间跨度等进行分析，结果见表 6.1（基于 IPC 分类号）。总体而言，精制专利主要覆盖含氧有机化合物、脂肪或油脂的加工处理、饮食产品的加工处理、利用原料生产脂肪或油脂及食用油或脂肪等技术领域。

表 6.1 精制专利涉及的前 10 个专利技术领域及其申请情况

序号	覆盖领域	IPC 分类号	技术领域	专利申请数量（件）	时间跨度	2014~2016年申请数量所占比例（%）
1	含氧有机化合物	C12P-007/64	脂肪、脂油、酯型蜡、高级脂肪酸及氧化油或脂的制备	56	1989~2015 年	30
2	脂肪或油脂的加工处理	A23D-009/02	食用油或脂肪的生产或加工	36	1995~2015 年	31
		A23D-009/00	食用油或油脂及其处理	29	1987~2015 年	24
	脂肪或油脂的加工处理	C11B-003/00	脂肪或油脂的精制	31	1982~2015 年	48
		C11C-003/00	脂肪/脂肪酸的化学改性	18	1997~2015 年	22
3	饮食产品的加工处理	A23L-001/30	含有添加剂的食品或饮料的制备或处理	31	1992~2015 年	19
		A23L-001/29	改变饮食产品的营养性质	25	1999~2015 年	32
4	利用原料生产脂肪或油脂	C11B-001/10	利用萃取法从原料中生产脂肪或油脂	28	2001~2015 年	46
		C11B-001/00	从原材料中生产脂肪或油脂	19	1988~2015 年	37
5	食用油或脂肪	A23D-009/007	以脂肪酸甘油三酯以外的成分为特征的食用油或脂肪	18	1998~2015 年	22

利用国际通用的 IPC 分类方法对该部分专利所涉及的主要技术领域进行分析，结果表明，该部分专利所涉及的技术共覆盖 504 个 IPC 分类号。根据每个 IPC 分类号专利的申请数量对专利涉及的技术领域进行排序，排名前 10 位的 IPC 分类号和其对应的技术

领域依次为 C12P-007/64（脂肪、脂油、酯型蜡、高级脂肪酸及氧化油或脂的制备）、A23D-009/02（食用油或脂肪的生产或加工）、A23L-001/30（含有添加剂的食品或饮料的制备或处理）、C11B-003/00（脂肪或油脂的精制）、A23D-009/00（食用油或油脂及其处理）、C11B-001/10（利用萃取法从原料中生产脂肪或油脂）、A23L-001/29（改变饮食产品的营养性质）、C11B-001/00（从原材料中生产脂肪或油脂）、A23D-009/007（以脂肪酸甘油三酯以外的成分为特征的食用油或脂肪）和 C11C-003/00（脂肪、脂肪酸的化学改性）。

在含氧有机化合物领域，主要涉及脂肪、脂油、酯型蜡、高级脂肪酸及氧化油或脂的制备；在脂肪或油脂的加工处理领域，主要涉及食用油或脂肪的加工、处理、精制和改性等技术；在饮食产品的加工处理领域，主要涉及食品或饮料的制备及营养添加；在利用原料生产脂肪或油脂的领域，主要涉及利用萃取法从原料中生产脂肪或油脂。

从专利申请数量上来看，精制专利的技术主要集中在脂肪或油脂的加工处理（39.2%）、脂肪、脂油、酯型蜡、高级脂肪酸及氧化油或脂的制备（19.2%）、饮食产品的加工处理（19.2%）及利用原料生产脂肪或油脂（16.2%）等技术领域。

从时间上来看，脂肪或油脂的精制技术相关专利出现最早，1982 年就已出现。"食用油或油脂及其处理于 1987 年出现从原料中生产脂肪或脂油于 1988 年出现"，含有添加剂的食品或饮料的制备或处理相关专利于 1992 年出现，脂肪、脂肪酸的化学改性技术于 1997 年出现，改变饮食产品的营养性质相关专利于 1999 年出现，利用萃取法从原料中生产脂肪或油脂相关专利于 2001 年出现。

对精制专利的技术热点进行分析，近三年，在脂肪或油脂的精制、利用萃取法从原料中生产脂肪或油脂这两个技术领域中专利的申请数量占比最高，达到 40% 以上，说明这两个技术领域是专利申请的热点领域。另外，改变饮食产品的营养性质，食用油脂肪的生产或加工等技术领域专利申请量的占比也较高，达到 30% 以上，也是专利申请的热点领域。

6.2　主要专利权人的竞争格局

该部分专门对专利申请的主要机构进行分析。精制专利共涉及 100 多家专利权人，根据机构申请的专利数量，如图 6.1 所示，排名前 5 位的机构分别为帝斯曼知识产权资产管理公司、马泰克生物科学有限公司、巴斯夫植物科学有限公司、三得利股份有限公司和日本油脂公司。其中，帝斯曼知识产权资产管理公司和马泰克生物科学有限公司的专利申请数量均在 10 件以上，其余 3 家机构的专利申请数量均在 10 件以下。5 家机构均为企业，其中，帝斯曼知识产权资产管理公司来自荷兰，马泰克生物科学有限公司来自美国，巴斯夫植物科学有限公司来自德国，三得利股份有限公司和日本油脂公司均来自日本。

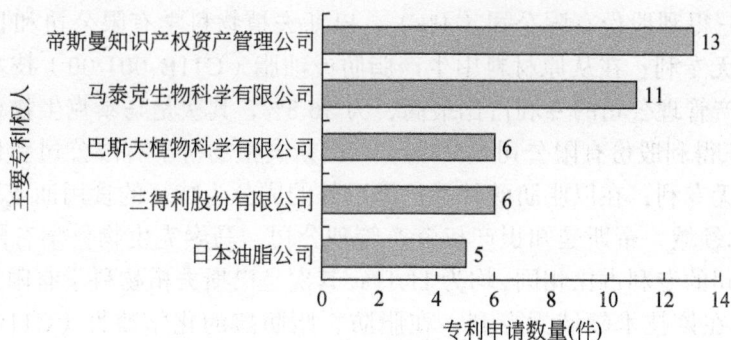

图 6.1　精制专利主要专利权人及其专利申请数量

6.2.1　主要专利权人的竞争优势

本节从两个方面来分析企业的竞争力：①通过分析专利权人在某 IPC 分类号中专利申请数量的占比来反映机构竞争力；②通过分析专利权人申请的专利的技术特长来反映机构竞争力。

首先,分析专利权人在某 IPC 分类号中专利申请数量的占比情况,结果如图 6.2 所示,在脂肪、脂油、酯型蜡、高级脂肪酸及氧化油或脂的制备（C12P-007/64）技术领域,帝斯曼知识产权资产管理公司和马泰克生物科学有限公司的专利占比最高,均为 10.7%,其次为巴斯夫植物科学有限公司（7.1%）、三得利股份有限公司（5.4%）和日本油脂有限公司（1.8%）；在食用油或脂肪的生产或加工（A23D-009/02）技术领域,帝斯曼知识产权资产管理公司和马泰克生物科学有限公司的专利占比仍然最高,均为 11.1%,其次为三得利股份有限公司（5.6%）和巴斯夫植物科学有限公司（2.8%）,日本油脂公司在该技术领域无专利；在含有添加剂的食品或饮料的制备或处理（A23L-001/30）技术领域,马泰克生物科学有限公司的专利占比最高,为 16.1%,其次是帝斯曼知识产权资产管理公司（12.9%）、三得利股份有限公司（12.9%）和巴斯夫植物科学有限公司（3.2%）,日本油脂公司在该技术领域无专利；在脂肪或油脂的精制（C11B-003/00）技术领域,帝斯曼知识产权资产管理公司的专利占比最高,为 29%,其次是马泰克生物科学有限公司（9.7%）,巴斯夫植物科学有限公司、三得利股份有限公司、日本油脂公司在该技术领域无专利；在食用油或油脂及其处理（A23D-009/00）技术领域,帝斯曼知识产权资产管理公司的专利占比最高,为 27.6%,其次是马泰克生物科学有限公司（10.3%）、三得利股份有限公司（6.9%）和巴斯夫植物科学有限公司（3.4%）,日本油脂公司在该技术领域无专利；在利用萃取法从原料中生产脂肪或油脂（C11B-001/10）技术领域,帝斯曼知识产权资产管理公司的专利占比最高,为 17.9%,其次是马泰克生物科学有限公司（7.1%）和三得利股份有限公司（3.6%）,巴斯夫植物科学有限公司和日本油脂公司在该技术领域无专利；在改变饮食产品的营养性质（A23L-001/29）技术领域,帝斯曼知识产权资产管理公司的专利占比最高,为 16%,其次是马泰克生物科学有限公司（12%）和三得利股份有限公司（4%），巴斯夫植物科学有限公司和日本油脂公司在该技术领域无专利；在从原材料中生产脂肪或油脂（C11B-001/00）技术领域，帝斯曼知识产权资产管理公司的专利占比最高，为36.8%，其次是马泰克生物科学有限公司（10.5%）和三得利股份有限公司（5.3%），巴斯夫植物科学有限公司和日本油脂公司在该技术领域无专利；在以脂肪酸甘油三酯以外的成分为特征的食用油或脂肪（A23D-009/007）技术领域，帝斯曼知识产权资产管理公司、马泰克生物科学有限公司和三得利股份有限公司的专利占比相同，均为11.1%，其次是巴斯夫植物科学有限公司（5.6%），日本油脂公司在该技术领域无专利；在脂肪、脂肪酸的化学改性（C11C-003/00）技术领域，帝斯曼知识产权资产管理公司和三得利股份有限公司的专利占比最高，均为22.2%，其次是巴斯夫植物科学有限公司（5.6%）日本油脂公司在该技术领域无专利。

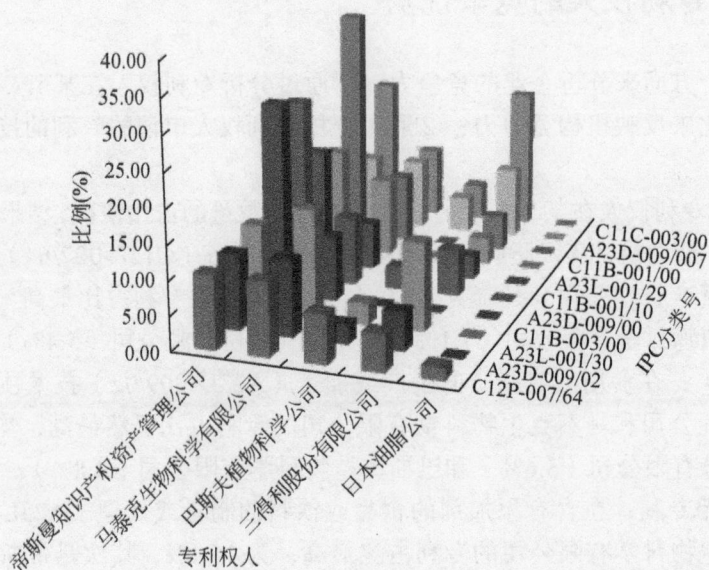

图6.2　专利权人在某 IPC 分类号中专利申请数量的占比情况

根据以上分析，可以发现，帝斯曼知识产权资产管理公司在9个技术领域中的专利申请数量占比最高，仅在含有添加剂的食品或饮料的制备或处理（A23L-001/30）技术领域竞争力稍弱于马泰克生物科学有限公司；马泰克生物科学有限公司在4个技术领域中的专利申请数量占比最高；三得利股份有限公司在2个 IPC 分类号中的专利申请数量占比最高；巴斯夫植物科学有限公司在4个技术领域中专利申请数量为零，在其他6个技术领域中专利申请数量占比也较低；日本油脂公司仅在脂肪、脂油、酯型蜡、高级脂肪酸及氧化油或脂的制备（C12P-007/64）技术领域拥有少量专利，在其余9个技术领域中的专利申请数量均为零。

其次，分析专利权人的技术特长，本研究通过分析机构的高被引专利来反映企业的技术特长。主要专利权人的技术特长分析结果见表6.2，帝斯曼知识产权资产管理公司的技术特长主要在于多种先进的脂类纯化和精制方法，纯化后的脂类基本不需要下游加工处理过程，且脂类具有较高的质量和较低的氧化特性；马泰克生物科学有限公司的技术特长和帝斯曼知识产权资产管理公司相似，也是拥有先进的脂类纯化和精制技术；巴斯夫植物科学有限公司的技术特长在于拥有编码脱水酶的核酸序列；三得利股份有限公司的技术特长在于拥有高质量原油的生产技术，使精制过程省时节财。

表 6.2　主要专利权人的技术特长分析

专利权人	序号	专利号	专利名称	申请年份	被引频次	IPC分类号	技术特长
帝斯曼知识产权资产管理有限公司	1	WO2003049832-A1	一种脂类纯化方法，涉及将脂类与极性溶剂接触，并维持在一个合适的温度范围以沉淀一部分其他化合物，形成脂质产品	2001	52	B01D-011/00	该纯化方法基本不需要下游加工过程，需要较少的脱胶处理或不需要脱胶处理，且产品中长链多不饱和脂肪酸含量很高
	2	WO2003092628-A2	一种包含多不饱和脂肪酸的脂质，用于膳食补充剂、药物制剂和人食用的动物奶制品	2002	21	A61K-000/00	经过干燥、脱色、除臭和抗氧化剂处理等精制过程后，该脂质的茴香胺值最高仅为1.5，具有较高的质量和较低的氧化特性
	3	EP999259-A	一种稳定用于酸奶和乳制品的食品级海洋油的方法，涉及在迷迭香或鼠尾草提取物存在时利用二氧化硅和真空蒸气脱臭处理	1998	14	A23D-009/00	经过二氧化硅处理、真空脱臭处理、抗坏血酸棕榈酸酯和混合生育酚处理后，食品级海洋油具有抗氧化性且风味不会退变
马泰克生物科学有限公司	1	WO2003049832-A1	一种脂类纯化方法，涉及将脂类与极性溶剂接触，并维持在一个合适的温度范围以沉淀一部分其他化合物，形成脂质产品	2001	52	B01D-011/00	该纯化方法基本不需要下游加工过程，需要较少的脱胶处理或不需要脱胶处理，且产品中长链多不饱和脂肪酸含量很高
	2	WO2006046943-A2	一种用于治疗如慢性炎症和骨质疏松的含有多不饱和脂肪酸的脂质制备方法	2004	28	C12N-007/04	该方法涉及将酶与含有多不饱和脂肪酸的微生物相接触，然后回收含有多不饱和脂肪酸的脂质，脂质经过进一步的脱水、脱色、脱臭、分馏和冬化等精制过程。该方法制备的脂质质量较高，不具有鱼腥味
	3	WO2003092628-A2	一种包含多不饱和脂肪酸的脂质，用于膳食补充剂、药物制剂和人食用的动物奶制品	2002	21	A61K-000/00	经过干燥、脱色、除臭和抗氧化剂处理等精制过程后，该脂质的茴香胺值最高仅为1.5，具有较高的质量和较低的氧化特性
巴斯夫植物科学有限公司	1	WO2012052468-A2	一个包含核酸序列的新核苷酸，用于生产包括ARA、EPA和DHA在内的多不饱和脂肪酸	2010	3	C12N-015/82	该核酸序列编码脱氢酶、KCS合成酶、KCR还原酶、脱水酶、ECR还原酶

专利权人	序号	专利号	专利名称	申请年份	被引频次	IPC分类号	技术特长
巴斯夫植物科学有限公司	2	WO2011023800-A1	一个新的多聚核苷酸，包含了一段核酸序列和连接在核酸序列上的种子特异性的植物启动子和终止子，核酸序列编码脱氢酶或延长酶	2009	3	A01H-005/00	将该核苷酸导入其他生物体，可用来大量生产多不饱和脂肪酸，核苷酸包含的序列编码脱水酶或烯酰辅酶A还原酶
三得利股份有限公司	1	WO2004033698-A2	一种不可皂化物或酯型甾醇含量较低的原油生产方法，涉及利用培养基对具有产含多不饱和脂肪酸的油脂功能的微生物的培养	2002	7	C12P-007/00	该方法获得的原油质量较高，可作为生产精制油的原料，精制过程耗时少，降低成本
	2	WO2006030553-A1	一种包含ARA或以ARA为成分的化合物的组分，该组分用于预防或改善与压力诱发的行为障碍相关的症状或疾病	2004	4	A61K-031/202	该组分适于消费，没有明显的副作用
日本油脂公司	1	JP1290625-A	一种含DHA或DHA酯的脑保健药剂	1988	1	A61K-031/20	该药剂无副作用，可长期使用，所含DHA通过对鱼油进行精制和冬化处理所得

根据以上两个方面的分析，可以得出结论：在精制专利中，5个机构的竞争力由强到弱依次排序为帝斯曼知识产权资产管理公司、马泰克生物科学有限公司、三得利股份有限公司、巴斯夫植物科学有限公司和日本油脂公司。其中，帝斯曼知识产权资产管理公司和马泰克生物科学有限公司在脂类纯化和精制技术领域具有绝对的竞争力，巴斯夫植物科学有限公司在编码脱水酶的核酸序列领域具有绝对的竞争力，三得利股份有限公司在高质量原油的生产技术领域拥有较强的竞争力。

6.2.2 主要专利权人技术布局及对比

精制领域专利申请数量较多的专利权人的技术布局和研发重心见表6.3，包括帝斯曼知识产权资产管理有限公司、马泰克生物科学有限公司和巴斯夫植物科学有限公司等5家公司在前19个专利技术中分布，覆盖含氧有机化合物、食用油或脂肪的加工、脂肪或油脂的生产和精制、食品或食料、医用配制品及无环或碳环化合物等技术领域。

帝斯曼知识产权资产管理有限公司的研发重心为脂肪或油脂的精制技术领域。在非含水食用油或脂肪的加工、脂肪或油脂的生产技术领域的专利申请数量最多，占比达92.3%，其次是脂肪或油脂的精制（69.2%）及含添加剂的食品或食料（61.5%）等技术领域。

马泰克生物科学有限公司在含添加剂的食品或食料技术领域的专利申请数量最多，占比达72.7%，其次是非含水食用油或脂肪的加工（63.6%）、脂肪、脂油、酯型蜡、高级脂肪酸及氧化油或脂的制备（54.5%）和含有效成分的医用配制品（54.5%）等技术领域。

巴斯夫植物科学有限公司在脂肪、脂油、酯型蜡、高级脂肪酸及氧化油或脂的制备领域拥有的专利申请数量最多，占比高达 66.7%。

三得利股份有限公司的研发重心为含添加剂的食品或食料技术领域和脂肪或脂肪酸的化学改性技术领域。三得利股份有限公司在含添加剂的食品或食料技术领域和脂肪或脂肪酸的化学改性技术领域拥有的专利申请数量最多，占比均为 66.7%，其次是脂肪、脂油、酯型蜡、高级脂肪酸及氧化油或脂的制备技术领域，专利申请数量占比为 50%。

日本油脂公司仅在脂肪、脂油、酯型蜡、高级脂肪酸及氧化油或脂的制备技术领域拥有专利，申请数量占比为 20%。

表 6.3　精制领域专利申请数量较多的专利权人的技术布局和研发重心分析

覆盖领域	技术领域	帝斯曼知识产权资产管理公司	马泰克生物科学有限公司	巴斯夫植物科学有限公司	三得利股份有限公司	日本油脂公司
申请专利总数量（件）		13	11	6	6	5
含氧有机化合物	脂肪、脂油、酯型蜡、高级脂肪酸及氧化油或脂的制备	6(46.2%)	6(54.5%)	4(66.7%)	3(50%)	1(20%)
食用油或脂肪的加工	含水食用油或脂肪的加工	6(46.2%)	3(27.3%)	0(0%)	0(0%)	0(0%)
	非含水食用油或脂肪的加工	12(92.3%)	7(63.6%)	0(0%)	6(100%)	1(20%)
脂肪或油脂的生产和精制	脂肪或油脂的生产	12(92.3%)	0(0%)	0(0%)	0(0%)	1(20%)
	脂肪或油脂的精制	9(69.2%)	0(0%)	0(0%)	0(0%)	0(0%)
	脂肪或油脂的保藏	5(38.5%)	0(0%)	0(0%)	0(0%)	0(0%)
食品或食料	含添加剂的食品或食料	8(61.5%)	8(72.7%)	0(0%)	4(66.7%)	0(0%)
医用配制品	含有机有效成分的医药配制品	0(0%)	6(54.5%)	0(0%)	4(66.7%)	3(60%)
	以所用的非有效成分为特征的医用配制品	0(0%)	3(27.3%)	0(0%)	0(0%)	1(20%)
无环或碳环化合物	有羧基连接在非环碳原子上的不饱和化合物	0(0%)	4(36.4%)	0(0%)	0(0%)	1(20%)
	羧酸酯	0(0%)	0(0%)	0(0%)	0(0%)	2(40%)
微生物及酶	微生物遗传改造	0(0%)	0(0%)	6(100%)	0(0%)	0(0%)
	细胞、组织的培养及培养基	0(0%)	0(0%)	3(50%)	0(0%)	0(0%)
	酶	0(0%)	0(0%)	6(100%)	0(0%)	0(0%)
植物基因工程	植物细胞表达系统	0(0%)	0(0%)	5(83.3%)	0(0%)	0(0%)
	植物的基因改良	0(0%)	0(0%)	2(33.3%)	0(0%)	0(0%)
	植物再生培养	0(0%)	0(0%)	7(116%)	0(0%)	0(0%)
动物饲料	动物饲料及生产方法	0(0%)	0(0%)	0(0%)	4(66.7%)	0(0%)
脂肪或脂肪酸的改性	脂肪或脂肪酸的化学改性	0(0%)	0(0%)	0(0%)	4(66.7%)	0(0%)

6.2.3 专利权人的全球布局战略

对主要机构专利的国家布局进行分析，结果见表 6.4，帝斯曼知识产权资产管理有限公司、马泰克生物科学有限公司和巴斯夫植物科学有限公司专利的国家布局格局相似，布局范围较广，达到 10 多个国家和地区，且在 WIPO、美国、EPO、加拿大、中国和日本等主要的国家和地区布局的专利数量较多。三得利股份有限公司的专利布局范围也较广，但在本国布局的专利数量最多，日本油脂公司的专利仅在本国布局。

表 6.4　主要机构专利的国家布局分析

机构名称	中国	美国	WIPO	EPO	澳大利亚	加拿大	日本	韩国	墨西哥	印度	西班牙	德国
帝斯曼知识产权资产管理公司	6	9	11	7	6	6	4	3	3	3	2	0
马泰克生物科技公司	4	9	8	6	5	3	4	2	2	3	1	0
巴斯夫植物科学公司	2	5	6	5	4	3	3	0	0	1	0	3
三得利股份有限公司	4	5	5	4	5	3	6	4	0	1	3	2
日本油脂公司	0	0	0	0	0	0	5	0	0	0	0	0

6.3　全球主要发明人的竞争优势

对精制专利的主要发明人进行分析，见表 6.5。

表 6.5　精制专利的主要发明人分析

发明人	所属机构	专利申请数量（件）	主要合作者	活跃时段	2014~2016年专利申请数量所占比例（%）	TOP 专利技术
FICHTALI J	马泰克生物科学有限公司	8	AHMED N; SENANAYAKE S P J N; LEININGER N F	2002~2015 年	50	脂肪、脂油、酯型蜡、高级脂肪酸及氧化油或脂的制备；食用油或脂的生产或加工；含有水相的食用油或脂肪及其加工处理；脂肪或油脂的精制
LEINNGER N F	帝斯曼知识产权资产管理有限公司	8	FICHTALI J; AHMED N; SENANAYAKE S P J N	2005~2014 年	62	含有水相的食用油或脂肪及其加工处理；脂肪或油脂的精制；食用油或油脂及其处理
AHMED N	马泰克生物科学有限公司	6	FICHTALI J; SENANAYAKE S P J N; LEININGER N F； ABRIL J R	2005~2015 年	50	食用油或脂肪的生产或加工；含有水相的食用油或脂肪及其加工处理；以脂肪酸甘油三酯以外的成分为特征的食用油或脂肪
SENANAYAKE S P J N	马泰克生物科学有限公司	6	FICHTALI J; AHMED N； LEININGER N F	2005~2015 年	50	食用油或脂肪的生产或加工；含有水相的食用油或脂肪及其加工处理；以脂肪酸甘油三酯以外的成分为特征的食用油或脂肪

发明人	所属机构	专利申请数量（件）	主要合作者	活跃时段	2014~2016年专利申请数量所占比例（%）	TOP专利技术
ABRIL J R	马泰克生物科学有限公司	5	FICHTALI J; AHMED N; SENANAYAKE S P J N	2005~2014年	20	食用油或脂肪的生产或加工;含有水相的食用油或脂肪及其加工处理;含有添加剂的食品或饮料的制备或处理
BARKER M	帝斯曼知识产权资产管理有限公司	4	TABAYEHNEJAD N; LEININGER N F; MATTHEWS K L	2013~2013年	100	脂肪或油脂的精制;食用油或油脂及其处理;从原材料中生产脂肪或油脂;以含有与至少7个碳原子的无环链相连的羧基的羧酸为有效成分的医药配制品
BAUER J	巴斯夫植物科学有限公司	4	SENGER T; KUHN J M; MARTY L	2008~2013年	50	适用于植物细胞的载体或表达系统;脂肪、脂肪、酯型蜡、高级脂肪酸及氧化油或脂的制备;被子植物的植物再生

6.4　基于专利的技术成熟度分析

在本节分析中，通过分析优先权专利申请数量（优先权年 DII 数据库中专利申请的数量）、发明人数量（优先权年 DII 数据库中发明人的数量）这两个指标随时间的变化趋势来分析技术的生命周期，反映技术的成熟度。

如图 6.3 和图 6.4 所示，1995~2001 年，精制技术处于技术萌芽期，该技术还未引起公众的注视，发明人数量和专利申请数量较少；2002~2010 年，精制技术处于快速发展期，该阶段发明人数量和专利申请数量都显著增加；2011~2014 年，精制技术处于平稳发展期，

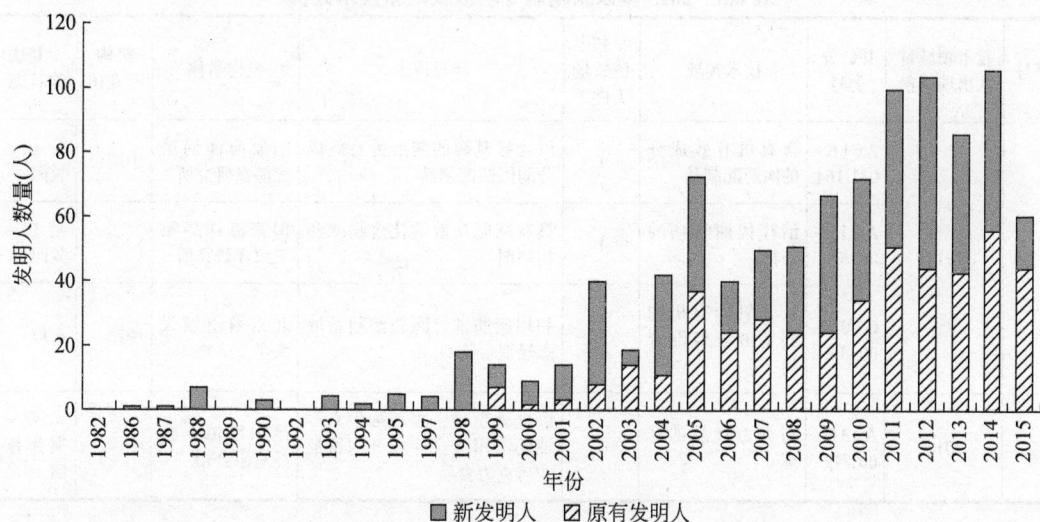

图 6.3　精制专利发明人数量随时间的变化趋势

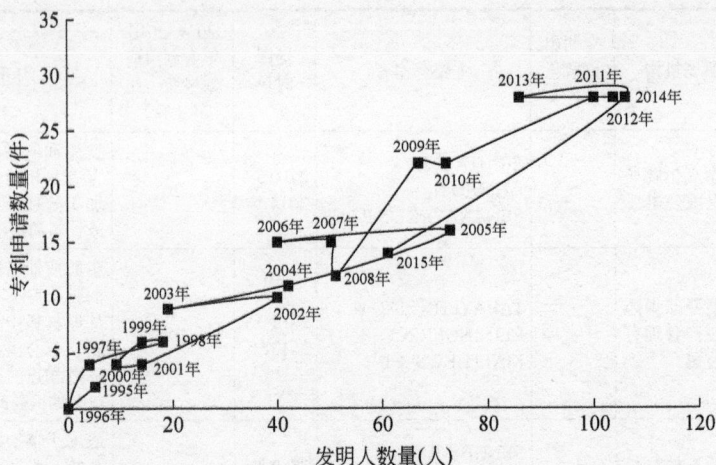

图 6.4 精制专利的技术生命周期图

这一时期，发明人数量和专利申请数量都达到一定高度且维持在稳定的发展水平。因此，精制技术目前还处于发展阶段，还未进入技术的衰退期。

6.5 近期新出现的专利技术

2013 年以来，精制专利在动物饲料的生产、化妆品和医药配制品的配方、食品保存、肽的制备和含氧有机化合物制备等技术领域出现了一些新的技术和方法，归纳见表 6.6。

表 6.6 2013 年以来精制专利涉及的新技术分析

序号	技术领域首次出现年份	IPC 分类号	技术领域	专利申请数量（件）	涉及技术	机构名称	机构所在国	专利法律状态
1	2013	A61K-031/164	含有机有效成分的医药配制品	1	以含氨基醇的羧酸为有效成分的医药配制品	国家海洋局第三海洋研究所	中国	无权 – 驳回
		A61P-003/04	治疗代谢疾病的药物	1	具有减肥功效的化合物或药物制剂	国家海洋局第三海洋研究所	中国	无权 – 驳回
		C10G-003/00	从含氧的有机物制备液态烃混合物	1	利用脂肪油、脂肪酸制备液态烃混合物	北京航空航天大学	中国	有权
2	2014	A23G-001/42	巧克力食品的处理	1	以含微生物、酶和维生素等辅助医用或食疗成分为特征的巧克力食品	昆山市恒丰食品有限公司	中国	无权 – 视为撤回

序号	技术领域首次出现年份	IPC 分类号	技术领域	专利申请数量（件）	涉及技术	机构名称	机构所在国	专利法律状态
2	2014	A23K-001/06	动物饲料的生产	1	利用酒厂或酿造厂的废液生产动物饲料	浙江省海洋水产研究所	中国	有权
		A23L-003/00	食品保存	1	利用加热、灭菌、电流和辐射等方法保存食品	MJN 美国控股有限责任公司	美国	有效①
		A61K-038/01	含肽的医药配制品	1	含水解蛋白或其衍生物的医药配制品	MJN 美国控股有限责任公司	美国	有效①
		B01F-017/34	用作乳化剂、增湿剂、分散剂或起泡剂的物质	1	将高分子量羧酸酯用作乳化剂、增湿剂、分散剂或起泡剂	江南大学	中国	无权 - 驳回
		C07K-001/14	肽的制备方法	1	利用提取、分离、纯化技术制备肽的方法	青岛金海源食品有限公司	中国	有权
		C12P-007/08	含氧有机化合物的制备	1	利用发酵或酶法从废物或纤维素材料基质中制备含氧有机化合物	中国科学院广州能源研究所	中国	审中 - 实审
3	2015	A23G-001/42	巧克力食品的处理	1	以含微生物、酶和维生素等辅助医用或食疗成分为特征的巧克力食品	华南理工大学	中国	审中 - 实审
		A23K-001/06	动物饲料的生产	1	利用酒厂或酿造厂的废液生产动物饲料	宿州瑞泰农业发展有限公司	中国	审中 - 实审
		A61K-008/44	化妆品配制	1	以含氨基酸或其衍生物、酯或 N 酰化衍生物为特征的化妆品	巴斯夫植物科学有限公司	德国	有效①

注：①目前在美国等国申请有效专利，但还未在中国申请相关专利

6.6 本章小结

从专利的技术分布来看，精制专利共涉及 504 个 IPC 分类号，主要覆盖含氧有机化合物、脂肪或油脂的加工处理、饮食产品的加工处理、利用原料生产脂肪或油脂及食用油或脂肪等技术领域。其中，含氧有机化合物的制备技术领域主要涉及脂肪、脂油、酯型蜡、高级脂肪酸及氧化油或脂的制备；脂肪或油脂的加工处理技术领域主要涉及食用油或脂肪的加工、处理、精制和改性等；饮食产品的加工处理技术领域主要涉及食品或饮料的制备及营养添加；脂肪或油脂的生产技术领域主要涉及利用萃取法从原料中生产脂肪或油脂。从专利申请数量上来看，精制专利的技术主要集中在油脂、多脂肪油类、高级脂肪酸的制备（25.8%）、食用油或脂肪的生产或加工（16.6%）、脂肪或油脂的精制（14.3%）和含有添加剂食品或饮料的制备或处理（14.3%）等领域。

精制专利的主要专利权人有帝斯曼知识产权资产管理公司（13 件）、马泰克生物科

学有限公司（11件）、巴斯夫植物科学有限公司（6件）、三得利股份有限公司（6件）和日本油脂公司（5件）等。在竞争力方面，帝斯曼知识产权资产管理有限公司和马泰克生物科学有限公司在脂类纯化和精制技术领域具有绝对的竞争力，巴斯夫植物科学有限公司在编码脱水酶的核酸序列领域具有绝对的竞争力，三得利股份有限公司在高质量原油的生产技术领域拥有较强的竞争力。研发重心方面，帝斯曼的研发重心为脂肪或油脂的精制技术领域，马泰克生物科学有限公司、巴斯夫植物科学有限公司的研发重心均为脂肪、脂油、酯型蜡、高级脂肪酸及氧化油或脂的制备（C12P-007/64）技术领域，三得利股份有限公司的研发重心为含添加剂的食品或食料的制备或处理领域和脂肪、脂肪酸的化学改性领域。

专利保护的区域方面，帝斯曼知识产权资产管理有限公司、马泰克生物科学有限公司和巴斯夫植物科学有限公司专利的国家布局格局相似，布局范围较广，达到10多个国家和地区，且在世界知识产权组织、美国、EPO、加拿大、中国、日本等主要的国家和地区布局的专利数量较多。三得利股份有限公司公司的专利布局范围也较广，但在本国布局的专利数量最多，日本油脂公司的专利仅在本国布局。

从精制技术的发展动向来看，目前，精制技术还处于发展阶段，还未进入技术的衰退期。在动物饲料的生产、化妆品和医药配制品的配方、食品保存、肽的制备和含氧有机化合物制备等技术领域出现了一些新的技术和方法。脂肪或油脂的精制、利用萃取法从原料中生产脂肪或油脂这两个技术领域是近几年来专利申请的技术热点。

|第7章| 改性及衍生化专利分析

为了得到更加易于应用的 DHA，需要利用 DHA 的理化性质对其改性及衍生化，从而获得高含量、高稳定性、易于吸收利用的 DHA，以满足人们对 DHA 产品的需求。目前，对 DHA 进行改性的技术主要有乙酯化和酯交换。本章根据 2.2.5 节的改性及衍生化检索式进行检索，并根据专家咨询，对结果进行了筛选和清洗，最终确定 823 件相关专利，开展相关专利技术布局、主要专利权人分析、技术发展动向、新出现的在华专利和外国公司在华失效专利等分析。

7.1 专利技术分布状况

根据国际上公认的学科、技术与专利的分类方法（IPC 分类法），对改性及衍生化技术涉及领域、申请数量、时间跨度开展分析，结果见表 7.1（基于 IPC 分类号）。具体来看，目前改性及衍生化专利主要覆盖含氧有机化合物、化合物或药物制剂的特定治疗活性、食品营养成分添加剂和含有机有效成分的医药配制品等领域。

表 7.1 改性及衍生化专利涉及的前 20 个专利技术领域及其申请情况

序号	覆盖领域	IPC 分类号	技术领域	专利申请数量（件）	时间跨度	2014~2016 年申请数量所占比例（%）
1	含氧有机化合物	C12P-007/64	脂肪、脂油、酯型蜡、高级脂肪酸及氧化油或脂的制备	88	1998~2015 年	22
2	化合物或药物制剂的特定治疗活性	A61P-009/00	治疗心血管系统疾病的药物	108	1998~2015 年	25
		A61P-025/00	治疗神经系统疾病的药物	88	1998~2015 年	27
		A61P-043/00	用于特殊目的的药物	80	1998~2015 年	26
		A61P-025/28	用于治疗中枢神经系统神经变性疾病的药物	79	1998~2015 年	32
		A61P-003/06	抗高血脂药	76	1999~2015 年	30
		A61P-009/10	治疗局部缺血或动脉粥样硬化疾病的药物	76	1998~2015 年	25
		A61P-029/00	非中枢性止痛剂、退热药或抗炎剂	72	1991~2015 年	22
		A61P-003/10	治疗高血糖症的药物	55	1999~2015 年	24
3	食品营养成分添加剂	A23L-001/30	改变食品营养性质的添加剂	196	1986~2016 年	23
		A23L-001/29	改变食品的营养性质或营养制品	105	1990~2016 年	19
		A23D-009/00	其他食用油或脂肪	64	1985~2015 年	19

续表

序号	覆盖领域	IPC 分类号	技术领域	专利申请数量(件)	时间跨度	2014~2016年申请数量所占比例(%)
4	含有机有效成分的医药配制品	A61K-031/202	含 3 个或 3 个以上双键与至少 7 个碳原子的无环链相连的羟基的羧酸	236	1998~2015 年	27
		A61K-031/20	与至少 7 个碳原子的无环链相连的羟基的羧酸	130	1984~2015 年	16
		A61K-031/232	含 3 个或 3 个以上双键含有羧基连接至少 7 个碳原子的碳链上的羧酸的酯	127	1991~2015 年	28
		A61K-031/685	与两种羟基化合物形成的磷酸二酯（其中一种羟基化合物具有氮原子）	80	1987~2015 年	32
		A61K-045/06	无化学特性之有效成分的混合物	74	1998~2015 年	36
		A61K-000/00	医用、牙科用或梳妆用的配制品	73	1987~2015 年	27
		A61K-009/48	用明胶和巧克力等制造的胶囊制剂	69	1994~2015 年	30
		A61K-031/201	含 1 个或 2 个双键与至少 7 个碳原子的无环链相连的羧基的羧酸	53	1999~2015 年	19

具体来看，含氧有机化合物主要涉及脂肪、脂油、酯型蜡、高级脂肪酸及氧化油或脂的制备，IPC 分类号为 C12P-007/64。

化合物或药物制剂的特定治疗活性涉及治疗心血管系统疾病的药物，治疗神经系统疾病的药物，用于特殊目的的药物，用于治疗中枢神经系统神经变性疾病的药物，抗高血脂药，治疗局部缺血或动脉粥样硬化疾病的药物，非中枢性止痛剂、退热药或抗炎剂，以及治疗高血糖症的药物等，主要 IPC 分类号包括 A61P-009/00、A61P-025/00、A61P-043/00、A61P-025/28、A61P-003/06、A61P-009/10、A61P-029/00 和 A61P-003/10 等。

食品营养成分添加剂主要涉及改变食品营养性质的添加剂、改变食品的营养性质或营养制品及其他食用油或脂肪等，主要 IPC 分类号包括 A23L-001/30、A23L-001/29 及 A23D-009/00 等。

含有机有效成分的医药配制品涉及的技术领域较多，主要为含 3 个或 3 个以上双键与至少 7 个碳原子的无环链相连的羟基的羧酸，与至少 7 个碳原子的无环链相连的羟基的羧酸，含 3 个或 3 个以上双键含有羧基连接至少 7 个碳原子的碳链上的羧酸的酯，与两种羟基化合物形成的磷酸二酯（其中一种羟基化合物具有氮原子），无化学特性之有效成分的混合物，医用、牙科用或梳妆用的配制品，用明胶和巧克力等制造的胶囊制剂，以及含 1 个或 2 个双键与至少 7 个碳原子的无环链相连的羧基的羧酸等，主要 IPC 分类号包括 A61K-031/202、A61K-031/20、A61K-031/232、A61K-031/685、A61K-045/06、A61K-000/00、A61K-009/48 和 A61K-031/201 等。

从专利申请数量上来看，改性及衍生化专利的技术主要集中在含 3 个或 3 个以上双键与至少 7 个碳原子的无环链相连的羟基的羧酸（28.68%）、改变食品营养性质的添加剂（23.82%）、有与至少 7 个碳原子的无环链相连的羟基的羧酸（15.80%）、含 3 个或 3 个以上双键含有羧基连接至少 7 个碳原子的碳链上的羧酸的酯（15.43%）、治疗心血管系统疾病的药物（13.12%）、改变食品的营养性质或营养制品（12.76%）和治疗神经系统疾病的药物（10.69%）等技术领域。

从时间跨度来看，与至少 7 个碳原子的无环链相连的羟基的羧酸方面的研究最早，1984 年开始出现。其他食用油或脂肪、改变食品营养性质的添加剂、与两种羟基化合物形成的磷酸二酯（其中一种羟基化合物具有氮原子）等技术也出现较早，在 20 世纪 80 年代末期就已出现。改变食品的营养性质或营养制品，非中枢性止痛剂、退热药或抗炎剂，含 3 个或 3 个以上双键含有羧基连接至少 7 个碳原子的碳链上的羧酸的酯，以及用明胶和巧克力等制造的胶囊制剂等技术出现在上世纪 90 年代初期。脂肪、脂油、高级脂肪酸的制备，以及治疗心血管系统疾病的药物等化合物或药物制剂的特定治疗活性领域的技术则出现相对较晚，在上世纪 90 年代末期才出现。

对改性及衍生化技术的热点进行分析，医药配制品的有机有效成分领域中的无化学特性之有效成分的混合物、与两种羟基化合物形成的磷酸二酯（其中一种羟基化合物具有氮原子）、用于治疗中枢神经系统神经变性疾病的药物最近三年的专利申请数量达到各自专利申请总量的 30% 以上，表明该技术领域相对自身发展较快。此外，化合物或药物制剂的特定治疗活性领域的用于治疗中枢神经系统神经变性疾病的药物、抗高血脂药增长速度也较快，是专利申请的热点领域。

7.2 主要专利权人的竞争格局

图 7.1 和表 7.2 给出了受理专利申请数量较多的前 10 名专利权人的情况。这些专利权人的专利申请数量都超过了 10 件。这 10 家专利权人都为企业，其中，有 3 家来自美国（马泰克生物科学有限公司、Pivotal 治疗公司、雅培实验室），各有 2 家分别来自荷兰（努特里希亚公司、帝斯曼知识产权资产管理有限公司）、挪威（普罗诺瓦生物制药挪威公司、阿克海洋生物公司）和日本（持田制药公司、日本油脂公司），有 1 家来自中国（内蒙古蒙牛乳业（集团）股份有限公司）。

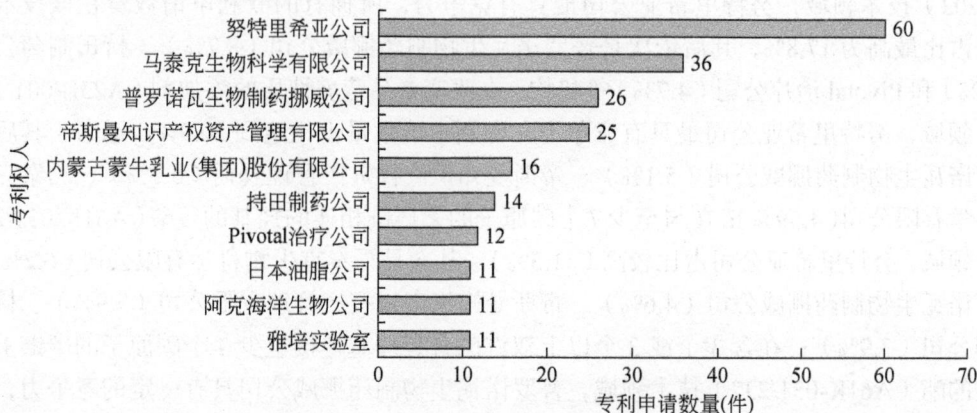

图 7.1 主要专利权人的专利申请数量

表 7.2　主要专利权人专利概况

专利排名	专利权人	所在国家	专利申请数量（件）	占全部专利申请总数量比例（%）
1	努特里希亚公司	荷兰	60	7.29
2	马泰克生物科学有限公司	美国	36	4.37
3	普罗诺瓦生物制药挪威公司	挪威	26	3.16
4	帝斯曼知识产权资产管理有限公司	荷兰	25	3.04
5	内蒙古蒙牛乳业（集团）股份有限公司	中国	16	1.94
6	持田制药公司	日本	14	1.70
7	Pivotal 治疗公司	美国	12	1.46
8	雅培实验室	美国	11	1.34
9	阿克海洋生物公司	挪威	11	1.34
10	日本油脂公司	日本	11	1.34

　　荷兰努特里希亚公司的相关专利申请数量最大，达到 60 件，占到改性及衍生化专利申请总数量的 7.29%；马泰克生物科学有限公司、普罗诺瓦生物制药挪威公司、帝斯曼知识产权资产管理有限公司的专利申请数量也较多，占到改性及衍生化专利申请总数量的 3% 以上。

7.2.1　主要专利权人的竞争优势

　　本节从分析专利权人在某 IPC 分类号中申请的专利数量的比例来反映机构竞争力，结果如图 7.2 所示。

　　在含 3 个或 3 个以上双键与至少 7 个碳原子的无环链相连的羟基的羧酸（A61K-031/202）技术领域，努特里希亚公司最具有竞争力，所拥有的专利申请数量在该技术领域中占比最高为 17.8%，其后依次是普罗诺瓦生物制药挪威公司（8.7%）、持田制药公司（5.9%）和 Pivotal 治疗公司（4.7%）等机构；在改变食品营养性质的添加剂（A23L-001/30）技术领域，努特里希亚公司最具有竞争力，专利申请数量占比达到 20.9%，远高于其后的普罗诺瓦生物制药挪威公司（5.1%）、帝斯曼知识产权资产管理公司（5.1%）、马泰克生物科学有限公司（4.59%）；在与至少 7 个碳原子的无环链相连的羟基的羧酸（A61K-031/20）技术领域，努特里希亚公司占比较高（11.5%），其次是马泰克生物科学有限公司（6.2%）、普罗诺瓦生物制药挪威公司（4.6%）、帝斯曼知识产权资产管理有限公司（3.9%）、持田制药公司（3.9%）；在含 3 个或 3 个以上双键的含有羧基连接至少 7 个碳原子的碳链上的羧酸的酯（A61K-031/232）技术领域，普罗诺瓦生物制药挪威公司具有一定的竞争力，其专利申请数量占比达到 10.3%，其次为持田制药公司（9.5%）、马泰克生物科学有限公司

（7.9%）、帝斯曼知识产权资产管理有限公司（6.3%）、Pivotal治疗公司（5.5%）；在治疗心血管系统疾病的药物（A61P-009/00）技术领域，普罗诺瓦生物制药挪威公司专利申请数量占比最高，达到11.1%，其次为Pivotal治疗公司（7.4%）、持田制药公司（4.6%）；在改变食品的营养性质或营养制品（A23L-001/29）技术领域，努特里希亚公司具有较大优势，专利申请数量占比达到34.3%，中国的内蒙古蒙牛乳业（集团）股份有限公司相关专利也较多，达到12.4%；在治疗神经系统疾病的药物（A61P-025/00）技术领域，努特里希亚公司专利申请数量占比最高（18.2%），其次为普罗诺瓦生物制药挪威公司（8.0%）、马泰克生物科学有限公司（5.7%）、持田制药公司（4.6%）；在脂肪、脂油、高级脂肪酸的制备（C12P-007/64）技术领域，马泰克生物科学有限公司具有一定的优势，专利申请数量占比最高，达到14.8%，其次为帝斯曼知识产权资产管理有限公司（11.4%）、阿克海洋生物公司（2.3%）；在用于特殊目的的药物（A61K-031/685）技术领域，努特里希亚公司具有较大优势，专利申请数量占比高达27.5%，远高于马泰克生物科学有限公司（2.5%）和普罗诺瓦生物制药挪威公司（2.5%）等企业；在与两种羟基化合物形成的磷酸二酯（其中一种羟基化合物具有氮原子）（A61P-043/00）技术领域，努特里希亚公司专利申请数量占比最高，达到10.0%，其次为普罗诺瓦生物制药挪威公司（7.5%）、帝斯曼知识产权资产管理有限公司（6.3%）、持田制药公司（6.3%）、Pivotal治疗公司（6.3%）。

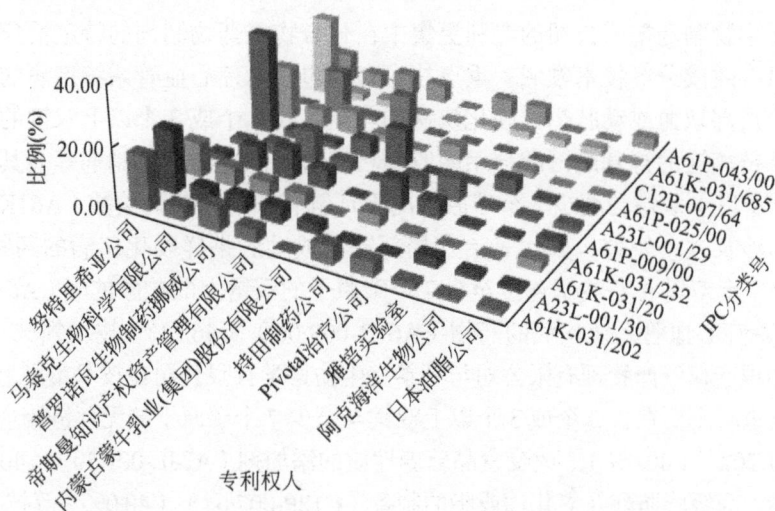

图7.2 专利权人在某IPC分类号中申请的专利数量的比例情况

7.2.2 主要专利权人技术布局及对比

改性及衍生化技术领域专利申请数量较多的专利权人的技术布局和研发重心见表7.3，包括努特里希亚公司、马泰克生物科学有限公司、普罗诺瓦生物制药挪威公司和帝斯曼知识产权资产管理有限公司等10家公司在前20个专利技术中分布，覆盖含氧有机化合物、化合物或药物制剂的特定治疗活性、食品营养成分添加剂和医药配制品的有机有效成分等技术领域。

努特里希亚公司专利申请数量较多，在化合物或药物制剂的特定治疗活性、食品营养成分添加剂和医药配制品的有机有效成分等相关技术领域都有布局，在改变食品营养性质的添加剂、改变食品的营养性质或营养制品等技术上专利申请数量相对较多。努特里希亚公司的研发重心主要在含 3 个或 3 个以上双键与至少 7 个碳原子的无环链相连的羟基的羧酸（A61K-031/202），70% 的专利涉及该领域中的技术，其次是改变食品营养性质的添加剂（A23L-001/30），占到 68.3%，改变食品的营养性质或营养制品（A23L-001/29）占到 60.0%。

马泰克生物科学有限公司重点技术布局包括含氧有机化合物、改变食品营养性质的添加剂、含 3 个或 3 个以上双键的与至少 7 个碳原子的无环链相连的羟基的羧酸和含 3 个或 3 个以上双键的含有羧基连接至少 7 个碳原子的碳链上的羧酸的酯等。马泰克生物科学有限公司在脂肪、脂油、酯型蜡、高级脂肪酸及氧化油或脂的制备（C12P-007/64）技术领域专利申请数量较多，36.1% 的专利涉及这一技术领域，其次关注含 3 个或 3 个以上双键与至少 7 个碳原子的无环链相连的羟基的羧酸（A61K-031/202）（27.8%）和含 3 个或 3 个以上双键含有羧基连接至少 7 个碳原子的碳链上的羧酸的酯（A61K-031/232）（27.8%）等技术领域。

普罗诺瓦生物制药挪威公司的专利更集中在化合物或药物制剂的特定治疗活性和医药配制品的有机有效成分等技术领域，重点技术布局包括治疗心血管系统疾病的药物、抗高血脂药、治疗局部缺血或动脉粥样硬化疾病的药物、含 3 个或 3 个以上双键的与至少 7 个碳原子的无环链相连的羟基的羧酸与用明胶和巧克力等制造的胶囊制剂等。其专利主要关注含 3 个或 3 个以上双键与至少 7 个碳原子的无环链相连的羟基的羧酸（A61K-031/202），73.1% 的专利涉及这一领域，其次是治疗局部缺血或动脉粥样硬化疾病的药物（57.7%）含 3 个或 3 个以上双键含有羧基连接至少 7 个碳原子的碳链上的羧酸的酯（A61K-031/232）（50.0%）、治疗心血管系统疾病的药物（A61P-009/00）（46.2%）技术领域。

帝斯曼知识产权资产管理有限公司与马泰克生物科学有限公司在技术布局上具有一定的相似性，研发重心主要在含 3 个或 3 个以上双键与至少 7 个碳原子的无环链相连的羟基的羧酸（A61K-031/202）（40.0%）、改变食品营养性质的添加剂（A23L-001/30）（40%）和脂肪、脂油、酯型蜡、高级脂肪酸及氧化油或脂的制备（C12P-007/64）（40.0%）等技术领域。

内蒙古蒙牛乳业（集团）股份有限公司技术布局主要在改变食品营养性质的添加剂、改变食品的营养性质或营养制品，其研发重心主要为改变食品的营养性质或营养制品（A23L-001/29），高达 81.3% 的专利涉及这一技术领域，其次是改变食品营养性质的添加剂（A23L-001/30），占比为 37.5%。

持田制药公司、Pivotal 治疗公司的专利主要集中在化合物或药物制剂的特定治疗活性、医药配制品的有机有效成分相关技术领域。持田制药公司的研发重心主要为含 3 个或 3 个以上双键与至少 7 个碳原子的无环链相连的羟基的羧酸（A61K-031/202）（100%）、含

表 7.3 主要专利权人技术布局

覆盖领域	技术领域	努特里希亚公司	马泰克生物科学有限公司	普罗诺瓦生物制药挪威公司	帝斯曼知识产权资产管理有限公司	内蒙古蒙牛乳业（集团）股份有限公司	持田制药公司	Pivotal 治疗公司	雅培实验室	阿克海洋生物公司	日本油脂公司
专利申请总数量（件）		60	36	26	25	16	14	12	11	11	11
含氧有机化合物	脂肪、脂油、酯型蜡、高级脂肪酸及氧化脂油或脂肪的制备	0(0%)	13(36.1%)	1(3.85%)	10(40%)	0(0%)	0(0%)	0(0%)	0(0%)	2(18.2%)	1(9.09%)
	治疗心血管系统疾病的药物	2(3.33%)	4(11.1%)	12(46.1%)	4(16%)	0(0%)	5(35.7%)	8(66.7%)	1(9.09%)	1(9.09%)	2(18.2%)
	治疗神经系统疾病的药物	16(26.7%)	5(13.9%)	7(26.9%)	2(8%)	0(0%)	4(28.6%)	0(0%)	2(18.2%)	0(0%)	0(0%)
	与两种羟基化合物形成的磷酸二酯, 其中一种羟基化合物具有氮原子	8(13.3%)	4(11.1%)	6(23.1%)	5(20%)	0(0%)	5(35.7%)	5(41.7%)	0(0%)	0(0%)	3(27.3%)
化合物或药物制剂的特定治疗活性	用于治疗中枢神经系统神经变性疾病的药物	19(31.7%)	6(16.7%)	4(15.4%)	3(12%)	0(0%)	1(7.14%)	0(0%)	0(0%)	0(0%)	0(0%)
	抗高血脂药	1(1.67%)	3(8.33%)	13(50%)	2(8%)	0(0%)	5(35.7%)	3(25%)	0(0%)	0(0%)	2(18.2%)
	治疗局部缺血或动脉粥样硬化的药物	1(1.67%)	1(2.78%)	15(57.7%)	1(4%)	0(0%)	4(28.6%)	3(25%)	1(9.09%)	1(9.09%)	1(9.09%)
	非中枢性止痛剂、退热剂或抗炎剂	3(5%)	2(5.56%)	4(15.4%)	1(4%)	0(0%)	5(35.7%)	0(0%)	0(0%)	1(9.09%)	0(0%)
	治疗高血糖症的药物	4(6.67%)	0(0%)	10(38.5%)	1(4%)	0(0%)	5(35.7%)	1(8.33%)	0(0%)	0(0%)	1(9.09%)
食品营养成分添加剂	改变食品营养性质的添加剂	41(68.3%)	9(25%)	10(38.5%)	10(40%)	6(37.5%)	1(7.14%)	0(0%)	6(54.5%)	3(27.3%)	2(18.2%)
	改变食品的营养性质或营养制品	36(60%)	3(8.33%)	2(7.69%)	6(24%)	13(81.3%)	0(0%)	0(0%)	5(45.5%)	1(9.09%)	1(9.09%)
	其他食用油或脂肪	1(1.67%)	6(16.7%)	7(26.9%)	8(32%)	0(0%)	1(7.14%)	0(0%)	2(18.2%)	0(0%)	0(0%)

续表

覆盖领域	技术领域	努特里希亚公司	马泰克生物科学有限公司	普罗诺瓦生物制药挪威公司	帝斯曼知识产权资产管理有限公司	内蒙古蒙牛乳业（集团）股份有限公司	持田制药公司	Pivotal 治疗公司	雅培实验室	阿克海洋生物公司	日本油脂公司
医药配制品的有机有效成分	含 3 或 3 个以上双键的与至少 7 个碳原子的无环链相连的羟基的羧酸	42(70%)	10(27.8%)	19(73.1%)	10(40%)	0(0%)	14(100%)	11(91.7%)	4(36.4%)	2(18.2%)	3(27.3%)
	有与至少 7 个碳原子相连的无环链相连的羟基的羧酸	15(25%)	8(22.2%)	6(23.1%)	5(20%)	0(0%)	5(35.7%)	1(8.33%)	0(0%)	0(0%)	4(36.4%)
	含 3 或 3 个以上双键的含有羧基连接至少 7 个碳原子的碳链上的羧酸的酯	3(5%)	10(27.7%)	13(50%)	8(32%)	0(0%)	12(85.7%)	7(58.3%)	1(9.09%)	1(9.09%)	4(36.4%)
	用于特殊目的的药物	22(36.7%)	2(5.56%)	2(7.69%)	0(0%)	0(0%)	1(7.14%)	2(16.7%)	2(18.2%)	2(18.2%)	0(0%)
医药配制品的有机有效成分	无化学特性之有效成分的混合物	23(38.3%)	2(5.56%)	4(15.4%)	0(0%)	0(0%)	3(21.4%)	10(83.3%)	0(0%)	1(9.09%)	0(0%)
	医用、牙科用或盥洗用配制品	6(10%)	4(11.1%)	4(15.4%)	5(20%)	0(0%)	0(0%)	5(41.7%)	2(18.2%)	2(18.2%)	0(0%)
	用明胶和巧克力等制造的胶囊制剂	0(0%)	1(2.78%)	14(53.8%)	3(12%)	0(0%)	1(7.14%)	6(50%)	0(0%)	0(0%)	0(0%)
	含 1 个或两个双键与至少 7 个碳原子的无环链相连的羧基的羧酸	17(28.3%)	1(2.78%)	1(3.85%)	1(4%)	0(0%)	2(14.3%)	0(0%)	0(0%)	1(9.09%)	0(0%)

3 个或 3 个以上双键含有羧基连接至少 7 个碳原子的碳链上的羧酸的酯（A61K-031/232）（85.7%）。

Pivotal 治疗公司在含 3 个或 3 个以上双键与至少 7 个碳原子的无环链相连的羟基的羧酸（A61K-031/202）技术领域的专利最多，91.7% 的专利涉及这一领域，其次无化学特性之有效成分的混合物（83.3%）是治疗心血管系统疾病的药物（A61P-009/00）（66.7%）、含 3 个或 3 个以上双键含有羧基连接至少 7 个碳原子的碳链上的羧酸的酯（A61K-031/232）（58.3%）。

雅培实验室与内蒙古蒙牛乳业（集团）股份有限公司技术布局类似，主要集中在改变食品营养性质的添加剂、改变食品的营养性质或营养制品。其专利研究主要集中在改变食品营养性质的添加剂（A23L-001/30）（54.5%）、改变食品的营养性质或营养制品（A23L-001/29）（45.5%）技术领域。

此外，阿克海洋生物公司的研发重心较为分散，主要为改变食品营养性质的添加剂（A23L-001/30）（27.3%）技术领域；日本油脂公司的研发重心主要为有与至少 7 个碳原子的无环链相连的羟基的羧酸（A61K-031/20）（36.4%）、含 3 个或 3 个以上双键含有羧基连接至少 7 个碳原子的碳链上的羧酸的酯（A61K-031/232）（36.4%）技术领域。

7.2.3 专利权人的全球布局战略

本节对改性及衍生化专利的主要专利权人的专利国家布局和保护区域分布情况进行了分析，结果见表 7.4。

表 7.4 改性及衍生化专利的主要专利权人的专利国家布局和保护区域分布情况

机构名称	WIPO	美国	IPO	中国	日本	加拿大	澳大利亚	韩国	印度	墨西哥
努特里希亚公司	52	26	33	26	9	9	12	1	3	6
马泰克生物科学有限公司	25	33	14	8	13	18	13	4	5	8
普罗诺瓦生物制药挪威公司	26	21	22	13	15	11	10	12	5	6
帝斯曼知识产权资产管理有限公司	21	22	18	14	15	12	11	8	11	10
内蒙古蒙牛乳业（集团）股份有限公司	0	0	0	16	0	0	0	0	0	0
持田制药公司	11	10	8	4	12	8	1	5	0	0
Pivotal 治疗公司	11	8	10	0	5	5	0	0	0	0
雅培实验室	8	10	4	4	4	4	6	1	3	4
阿克海洋生物公司	9	7	2	1	0	2	4	0	0	0
日本油脂公司	0	0	0	0	11	0	0	0	0	0

欧美主要机构对 PCT 专利申请普遍重视，而中日主要机构 PCT 专利申请还有待加强。申请 PCT 专利较多的机构包括努特里希亚公司、马泰克生物科学有限公司、普罗诺瓦生物制药挪威公司和帝斯曼知识产权资产管理有限公司等。与这些欧美机构相比，中日两国的主要机构不够重视 PCT 专利的申请，内蒙古蒙牛乳业（集团）股份有限公司、日本油脂公司都没有申请 PCT 专利。

各主要机构在专利技术保护区域规划方面，大多以本国为主，并兼顾国际市场布局。主要机构专利都在本国申请了较多专利进行专利保护。除内蒙古蒙牛乳业（集团）股份有限公司、日本油脂公司仅在本国申请专利外，其他主要机构专利保护区域较广，基本都涉及 WIPO、美国、IPO、中国和日本等主要市场。

各主要机构大多在中国进行了专利保护。努特里希亚公司、普罗诺瓦生物制药挪威公司和帝斯曼知识产权资产管理有限公司等公司注重在中国的专利保护，专利申请数量达到 10 件以上。目前，美国 Pivotal 治疗公司和日本油脂公司还未在中国申请专利。

7.3 全球主要发明人的竞争优势

对改性及衍生化专利的主要发明人进行分析（表 7.5），这些发明人主要来自努特里希亚公司、马泰克生物科学有限公司、Pivotal 治疗公司、内蒙古蒙牛乳业（集团）股份有限公司、美国 Nutraceutical 公司。

表 7.5 改性及衍生化专利的主要发明人情况分析

所在机构	发明人	专利申请数量（件）	主要合作者（申请数量）	活跃时段	2014~2016年专利申请数量所占比例（%）	TOP 专利技术
内蒙古蒙牛乳业（集团）股份有限公司	WANG A	10	ZHOU J（6件）；LIU Z M（4件）；ZHANG Y（2件）；JIA S（2件）	2008~2008 年	0	无机盐类、矿物质、微量元素（10件）；维生素（10件）；奶配制品含有添加物（10件）；奶配制品含有维生素或抗生素（10件）
马泰克生物科学有限公司	METZ J G	11	WEAVER C A（8件）；FLATT J H（6件）；BARCLAY W R（6件）	1999~2013 年	0	植物细胞表达载体构建、外源基因在植物细胞的表达（10件）；适用于原核细胞（大肠杆菌除外）的载体或表达系统；载体在宿主细胞的表达及调控（9件）；含有两个或多个单核苷酸单元的化合物，具有以核苷基的糖化物基团连接的单独的磷酸酯基或多磷酸酯基（8件）；脂肪、脂油、酯型蜡、高级脂肪酸及氧化油或脂的制备（8件）
	ABRIL J R	10	CRANDELL M（3件）；FORT T（3件）；KOHN G（2件）；BANZHAF W（2件）	2001~2013 年	0	其他食用油或脂肪（5件）；改变食品营养性质的添加剂（4件）；含有水相的食用油或脂肪组分（4件）

续表

所在机构	发明人	专利申请数量（件）	主要合作者（申请数量）	活跃时段	2014~2016年专利申请数量所占比例（%）	TOP专利技术
努特里希亚公司	HAGEMAN R J J	27	DE WILDE M C（16件）；KAMPHUIS P J G（15件）；GROENENDIJK M（12件）	2000~2015年	19	含3个或3个以上双键含有羧基连接至少7个碳原子的碳链上的羧酸的酯（25件）；改变食品营养性质的添加剂（20件）；含有两个直接与嘧啶环相连的氧代基团的碳水化合物（16件）；季铵化合物（16件）
	GROENENDIJK M	20	HAGEMAN R J J（12件）；KAMPHUIS P J G（12件）；DE WILDE M C（11件）	2007~2015年	30	含3个或3个以上双键含有羧基连接至少7个碳原子的碳链上的羧酸的酯（20件）；含有两个直接与嘧啶环相连的氧代基团的碳水化合物（19件）；季铵化合物（16件）
	KAMPHUIS P J G	19	HAGEMAN R J J（15件）；DE WILDE M C（14件）；GROENENDIJK M（12件）	2005~2015年	11	含3个或3个以上双键含有羧基连接至少7个碳原子的碳链上的羧酸的酯（18件）；含有两个直接与嘧啶环相连的氧代基团的碳水化合物（13件）；季铵化合物（12件）
	VAN DER BEEK E M	18	ABRAHAMSE-BERKEVELD M（15件）；OOSTING A（7件）；SCHIPPER A L（6件）	2007~2014年	6	改变食品营养性质的添加剂（18件）；改变食品的营养性质或营养制品（18件）；含1个或两个双键的与至少7个碳原子的无环链相连的羧基的羧酸（14件）
	DE WILDE M C	18	HAGEMAN R J J（16件）；KAMPHUIS P J G（14件）；GROENENDIJK M（11件）	2005~2015年	17	含3个或3个以上双键含有羧基连接至少7个碳原子的碳链上的羧酸的酯（17件）；含有两个直接与嘧啶环相连的氧代基团的碳水化合物（13件）；季铵化合物（13件）
	ABRAHAMSE-BERKEVELD M	15	VAN DER BEEK E M（15件）；OOSTING A（7件）；SCHIPPER A L（5件）	2010~2013年	0	改变食品营养性质的添加剂（15件）；改变食品的营养性质或营养制品（15件）；含1个或两个双键的与至少7个碳原子的无环链相连的羧基的羧酸（12件）
Pivotal治疗公司	JACKOWSKI G	12	SHAIKH N（12件）；YANTHA J（12件）；MACSWEENEY R（12件）；SCHINI-KERTH V（12件）	2011~2015年	33	含3个或3个以上双键含有羧基连接至少7个碳原子的碳链上的羧酸的酯（11件）；无化学特性之有效成分的混合物（10件）；治疗心血管系统疾病的药物（8件）
	MACSWEENEY R	12	SHAIKH N（12件）；YANTHA J（12件）；JACKOWSKI G（12件）；SCHINI-KERTH V（12件）	2011~2015年	33	含3个或3个以上双键含有羧基连接至少7个碳原子的碳链上的羧酸的酯（11件）；无化学特性之有效成分的混合物（10件）；治疗心血管系统疾病的药物（8件）
	SCHINI-KERTH V	12	SHAIKH N（12件）；YANTHA J（12件）；JACKOWSKI G（12件）；MACSWEENEY R（12件）；SCHINI-KERTH V（12件）	2011~2015年	33	含3个或3个以上双键含有羧基连接至少7个碳原子的碳链上的羧酸的酯（11件）；无化学特性之有效成分的混合物（10件）；治疗心血管系统疾病的药物（8件）

所在机构	发明人	专利申请数量（件）	主要合作者（申请数量）	活跃时段	2014~2016年专利申请数量所占比例（%）	TOP 专利技术
Pivotal 治疗公司	SHAIKH N	12	YANTHA J（12件）；JACKOWSKI G（12件）；MACSWEENEY R（12件）；SCHINI-KERTH V（12件）	2011~2015 年	33	含3个或3个以上双键含有羧基连接至少7个碳原子的碳链上的羧酸的酯（11件）；无化学特性之有效成分的混合物（10件）；治疗心血管系统疾病的药物（8件）
	YANTHA J	12	SHAIKH N（12件）；JACKOWSKI G（12件）；MACSWEENEY R（12件）；SCHINI-KERTH V（12件）	2011~2015 年	33	含3个或3个以上双键含有羧基连接至少7个碳原子的碳链上的羧酸的酯（11件）；无化学特性之有效成分的混合物（10件）；治疗心血管系统疾病的药物（8件）
美国 Nutrac-eutical 公司	HILL W S	10	MINATELLI J（7件）；MINATELLI J A（7件）；MOERCK R E（7件）	2008~2015 年	70	含直接与环相连的氧原子的酮类（8件）；改变食品营养性质的添加剂（7件）；绿藻门（6件）

7.4 基于专利的技术成熟度分析

本节通过分析优先权专利申请数量（优先权年 DII 数据库中专利申请的数量）、发明人数量（优先权年 DII 数据库中发明人的数量）这两个指标随时间的变化趋势来分析技术的生命周期，反映技术的成熟度。

图 7.3 反映了改性及衍生化技术领域发明人总数随时间的变化趋势。总体来看，改性及衍生化技术专利近年来持续快速增长，特别是 2005 年后，专利申请数量呈现出爆发式

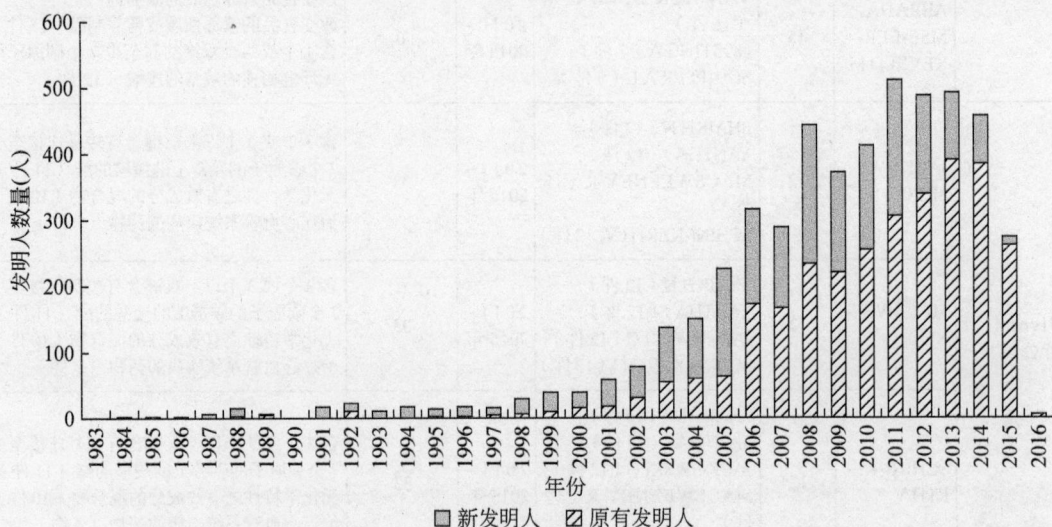

图 7.3 改性及衍生化技术领域发明人总数随时间的变化趋势

的增长。第一阶段，1983~1997 年是技术起步萌芽期，专利申请较慢且数量较少，发明人数量相对较少且新增发明人数量也较少，增幅不太稳定；第二阶段，1998~2004 年是低速增长期，专利申请数量连续且保持平稳增长，年发明人数量快速增长且每年都有大量的新发明人出现；第三阶段，2005 年以来，是专利申请的高速增长期，这一阶段专利申请数量大幅增长，年发明人数量有所增长并出现数量稳定的趋势，但与前一阶段相比，新发明人占总发明人的比例也有所下降。

将专利申请数量和发明人数量结合形成改性及衍生化专利的技术生命周期图，如图 7.4 所示。可以看出，1983~1997 年这一阶段，专利申请数量和发明人数量都较少，发展相对较慢，呈现出缓慢上升趋势，属于技术萌芽期；1998 年以来，专利申请数量和发明人数量有大幅度增加，且保持一定的增速，是改性及衍生化专利的技术成长期。

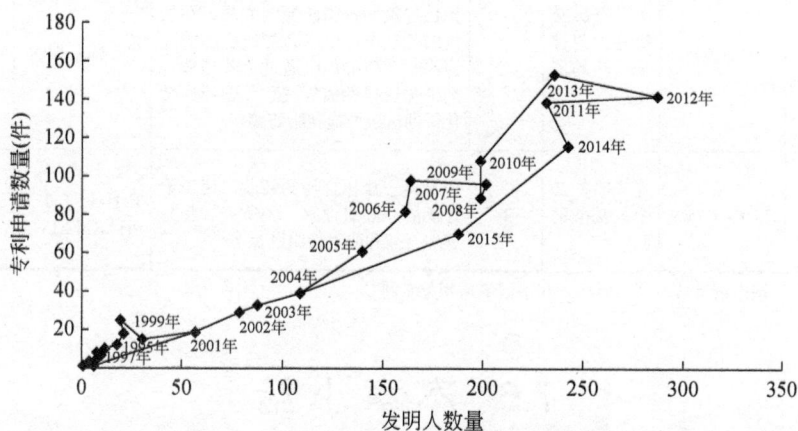

图 7.4 改性及衍生化专利的技术生命周期图

7.5 近期新出现的专利技术

2013 年以来，改性及衍生化技术领域出现了新的技术和方法，新出现的主要技术条目见表 7.6。在真空蒸馏技术领域，出现了多烯酸及其酯单体的制备方法及其装置，采用无有机溶剂消耗的一次短程蒸馏法结合超临界二氧化碳流体色谱法制备多烯酸及其酯的单体；在结合组织肽技术领域，出现了从鳕鱼骨中提取 ω-3 多不饱和脂肪酸及骨胶原蛋白和活性钙的方法；在不具有碱交换特性包含分子筛的催化剂技术领域，出现了一种脂肪酸或脂肪酸酯直接选择性加氢制备脂肪醇的方法，在氢气的气氛中，以脂肪酸或脂肪酸酯为原料，在溶剂中通过负载型催化剂催化选择性加氢过程，选择性转化得到对应的饱和脂肪醇；在含有 12~20 个氨基酸的肽技术领域，出现了包括离子盐化合物的新肽，可用于治疗肥胖、心肌梗塞、关节炎、肠易激综合症和溃疡性结肠炎等。

表7.6 近三年改性及衍生化新出现技术情况

序号	技术领域首次出现年份	IPC 分类号	技术领域	专利申请数量（件）	涉及技术	机构名称	机构所在国	专利法律状态
1	2014	B01D-003/10	真空蒸馏	1	多烯酸及其酯单体的制备方法及其装置，采用无有机溶剂消耗的一次短程蒸馏法结合超临界 CO_2 流体色谱法制备多烯酸及其酯的单体	国家海洋局第三海洋研究所	中国	有权
		C07K-014/78	结合组织肽	1	从鳕鱼骨中提取 ω-3 多不饱和脂肪酸及骨胶原蛋白和活性钙的方法	青岛金海源食品有限公司	中国	有权
2	2015	B01J-029/03	不具有碱交换特性包含分子筛的催化剂	1	涉及一种脂肪酸或脂肪酸酯直接选择性加氢制备脂肪醇的方法，在氢气的气氛中，以脂肪酸或脂肪酸酯为原料，在溶剂中通过负载型催化剂催化选择性加氢过程，选择性转化得到对应的饱和脂肪醇	华东师范大学	中国	审中-实审
		C07K-007/08	含有 12~20 个氨基酸的肽	1	包括离子盐化合物的新肽，用于治疗肥胖、心肌梗塞、关节炎、肠易激综合征和溃疡性结肠炎等	THETIS PHARM LLC	美国	有效 *

* 目前在美国等国申请有效专利，但还未在中国申请相关专利

7.6 本章小结

改性及衍生化专利主要覆盖含氧有机化合物、化合物或药物制剂的特定治疗活性、食品营养成分添加剂和含有机有效成分的医药配制品等领域。近年来，医药配制品的有机有效成分领域中的无化学特性之有效成分的混合物、与两种羟基化合物形成的磷酸二酯（其中一种羟基化合物具有氮原子）、用于治疗中枢神经系统神经变性疾病的药物、抗高血脂药增长速度较快。

荷兰努特里希亚公司、马泰克生物科学有限公司、普罗诺瓦生物制药挪威公司、帝斯曼知识产权资产管理有限公司是改性及衍生化专利的主要专利权人。努特里希亚公司在化合物或药物制剂的特定治疗活性、食品营养成分添加剂和含有机有效成分的医药配制品等相关技术领域都有布局，在改变食品营养性质的添加剂、改变食品的营养性质或营养制品等技术上专利申请数量相对较多。马泰克生物科学有限公司、帝斯曼知识产权资产管理有限公司在技术布局上具有一定的相似性，重点技术包括含氧有机化合物和改变食品营养性质的添加剂等。内蒙古蒙牛乳业（集团）股份有限公司的专利也较多，技术布局主要在改变食品营养性质的添加剂和改变食品的营养性质或营养制品等技术领域。

改性及衍生化技术专利近年来持续快速增长，特别是 2005 年后，专利申请数量呈现

出爆发式的增长。2013 年以来涌现出了一批新技术，真空蒸馏技术领域出现了多烯酸及其酯单体的制备方法及其装置；结合组织肽技术领域出现了从鳕鱼骨中提取 ω-3 多不饱和脂肪酸及骨胶原蛋白和活性钙的方法；在不具有碱交换特性包含分子筛的催化剂技术领域，出现了一种脂肪酸或脂肪酸酯直接选择性加氢制备脂肪醇的方法；在含有 12~20 个氨基酸的肽技术领域，出现了包括离子盐化合物的新肽，可用于治疗肥胖、心肌梗塞、关节炎、肠易激综合征和溃疡性结肠炎等。

第8章 产品应用形式专利分析

目前，国内外市场上，DHA已应用于食品行业、医药保健品行业和饲料行业等。在食品行业，DHA的产品应用形式主要为各类添加DHA的食品；在医药和保健品行业，DHA的产品应用形式主要有DHA胶囊、DHA微胶囊、DHA胶丸和DHA粉剂等；在饲料行业，DHA的产品应用形式主要为添加DHA或微藻粉的各类饲料。本章根据2.2.6节的产品应用形式检索式进行检索，并根据专家咨询，对结果进行了筛选和清洗，最终确定1049件相关专利，开展相关专利技术布局、主要专利权人分析、技术发展动向、新出现的在华专利和外国公司在华失效专利等分析。

8.1 专利技术分布状况

根据国际上公认的学科、技术与专利的分类方法（IPC分类法），对应用形式技术涉及领域、申请数量、时间跨度开展分析，结果见表8.1（基于IPC分类号）。具体来看，目前应用形式专利主要集中在食品和医药等方面，覆盖食品营养成分添加剂、含有机有效成分的医药配制品和化合物或药物制剂的特定治疗活性等领域。

表 8.1　产品应用形式专利涉及的前 20 个专利技术领域及其申请情况

序号	覆盖领域	IPC分类号	技术领域	专利申请数量（件）	时间跨度	近3年申请数量所占比例（%）
1	食品营养成分添加剂	A23L-001/30	改变食品营养性质的添加剂	317	1988~2015 年	43
		A23L-001/29	改变食品的营养性质或营养制品	207	1985~2015 年	64
		A23L-001/302	维生素	113	1996~2015 年	56
2	医药配制品的有机有效成分	A61K-031/202	含3个或3个以上双键与至少7个碳原子的无环链相连的羟基的羧酸	357	1990~2015 年	35
		A61K-009/48	用明胶和巧克力等制造的胶囊制剂	229	1990~2015 年	39
		A61K-031/20	与至少7个碳原子的无环链相连的羟基的羧酸	157	1984~2015 年	23
		A61K-031/232	含3个或3个以上双键含有羧基连接至少7个碳原子的碳链上的羧酸的酯	131	1990~2015 年	44
		A61K-000/00	医用、牙科用或梳妆用的配制品	99	1991~2015 年	41
		A61K-031/355	维生素 E 等生育酚	94	1984~2015 年	28
		A61K-031/185	酸、酐、卤化物或其盐类	88	1995~2015 年	8

续表

序号	覆盖领域	IPC 分类号	技术领域	专利申请数量（件）	时间跨度	近3年申请数量所占比例（%）
2	医药配制品的有机有效成分	A61K-035/60	来源于鱼的医用配制品	81	1984~2015 年	32
		A61K-045/06	无化学特性之有效成分的混合物	81	1995~2015 年	62
		A61K-009/20	丸剂、锭剂或片剂	72	1995~2015 年	43
3	化合物或药物制剂的特定治疗活性	A61P-009/00	治疗心血管系统疾病的药物	127	1990~2015 年	36
		A61P-003/06	抗高血脂药	122	1997~2015 年	39
		A61P-025/00	治疗神经系统疾病的药物	96	1997~2015 年	27
		A61P-043/00	用于特殊目的的药物	95	1990~2015 年	33
		A61P-009/10	治疗局部缺血或动脉粥样硬化疾病的药物	91	1990~2015 年	35
		A61P-025/28	用于治疗中枢神经系统神经变性疾病的药物	89	1995~2015 年	40
		A61P-003/00	治疗代谢疾病的药物	72	1995~2015 年	18

食品营养成分添加剂主要涉及改变食品营养性质的添加剂、改变食品的营养性质或营养制品和维生素，主要 IPC 分类号包括为 A23L-001/30、A23L-001/29 和 A23L-001/302。

医药配制品的有机有效成分涉及的技术领域较多，包括含 3 个或 3 个以上双键与至少 7 个碳原子的无环链相连的羟基的羧酸，医用、牙科用或梳妆用的配制品，丸剂、锭剂或片剂，用明胶和巧克力等制造的胶囊制剂，酸、酐、卤化物或其盐类，与至少 7 个碳原子的无环链相连的羟基的羧酸，含 3 个或 3 个以上双键含有羧基连接至少 7 个碳原子的碳链上的羧酸的酯，维生素 E 等生育酚，来源于鱼的医用配制品，以及无化学特性之有效成分的混合物等，主要 IPC 分类号包括 A61K-031/202、A61K-000/00、A61K-009/20、A61K-009/48、A61K-031/185、A61K-031/20、A61K-031/232、A61K-031/355、A61K-035/60 和 A61K-045/06 等。

化合物或药物制剂的特定治疗活性主要涉及治疗代谢疾病的药物、抗高血脂药、治疗心血管系统疾病的药物、治疗局部缺血或动脉粥样硬化疾病的药物、治疗神经系统疾病的药物、用于治疗中枢神经系统神经变性疾病的药物和用于特殊目的的药物等技术领域，主要 IPC 分类号包括 A61P-003/00、A61P-003/06、A61P-009/00、A61P-009/10、A61P-025/00、A61P-025/28 和 A61P-043/00。

从专利申请数量上来看，产品应用形式专利的技术主要集中在含 3 个或 3 个以上双键与至少 7 个碳原子的无环链相连的羟基的羧酸（34.03%）、改变食品营养性质的添加剂（30.22%）、用明胶和巧克力等制造的胶囊制剂（21.83%）和改变食品的营养性质或营养制品（19.73%）等技术领域。

从时间跨度来看，与至少 7 个碳原子的无环链相连的羟基的羧酸、维生素 E 等生育酚、来源于鱼的医用配制品技术出现较早，在 1984 年就已出现。改变食品营养性质的添加剂、改变食品的营养性质或营养制品等技术也出现较早，在 1990 年前就已经出现。化合物或药物制剂的特定治疗活性相关的技术整体出现较晚，在 1990 年后才出现相关专利。

对产品应用形式专利的技术热点进行分析，近三年，在改变食品的营养性质或营养制品、无化学特性之有效成分的混合物这两个技术领域中专利的申请数量占比最高，达到 60% 以上，说明这两个技术领域是专利申请的热点领域。另外，维生素，改变食品营养性质的添加剂，含 3 个或 3 个以上双键含有羧基连接至少 7 个碳原子的碳链上的羧酸的酯、丸剂、锭剂或片剂，医用、牙科用或梳妆用的配制品，以及用于治疗中枢神经系统神经变性疾病的药物等达到 40% 以上，也是专利申请的热点领域。

8.2　主要专利权人的竞争格局

图 8.1 和表 8.2 给出了受理专利申请数量较多的前 10 名专利权人的情况。这些专利权人的专利申请数量都超过了 10 件。这 10 家专利权人中 8 家为企业，2 家为研究机构，其中，有 2 家来自美国（Pivotal 治疗公司、马泰克生物科学有限公司），2 家来自中国（劲膳美生物科技股份有限公司、宁波市成大机械研究所），各有 1 家来自荷兰（帝斯曼知识产权资产管理有限公司）、加拿大（加拿大海洋营养保健品）、挪威（普罗诺瓦生物制药挪威公司）、日本（Sagami 化学研究中心）、瑞士（雀巢公司）、爱尔兰（Amarin 生物制药公司）。劲膳美生物科技股份有限公司相关专利申请数量最大，达到 68 件，占到产品应用形式专利申请总数量的 6.48%；阿马里纳股份公司、宁波市成大机械研究所、雀巢公司、普罗诺瓦生物制药挪威公司的专利申请数量也较多，占到产品应用形式专利申请总数量的 2% 以上。

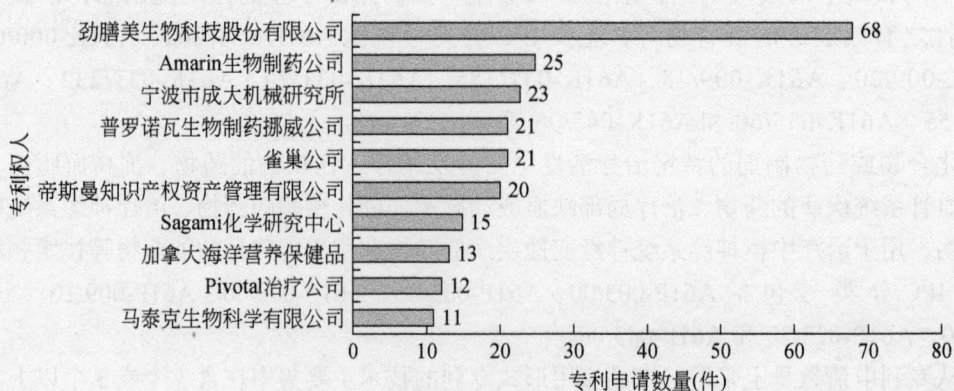

图 8.1　主要专利权人的专利申请数量

表 8.2　主要专利权人专利概况

专利排名	专利权人	所在国家	专利申请数量（件）	占全部专利申请总数量比例（%）
1	劲膳美生物科技股份有限公司	中国	68	6.48
2	Amarin 生物制药公司	爱尔兰	25	2.38
3	宁波市成大机械研究所	中国	23	2.19
4	雀巢公司	瑞士	21	2.00
4	普罗诺瓦生物制药挪威公司	挪威	21	2.00
6	帝斯曼知识产权资产管理有限公司	荷兰	20	1.91
7	Sagami 化学研究中心	日本	15	1.43
8	加拿大海洋营养保健品	加拿大	13	1.24
9	Pivotal 治疗公司	美国	12	1.14
10	马泰克生物科学有限公司	美国	11	1.05

帝斯曼知识产权资产管理有限公司、马泰克生物科学有限公司、雀巢公司是 DHA 领域的主要机构，其产品应用形式专利的申请也呈现出一定的特点，具体表现在较为关注 DHA 在食品、医药方面的应用，产品形态包括微囊、乳状液、DHA 酯和 DHA 乙酯的口服剂等，近年来都较为关注具有改善记忆、减少创伤性脑损伤、治疗心脏疾病和创口愈合等功能的含 DHA 的营养组合物。

帝斯曼知识产权资产管理有限公司较为关注婴儿食品、营养增补剂方面的 DHA 应用，近几年特别关注 DHA 在改善认知、治疗心脏疾病和治疗痴呆等医疗保健上的应用，其产品应用形式包括微囊和乳状液及口服营养品等。在 20 世纪 90 年代后期，产品应用形式专利主要为可以含有 DHA 的 PUFA 增补剂，用于药物组合物或营养增补剂（WO 200021524），以及植物甾醇和 / 或植物甾烷醇衍生物（NO 9905784）。21 世纪初期，帝斯曼知识产权资产管理有限公司公开含有异黄酮和多不饱和脂肪酸组合的物质（WO 200274308），可以用于预防骨质疏松症，并研发出了递送生物活性物质药物的微囊（US 2010209524）。2005~2010 年这一阶段，帝斯曼知识产权资产管理有限公司的相关专利申请较多，主要技术包括含有输送装置的食物制品及其制造方法，它是一种含微胶囊的婴儿食物（WO 2007008384）；降低油脂中特定种类脂肪酸的含量，用于制造糖果用脂肪、合成润滑油或燃料油脂肪、油漆或涂料及合成燃料等（WO 2006031699）；生产脂质和抗氧化剂的真核微生物（WO 2007069078）；用于治疗痴呆和前痴呆相关病症的多不饱和脂肪酸（WO 2007008586）；二十二碳五烯酸 (N-6) 油在婴儿配方中的用途（WO 2008027991）；包含多不饱和脂肪酸等物质的口服营养品（EP 1897530）；改善认知功能和降低心率的方法（WO 2010088700）；含有具有低界面张力的物质的乳状液和微胶囊、其制备及使用的方法（WO 2007120500）。2010 年以来，帝斯曼知识产权资产管理有限公司的专利申请主要涉及治疗焦虑症、生育病症和改善记忆等的含 DHA 组合物（WO 2015171960）；制备治疗心脏疾病等的药物组合物（WO 2013013210）；含有粉末状绿茶提取物和包含多不饱和脂肪酸的粉末状制备物（US 2013309313）。

马泰克生物科学有限公司主要关注医药方面 DHA 的应用，主要产品形态包括含 DHA 酯、DHA 乙酯的口服剂和含 DHA 的婴儿配方等。马泰克生物科学有限公司早期专利申请关注从海洋微生物中提取 DHA 用于婴幼儿食品、营养品、药品（WO 9111918）；2000~2010 年这一阶段，马泰克生物科学有限公司相关专利申请较多，主要涉及颤蛋白缺乏或机能不良及其相关的方法（WO 2005072306）；用于治疗痴呆和前痴呆相关病症的多不饱和脂肪酸（WO 2007008586）；二十二碳五烯酸 (N-6) 油在婴儿配方中的用途（WO 2008027991）；含 DHA 酯的降低血浆甘油三酯水平的口服剂（WO 2010040012）；含 DHA 乙酯的降低胆固醇水平的口服剂（WO 2011041710）；改善认知功能和降低心率的方法（WO 2010088700）。2010 年以来，马泰克生物科学有限公司较为关注减少创伤性脑损伤的病理效应的风险的组合物（WO 2011047095）。

雀巢公司专利申请主要集中在食品方面，特别是婴幼儿奶粉，此外还包括营养组合物，其近年来专利申请数量明显增多。雀巢公司 2005 年左右的专利申请关注于促进肌肉蛋白质合成或控制肿瘤诱发的体重减轻如癌性恶病质的方法和营养或药物组合物（WO 2004026294）；2010 年以来，雀巢专利申请数量增多，主要集中在婴幼儿配方奶粉的序列（WO 2015085557、WO 2015086173、WO 2015085555、WO 2015085551、WO 2015086174）、婴幼儿配方（WO 2015085549、WO 2015086177）、具有 α-HICA 和瓜氨酸的营养组合物（WO 2012143403）、包括支链脂肪酸的用于创口愈合的营养组合物（WO 2012140118）和包括支链脂肪酸的营养组合物及其使用方法（WO 2012140133）等。

8.2.1　主要专利权人的竞争优势

本节通过分析专利权人在某 IPC 分类号中申请的专利数量的比例来反映机构竞争力，结果如图 8.2 所示。

在含 3 个或 3 个以上双键与至少 7 个碳原子的无环链相连的羟基的羧酸（A61K-031/202）技术领域，普罗诺瓦生物制药挪威公司、帝斯曼知识产权资产管理有限公司、Amarin 生物制药公司专利申请数量占该技术领域专利申请数量的比例较高，具有一定的优势；在改变食品营养性质的添加剂（A23L-001/30）技术领域，劲膳美生物科技股份有限公司、雀巢公司、宁波市成大机械研究所、帝斯曼知识产权公司具有一定的优势；在用明胶和巧克力等制造的胶囊制剂（A61K-009/48）技术领域，普罗诺瓦生物制药挪威公司、Amarin 生物药公司涉及的相关专利申请数量较多；在改变食品的营养性质或营养制品（A23L-001/29）技术领域，劲膳美生物科技股份有限公司在专利申请数量占比上具有

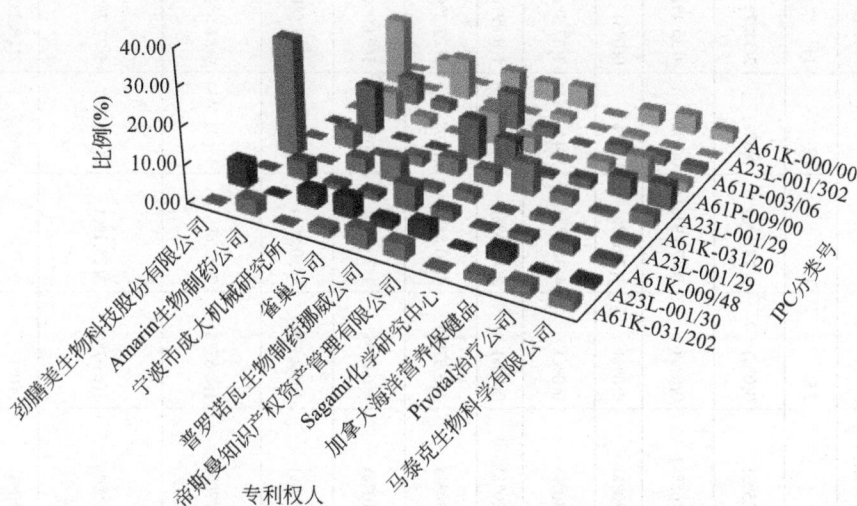

图 8.2 专利权人在某 IPC 分类号中申请的专利的占比情况

绝对的优势,远高于其他企业;在与至少 7 个碳原子的无环链相连的羟基的羧酸(A61K-031/20)技术领域,Sagami 化学研究中心、阿马里纳股份公司、普罗诺瓦生物制药挪威公司涉及的相关专利申请数量较多,具有一定的实力。

根据以上分析,可以发现劲膳美生物科技股份有限公司 3 个技术领域的专利申请数量占比最高,主要集中在改变食品的营养性质或营养制品和改变食品营养性质的添加剂等食品营养成分添加剂方面;普罗诺瓦生物制药挪威公司在 3 个技术领域中的专利申请数量占比最高;Amarin 生物制药公司、帝斯曼知识产权资产管理有限公司在 2 个 IPC 分类号中的专利申请数量占比最高。

8.2.2 主要专利权人技术布局及对比

产品应用形式技术领域专利申请数量较多的专利权人的技术布局和研发重心见表 8.3,包括劲膳美生物科技股份有限公司、Amarin 生物制药公司、宁波市成大机械研究所、雀巢公司和普罗诺瓦生物制药挪威公司等 10 家公司在前 20 个专利技术中分布,覆盖食品营养成分添加剂、医药配制品的有机有效成分和化合物或药物制剂的特定治疗活性等领域。

总体来看,雀巢公司、普罗诺瓦生物制药挪威公司、帝斯曼知识产权资产管理有限公司、马泰克生物科学有限公司主要领域的技术都有所涉及。劲膳美生物科技股份有限公司的专利集中在食品营养成分添加剂领域,宁波市成大机械研究所大部分专利集中在食品营养成分添加剂领域。Amarin 生物制药公司、Pivotal 治疗公司的专利关注医药配制品的有

表 8.3 主要机构的技术布局分析

覆盖领域	技术领域	劲膦美生物科技股份有限公司	Amarin生物制药公司	宁波市成大机械研究所	雀巢公司	普罗诺瓦生物制药挪威公司	帝斯曼知识产权资产管理有限公司	Sagami化学研究中心	加拿大海洋营养保健品	Pivotal治疗公司	马泰克生物科学有限公司
专利申请总数量（件）		68	25	23	21	21	20	15	13	12	11
食品营养成分添加剂	改变食品的营养性质或营养制品	65(95.6%)	0(0%)	8(34.8%)	13(61.9%)	2(9.52%)	5(25%)	0(0%)	3(23.1%)	0(0%)	2(18.2%)
	改变食品营养性质的添加剂	21(30.9%)	0(0%)	14(60.9%)	17(81.0%)	7(33.3%)	13(65%)	0(0%)	10(76.9%)	0(0%)	4(36.4%)
	维生素	21(30.9%)	0(0%)	13(56.5%)	0(0%)	0(0%)	2(10%)	0(0%)	1(7.69%)	0(0%)	0(0%)
	医用、牙科用或梳妆用的配制品	0(0%)	5(20%)	0(0%)	6(28.6%)	5(23.8%)	6(30%)	0(0%)	4(30.8%)	5(41.7%)	3(27.3%)
	丸剂、锭剂或片剂	0(0%)	1(4%)	0(0%)	5(23.8%)	7(33.3%)	4(20%)	1(6.67%)	2(15.4%)	3(25%)	1(9.09%)
	用明胶和巧克力等制造的胶囊制剂	0(0%)	11(44%)	3(13.0%)	4(19.0%)	15(71.4%)	6(30%)	1(6.67%)	4(30.8%)	6(50%)	3(27.2%)
医药配制品的有机有效成分	酸；酐、卤化物或其盐类	0(0%)	1(4%)	0(0%)	3(14.3%)	3(14.3%)	2(10%)	1(6.67%)	1(7.69%)	0(0%)	1(9.09%)
	与至少7个碳原子的无环链相连的羟基的羧酸	0(0%)	8(32%)	0(0%)	4(19.0%)	7(33.3%)	6(30%)	13(86.7%)	4(30.8%)	1(8.33%)	5(45.5%)
	含3个或3个以上双键与至少7个碳原子的无环链相连的羟基的羧酸	0(0%)	14(56%)	0(0%)	8(38.1%)	17(81.0%)	14(70%)	1(6.67%)	7(53.8%)	11(91.6%)	9(81.8%)
	含3个或3个以上双键含有接基连接至少7个碳原子的碳链上的羧酸的酯	0(0%)	17(68%)	0(0%)	0(0%)	14(66.7%)	10(50%)	1(6.67%)	3(23.1%)	7(58.3%)	8(72.7%)
	生育酚，例如维生素E	0(0%)	0(0%)	2(8.7%)	3(14.3%)	0(0%)	2(10%)	0(0%)	0(0%)	0(0%)	2(18.2%)
	来源于鱼的医用配制品	0(0%)	0(0%)	0(0%)	4(19.0%)	3(14.3%)	2(10%)	1(6.67%)	1(7.7%)	1(8.33%)	2(18.2%)

续表

覆盖领域	技术领域	劲膊美生物科技股份有限公司	Amarin生物制药公司	宁波市成大机械研究所	雀巢公司	普罗诺瓦生物制药挪威公司	帝斯曼知识产权资产管理有限公司	Sagami化学研究中心	加拿大海洋营养保健品	Pivotal治疗公司	马泰克生物科学有限公司
医药配制品的有机有效成分	无化学特性之有效成分的混合物	0(0%)	6(24%)	0(0%)	6(28.6%)	4(19.0%)	(0%)	0(0%)	0(0%)	10(83.3%)	1(9.09%)
化合物或药物制剂的特定治疗活性	治疗代谢疾病的药物	0(0%)	4(16%)	0(0%)	0(0%)	4(19.0%)	2(10%)	0(0%)	2(15.4%)	3(25%)	1(9.09%)
	抗高血脂药	0(0%)	9(36%)	3(13.0%)	0(0%)	12(57.1%)	3(15%)	0(0%)	3(23.0%)	3(25%)	2(18.2%)
	治疗心血管系统疾病的药物	0(0%)	9(36%)	3(13.0%)	0(0%)	11(52.4%)	5(25%)	0(0%)	3(23.1%)	8(66.7%)	3(27.3%)
	治疗局部缺血或动脉粥样硬化疾病的药物	0(0%)	8(32%)	4(17.4%)	0(0%)	14(66.7%)	1(5%)	0(0%)	1(7.69%)	3(25%)	1(9.09%)
	治疗神经系统疾病的药物	0(0%)	3(12%)	0(0%)	0(0%)	8(38.1%)	4(20%)	0(0%)	1(7.69%)	0(0%)	4(36.4%)
	用于治疗中枢神经系统神经变性疾病的药物	0(0%)	3(12%)	2(8.7%)	0(0%)	4(19.0%)	4(20%)	0(0%)	0(0%)	0(0%)	5(45.5%)
	用于特殊目的的药物	0(0%)	2(8%)	0(0%)	3(14.3%)	5(23.8%)	4(20%)	0(0%)	1(7.69%)	5(41.7%)	3(7.3%)

机有效成分、化合物或药物制剂的特定治疗活性。Sagami 化学研究中心的专利集中在医药配制品的有机有效成分领域。

劲膳美生物科技股份有限公司在食品营养成分添加剂领域专利较多，特别是改变食品的营养性质或营养制品（A23L-001/29）领域，95.6% 的专利申请涉及该领域。

Amarin 生物制药公司在含 3 个或 3 个以上双键含有羧基连接至少 7 个碳原子的碳链上的羧酸的酯（A61K-031/232）（68%）和含 3 个或 3 个以上双键与至少 7 个碳原子的无环链相连的羟基的羧酸（A61K-031/202）（56%）等技术领域专利申请数量较多，此外，阿马里纳股份公司在抗高血脂药、治疗心血管系统疾病的药物和治疗局部缺血或动脉粥样硬化疾病的药物等技术领域具有较多专利。

宁波市成大机械研究所在改变食品营养性质的添加剂（A23L-001/30）技术领域专利申请数量最多，占比达到 60.9%，其次，在维生素（A23L-001/302）技术领域专利申请数量也较多（56.5%）。

雀巢公司的专利申请主要集中在食品营养成分添加剂领域，改变食品营养性质的添加剂（A23L-001/30）占比达到 81.0%，改变食品的营养性质或营养制品（A23L-001/29）占比达到 61.90%。

普罗诺瓦生物制药挪威公司专利申请主要集中在含 3 个或 3 个以上双键与至少 7 个碳原子的无环链相连的羟基的羧酸，80.9% 的专利申请涉及该技术，其次是用明胶和巧克力等制造的胶囊制剂（71.4%）与含 3 个或 3 个以上双键含有羧基连接至少 7 个碳原子的碳链上的羧酸的酯（66.7%）等。此外，还在抗高血脂药、治疗心血管系统疾病的药物、治疗局部缺血或动脉粥样硬化疾病的药物和治疗神经系统疾病的药物等技术领域上具有较多专利。

帝斯曼知识产权资产管理有限公司在含 3 个或 3 个以上双键与至少 7 个碳原子的无环链相连的羟基的羧酸（A61K-031/202）专利申请占比最高，达到 70%，其次是改变食品营养性质的添加剂（A23L-001/30）达到 65%。

马泰克生物科学有限公司的专利申请主要集中在含 3 个或 3 个以上双键与至少 7 个碳原子的无环链相连的羟基的羧酸（A61K-031/202），达到 81.8%，其次是含 3 个或 3 个以上双键含有羧基连接至少 7 个碳原子的碳链上的羧酸的酯（A61K-031/232），达到 72.7%。

此外，Pivotal 治疗公司在治疗心血管系统疾病的药物方面具有较多专利。

8.2.3 专利权人的全球布局战略

本节对产品应用形式专利的主要专利权人的专利国家布局和保护区域分布情况进行了分析，结果见表8.4。

表 8.4　产品应用形式专利的主要专利权人的专利国家布局和保护区域分布情况　　（单位：件）

机构名称	美国	WIPO	中国	EPO	日本	澳大利亚	加拿大	韩国	墨西哥	印度	德国
劲膳美生物科技股份有限公司	0	0	68	0	0	0	0	0	0	0	0
Amarin 生物制药公司	25	13	4	9	3	9	6	6	6	4	1
宁波市成大机械研究所	0	0	23	0	0	0	0	0	0	0	0
雀巢公司	14	21	14	14	10	14	14	1	13	7	0
普罗诺瓦生物制药挪威公司	17	21	10	18	13	7	8	10	6	6	1
帝斯曼知识产权资产管理有限公司	19	18	14	16	16	13	14	10	10	9	3
Sagami 化学研究中心	1	2	0	1	15	1	0	0	0	0	0
加拿大海洋营养保健品	13	12	9	12	7	9	11	7	8	9	2
Pivotal 治疗公司	8	11	0	10	5	0	5	0	0	0	0
马泰克生物科学有限公司	10	11	4	6	6	6	5	3	2	2	1

　　帝斯曼知识产权资产管理有限公司、马泰克生物科学有限公司、雀巢公司专利的国家布局相似，涉及的国家范围较广，在 WIPO、美国、EPO、加拿大、中国和日本等主要的国家和地区布局的专利申请数量较多。

　　各主要机构表现出对 PCT 专利申请的普遍重视，其中，申请 PCT 专利较多的机构包括 Amarin 生物制药公司、帝斯曼知识产权资产管理有限公司、普罗诺瓦生物制药挪威公司和雀巢公司等。以阿马里纳股份公司、雀巢公司、普罗诺瓦生物制药挪威公司和帝斯曼知识产权资产管理有限公司等为代表的欧美企业专利技术保护区域较广，保护区域都达到10 个国家（地区）以上，基本都涉及美国、WIPO、EPO、中国和加拿大等。但中国、日本的企业很少在国外开展专利布局，申请的专利主要集中在本国。

　　同时，各主要机构大多在中国申请了专利。雀巢公司、帝斯曼知识产权资产管理有限公司、普罗诺瓦生物制药挪威公司专利申请数量达到 10 件以上。目前，日本 Sagami 化学研究中心和美国 Pivotal 治疗公司还未在中国申请专利。

8.3　全球主要发明人的竞争优势

　　对产品应用形式专利的主要发明人进行分析，见表 8.5。这些发明人主要来自 Amarin 生物制药公司、劲膳美生物科技股份有限公司、雀巢公司、宁波市成大机械研究所。

表 8.5 产品应用形式专利的主要发明人情况分析

所在机构	发明人	专利申请数量（件）	主要合作者（申请数量）	活跃时段	近三年专利申请数量所占比例(%)	TOP 专利技术
Amarin 生物制药公司	SONI P	20	BRAECKMAN R（18件）；OSTERLOH I（13件）；WICKER P（13件）	2009～2015 年	95	含 3 个或 3 个以上双键含有羧基连接至少 7 个碳原子的碳链上的羧酸的酯（14件）；含 3 个或 3 个以上双键与至少 7 个碳原子的无环链相连的羟基的羧酸（11件）；用明胶和巧克力等制造的胶囊制剂（9件）
	BRAECKMAN R	18	SONI P（18件）；OSTERLOH I（13件）；WICKER P（13件）	2009～2015 年	94	含 3 个或 3 个以上双键含有羧基连接至少 7 个碳原子的碳链上的羧酸的酯（12件）；含 3 个或 3 个以上双键与至少 7 个碳原子的无环链相连的羟基的羧酸（10件）；用明胶和巧克力等制造的胶囊制剂（8件）
	MANKU M	14	SONI P（12件）；BRAECKMAN R（12件）；OSTERLOH I（12件）；WICKER P（12件）	2008～2015 年	93	含 3 个或 3 个以上双键与至少 7 个碳原子的无环链相连的羟基的羧酸（11件）；含 3 个或 3 个以上双键含有羧基连接至少 7 个碳原子的碳链上的羧酸的酯（11件）；用明胶和巧克力等制造的胶囊制剂（10件）
	WICKER P	13	SONI P（13件）；BRAECKMAN R（13件）；OSTERLOH I（13件）	2009～2015 年	92	含 3 个或 3 个以上双键与至少 7 个碳原子的无环链相连的羟基的羧酸（10件）；含 3 个或 3 个以上双键含有羧基连接至少 7 个碳原子的碳链上的羧酸的酯（10件）；用明胶和巧克力等制造的胶囊制剂（8件）
劲膳美生物科技股份有限公司	CHEN X	71	HU A（68件）；WU C（68件）；WANG H（52件）	2014～2015 年	100	改变食品的营养性质或营养制品（66件）；氨基酸类、肽或蛋白质类（23件）；无机盐类、矿物质、微量元素（22件）
	HU A	68	CHEN X（68件）；WU C（68件）；WANG H（52件）	2015～2015 年	100	改变食品的营养性质或营养制品（66件）；氨基酸类、肽或蛋白质类（23件）；无机盐类、矿物质、微量元素（22件）
	WANG H	55	CHEN X（52件）；HU A（52件）；WU C（52件）	2012～2015 年	96	改变食品的营养性质或营养制品（49件）；氨基酸类、肽或蛋白质类（21件）；无机盐类、矿物质、微量元素（20件）

所在机构	发明人	专利申请数量（件）	主要合作者（申请数量）	活跃时段	近三年专利申请数量所占比例(%)	TOP 专利技术
劲膳美生物科技股份有限公司	QIN X	41	CHEN X（41件）；HU A（41件）；WU C（41件）	2015~2015 年	100	改变食品的营养性质或营养制品（38件）；氨基酸类、肽或蛋白质类（13件）；无机盐类、矿物质、微量元素（13件）维生素（13件）
雀巢公司	WANG J	14	DE CASTRO C A（7件）；LIAO Y（7件）；XIA Y（7件）	2008~2015 年	93	改变食品的营养性质或营养制品（7件）；改变食品营养性质的添加剂（5件）；其他食用油或脂肪的加工（4件）；无机盐类、矿物质、微量元素（4件）
宁波市成大机械研究所	LI X	21	LI L（12件）；LI Y（9件）；LI S（4件）	2009~2015 年	76	改变食品营养性质的添加剂（10件）；改变食品的营养性质或营养制品（9件）；维生素（5件）
	LI L	16	LI X（12件）；LI Y（9件）；LI S（3件）	2007~2014 年	75	改变食品营养性质的添加剂（6件）；维生素（5件）；改变食品的营养性质或营养制品（4件）
	LI S	14	LI B（7件）；LI X（4件）；HAN Z（4件）	2014~2014 年	100	改变食品营养性质的添加剂（9件）；维生素（8件）；改变食品的营养性质或营养制品（4件）
	LI Y	14	LI X（9件）；LI L（9件）；ZHANG X（4件）	2007~2015 年	64	改变食品的营养性质或营养制品（6件）；维生素（5件）

8.4 基于专利的技术成熟度分析

分析优先权专利申请数量（优先权年 DII 数据库中专利申请的数量）、发明人数量（优先权年 DII 数据库中发明人的数量）这两个指标随时间的变化趋势来分析技术的生命周期，反映技术的成熟度。

图 8.3 反映了产品应用形式专利技术领域发明人总数随时间的变化趋势，总的来说，专利发明人总数呈上升趋势，具体可分为 2 个发展阶段：第一阶段，1985~1998 年，该阶段专利发明人总数长期保持极少数量；第二阶段，1999 年至今，该阶段专利发明人总数呈不断上升趋势，发明人数量相对第一阶段大幅增加，并且基本每年都有较大比例的新发明人进入该领域。

将专利申请数量和发明人数量结合形成产品应用形式专利的技术生命周期图，如图 8.4 所示。可以看出，1984~1998 年，专利申请数量和发明人数量都较少，但总体上呈现出上升趋势，属于技术萌芽期；1999 年至今，发明人数量和专利申请数量快速上升，虽然 2007~2010 年增速出现了一定的波动，但 2011 年后又开始保持快速发展。

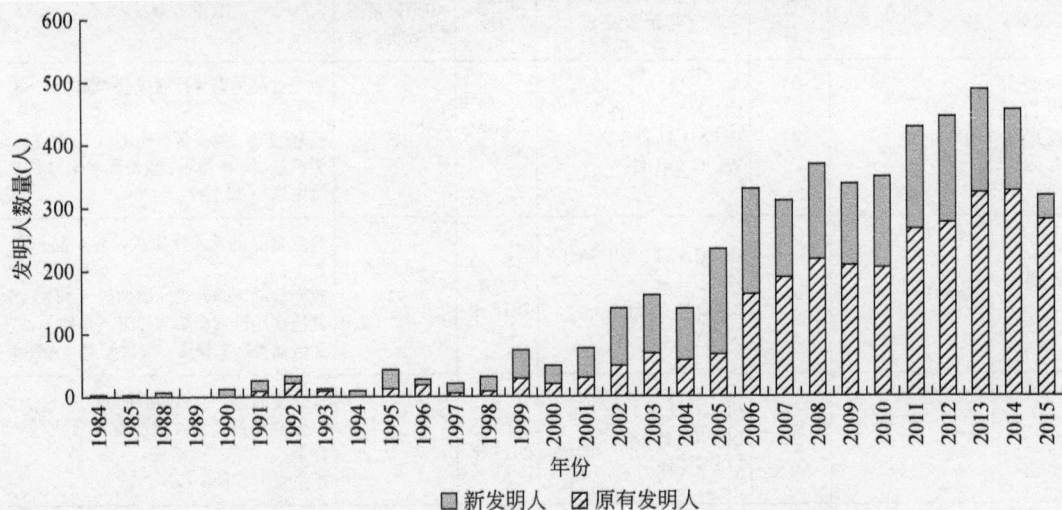

图 8.3 产品应用形式专利技术领域发明人总数随时间的变化趋势

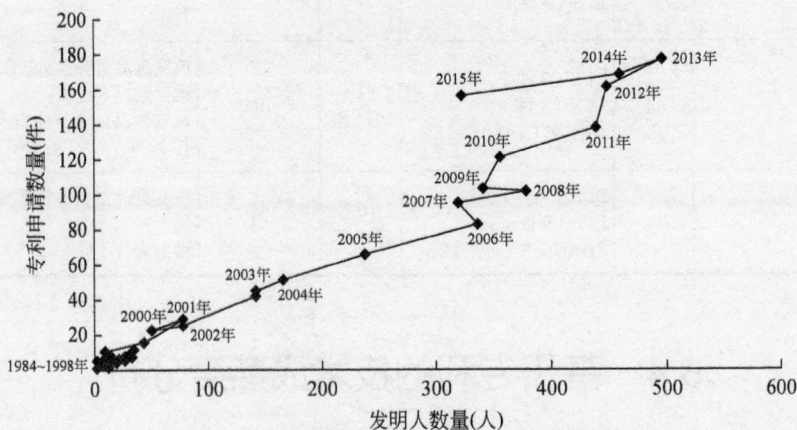

图 8.4 产品应用形式专利的技术生命周期图

8.5 近期新出现的专利技术

2013 年以来，产品应用形式技术领域出现了饲料、食品、医药方面新的技术和方法，新出现的主要技术条目见表 8.6。在饲料方面，出现了利用 DHA 藻油残渣等废弃物生产的生物饲料、生产富含 DHA 营养鸡蛋的鸡饲料和微胶囊化脂肪粉饲料添加剂及其制备方法等新技术；在食品方面，出现了儿童受试者的抗－反流营养组合物、用于治疗和缓解关节疼痛、骨关节炎和类风湿关节炎症状的膳食补充剂组合物等营养品，还出现了含不饱和脂肪酸或多不饱和脂肪酸的碳酸饮料；在药品方面，主要集中在含有 DHA 用于治疗老年痴呆的药物、用于治疗或肥胖相关病症的预防有用的药物制剂、改善糖的代谢和脂代谢的药剂及发挥脑功能改善功能等各种生理功能的内服组合物等，还包括用于治疗如糖尿病型Ⅰ和Ⅱ、炎症与癌症等的药物或饮食组合物等。

表 8.6 近三年产品应用形式新出现技术情况

序号	技术领域首次出现年份	IPC 分类号	技术领域	专利申请数量（件）	涉及技术	机构名称	机构所在国	专利法律状态
1	2014	A23K-001/06	从酒厂或酿造厂废液中生产饲料	2	利用废弃物生产的生物饲料，包含 DHA 藻油残渣	青岛琅琊台集团股份有限公司	中国	有权
					一种生产富含 DHA 营养鸡蛋的鸡饲料	宿州瑞泰农业发展有限公司	中国	审中 – 实审
		A23L-001/0528	从球茎、块茎或根茎中（如葡甘露聚糖）	1	用于儿童受试者的抗 – 反流营养组合物及涉及给予抗 – 反流组合物以促进健康生长和发育和减少胃食管反流 (GER)① 的发生率的相应的方法	MJN 美国控股有限责任公司	美国	审中 – 实审
		A61K-036/11	蕨类植物门或真蕨植物门	1	治疗老年痴呆的药物及其制备方法	贵州神奇药物研究院	中国	有权
2	2015	A23K-001/175	有无机物质；盐块	2	微胶囊化脂肪粉饲料添加剂及其制备方法，微胶囊化脂肪粉由多种油脂组成，富含中短链脂肪酸和长链多不饱和脂肪酸	广州市优百特饲料科技有限公司	中国	审中 – 实审
		A61K-031/137	芳基烷基胺，如苯丙胺、肾上腺素、沙丁胺醇、麻黄碱（用于治疗肥胖相关）	2	促进棕色脂肪、能量消耗和脂质燃烧，改善糖的代谢和脂代谢的药剂	日本 Kao Corp	日本	有效②
					用于治疗或肥胖相关病症的预防有用的药物制剂，包括含有 ω-3 脂肪酸如 DHA	Pivotal 治疗公司	美国	有效③
		C07C-067/03	酯基与羟基反应来制备羧酸酯	2	生产含有低级醇脂肪酸酯化产品组合物	Kewpie Corp	日本	有效②
					一种从藻油中提纯二十二碳六烯酸乙酯的方法	内蒙古金达威药业有限公司 厦门金达威集团股份有限公司	中国	审中 – 实审
		A23L-001/076	蜂产品（如蜂王浆或花粉）；其代用品	1	蜂胶提取物（如胶囊）	日本 API KK	日本	有效②
		A23L-001/328	鱼卵（如鱼子酱）；鱼卵代用品	1	用于治疗和缓解关节疼痛、骨关节炎和类风湿关节炎的症状的膳食补充剂组合物	美国 NUTRACE-UTICALS DBA VALENSA INT LLC	美国③

序号	技术领域首次出现年份	IPC 分类号	技术领域	专利申请数量（件）	涉及技术	机构名称	机构所在国	专利法律状态
2	2015	A23L-002/54	与气体混合的非酒精饮料	1	含不饱和脂肪酸或多不饱和脂肪酸的碳酸饮料	美国康威国际有限公司	美国	美国③
		A61P-031/14	用于 RNA 病毒的抗病毒剂	1	用于治疗例如糖尿病型Ⅰ和Ⅱ、炎症及癌症等的药物或饮食组合物	德国 APOTHEKE AM SCHLOSSP-LATZ INH MARIO GANST	德国	德国④
		A61K-036/75	芸香科	1	改善老年痴呆症有益的药物	日本 Kracie Pharm 公司	日本	有效②
		A61K-031/336	含三元环的，（如环氧乙烷、烟曲霉素）	1	能够发挥脑功能改善功能等各种生理功能的内服组合物	日本狮王株式会社	日本	无效⑤

注：①胃食管反流（gastroesophageal refux, GER）。②目前在日本等国申请有效专利，但还未在中国申请相关专利。③目前在美国等国申请有效专利，但还未在中国申请相关专利。④目前在德国等国申请有效专利，但还未在中国申请相关专利。⑤目前在日本申请有效专利，但还未在中国申请相关专利

8.6 本章小结

产品应用形式专利主要集中在食品和医药等方面，覆盖食品营养成分添加剂、医药配制品的有机有效成分、化合物或药物制剂的特定治疗活性等技术领域。改变食品的营养性质或营养制品、无化学特性之有效成分的混合物这两个技术领域是近几年来专利申请的技术热点。

劲膳美生物科技股份有限公司、Amarin 生物制药公司、宁波市成大机械研究所、雀巢公司、帝斯曼知识产权资产管理有限公司等是产品应用形式专利的主要专利权人。劲膳美生物科技股份有限公司专利申请数量最多，集中在食品营养成分添加剂领域。Amarin 生物制药公司在含 3 个或 3 个以上双键含有羧基连接至少 7 个碳原子的碳链上的羧酸的酯（A61K-031/232）（68%）技术领域专利申请数量较多，此外，还在抗高血脂药、治疗心血管系统疾病的药物、治疗局部缺血或动脉粥样硬化疾病的药物等技术领域进行专利布局。宁波市成大机械研究所在改变食品营养性质的添加剂和维生素技术领域专利申请数量较多。雀巢公司专利申请主要集中在食品方面，特别是婴幼儿奶粉，此外还包括营养组合物，其近年来专利申请数量明显增多。帝斯曼知识产权资产管理有限公司较为关注婴儿食品、营养增补剂方面的 DHA 应用，近几年特别关注 DHA 在改善认知、治疗心脏疾病和治疗痴呆等医疗保健上的应用，其产品应用形式包括微囊、乳状液及口服营养品等。

产品应用形式专利保持持续增长，2013 年以来涌现出了一批新技术。在饲料方面，出现了利用 DHA 藻油残渣等废弃物生产的生物饲料、生产富含 DHA 营养鸡蛋的鸡饲料和微胶囊化脂肪粉饲料添加剂及其制备方法等新技术；在食品方面，出现了儿童受试者

的抗－反流营养组合物、用于治疗和缓解关节疼痛、骨关节炎和类风湿关节炎症状的膳食补充剂组合物等营养品，还出现了含不饱和脂肪酸或多不饱和脂肪酸的碳酸饮料；在药品方面，主要集中在含有 DHA 用于治疗老年痴呆的药物、用于治疗或肥胖相关病症的预防有用的药物制剂、改善糖的代谢和脂代谢的药剂及发挥脑功能改善功能等各种生理功能的内服组合物等，还包括用于治疗如糖尿病型 I 和 II、炎症与癌症等的药物或饮食组合物等。

第9章 新兴市场的专利布局现状

巴西、印度、俄罗斯、澳大利亚作为 DHA 发展和应用的新型市场，正成为国际 DHA 生产巨头竞相争夺的对象。本章对巴西、印度、俄罗斯、澳大利亚四个国家市场上 DHA 涉及的食品、食品形式、食品制造的方法/工艺、食品的组分/配方和制作食品的相关材料等专利进行了梳理和分析，认为当前国际大企业在这些国家的专利布局还相对较少。

9.1 巴西市场专利分析

巴西市场上 DHA 相关的食品类专利约有 49 条，涉及婴幼儿配方奶粉、食用油、饮料、果汁、水乳浊液、乳液、营养棒、营养配方、固体脂肪、水包油乳剂、颗粒和浓缩型液体乳等产品形式或营养成分。

在巴西市场布局 DHA 相关的食品类专利的国家有美国、瑞士、荷兰、德国、法国和西班牙等，其中，美国、瑞士、荷兰的专利申请数量较多。其中：美国的主要专利权企业有雅培实验室、马泰克生物科学有限公司、米德约翰逊营养品公司、宝洁公司、孟山都技术有限公司等；瑞士的主要专利权企业为雀巢公司；荷兰的主要专利权企业有帝斯曼集团、纽迪希亚公司、联合利华集团等。巴西市场主要的专利权国家、企业的专利申请数量见表 9.1。

表 9.1 巴西市场主要的专利权国家、企业的专利申请数量分析

国家	序号	公司名称	专利申请数量（件）	专利申请总数量（件）
美国	1	Abbott Lab（雅培实验室）	6	27
	2	Martek（马泰克生物科学有限公司）	5	
	3	Mead Johnson Nutrition Co（米德约翰逊营养品公司）	3	
	4	Procter & Gamble Co（宝洁公司）	3	
	5	Monsanto Technology Llc（孟山都技术有限公司）	3	
	6	Solazyme 公司	2	
	7	Bristol-myers Squibb Co（百时美施贵宝公司）	2	
	8	Mjn US Holdings Llc（美赞臣美国控股有限责任公司）	2	

续表

国家	序号	公司名称	专利申请数量（件）	专利申请总数量（件）
美国	9	Kraft Foods Global Brands Llc（卡夫食品有限公司）	1	27
	10	Tropicana Products, Inc	1	
	11	Slim-fast Foods Company	1	
	12	Drugtech Corp	1	
	13	Virun 公司	1	
瑞士	1	Nestec Sa（雀巢公司）	9	10
	2	Firmenich Sa（芬美意公司）	1	
	3	Novartis（诺华公司）	1	
荷兰	1	DSM（帝斯曼集团）	3	9
	2	Nutricia Nv（纽迪希亚公司）	3	
	3	Unilever（联合利华集团）	2	
	4	Loders-croklaan Bv	1	
	5	Lipid Nutrition Bv	1	
德国	1	Fraunhofer Ges Foerderung Angewandten Ev	1	2
	2	Boehringer Ingelheim Int Gmbh（勃林格殷格翰国际有限公司）	1	
	3	Pharmaton 公司	1	
法国	1	Inra Inst Natrech Agronomique	1	2
	2	Nucitec 公司	1	
西班牙	1	Embutidos Frial Sa	1	1
	2	Univ Autonoma Madrid（马德里自治大学）	1	
	3	Montajes Electronicos Dorcas Sl	1	
爱尔兰	1	The Concentrate Manufacturing Company of Ireland	1	1
比利时	1	Corman（歌文公司）	1	1
印度	1	Hindustan Unilever Limited（印度斯坦利华公司）	1	1

巴西市场 DHA 相关食品类专利的具体信息见表9.2。

表9.2 巴西市场 DHA 相关食品类专利解析

序号	专利号	专利名称	专利权人	市场技术特色
1	BR201006404-A2	Cholesterol-reduced ruminant dairy product e.g. milk which is useful in treating e.g. cardiovascular disease, where cholesterol content comprises specific fat	CORMAN SA	含有特定脂肪酸的低胆固醇的牛奶等日常消费品

序号	专利号	专利名称	专利权人	市场技术特色
2	BR9106038-A;	Edible oil contg. docosa:hexa:enoic acid, from marine microorganism - used in infant feeds, diet supplements and pharmaceutical compsns	MARTEK BIOSCIENCES CORP (MTKB-C)	含 DHA 的可食用油
3	BR200920280-A2	Food composition e.g. salad dressing, bread, bar, pasta, sauce, soup, drink and beverage comprises specific amount of algal biomass and other edible ingredient, where the algal biomass comprises specific amount of algal oil by dry weight	SOLAZYME INC (SOLA-Non-standard); CORAGLIOTTI A (CORA-Individual); FRANKLIN S (FRAN-Individual) DAY A G (DAYA-Individual) DECKER S M (DECK-Individual)	含微藻或藻油的食品组分
4	BR201013431-A2	Food ingredient composition, e.g. used for preparing pasta, comprises dried egg product, and algal flour which is homogenate of microalgal biomass containing predominantly or completely lysed cells in powder form comprising triglyceride oil	SOLAZYME INC (SOLA-Non-standard)	含有微藻粉的食品组分
5	BR200819997-A2	Food product, e.g. beverages or juices, comprises fruit juice, encapsulated omega-3 fatty acid, and supplemental amount of fruit flavor	TROPICANA PROD INC (TROP-Non-standard)	含 ω-3 脂肪酸的饮料和果汁等食品
6	BR200813391-A2	Infant and toddler nutrition, e.g. useful for treating allergy, infection, diaper dermatitis, and atopic diseases including eczema and asthma, comprises non-digestible oligosaccharides with non-viable Bifidobacterium breve	NUTRICIA NV (DNON-C); HOUGEE S (HOUG-Individual) VRIESEMA A J M (VRIE-Individual) GARSSEN J (GARS-Individual) KNOL J (KNOL-Individual)	含有非消化性低聚糖、能治疗多种疾病的婴幼儿营养成分
7	BR200518170-A	Infant formula used for supporting normal growth and development of infants and children containing caseinoglycomacropeptide comprises sialic acid in enhanced concentration	BRISTOL-MYERS SQUIBB CO (BRIM-C); MEAD JOHNSON NUTRITION CO (MEAD-C); MJN US HOLDINGS LLC (MJNU-Non-standard)	富含高浓度唾液酸的婴幼儿配方奶粉
8	BR200409309-A	Nutritionally complete product, e.g. infant formula, follow-on formula, or fruit juice, for feeding to infants and children to support their normal growth and development, comprises sialic acid similar to human breast milk	BRISTOL-MYERS SQUIBB CO (BRIM-C); MEAD JOHNSON NUTRITION CO (MEAD-C); MCMAHON R J (MCMA-Individual) LOCNISKAR M F (LOCN-Individual) RUMSEY S C (RUMS-Individual) ANTHONY J C (ANTH-Individual) WUNGTANAGORN R (WUNG-Individual)	营养全面的婴幼儿奶粉和果汁等产品
9	BR9205526-A	Supplementing infant formula - by obtaining at least two different long chain poly-unsatd. fatty acid-contg. microbial oils from different sources and adding blend of oils	MARTEK CORP (MART-Non-standard)	添加多不饱和脂肪酸的婴儿配方奶粉

续表

序号	专利号	专利名称	专利权人	市场技术特色
10	BR200418921-A	Use of polyunsaturated fatty acids for manufacturing compositions comprising eicosapentaenoic acid, docosahexaenoic acid, arachidonic acid and oligosaccharides having mannose unit homology, used for stimulating intestinal barrier integrity	NUTRICIA NV (DNON-C)	利用多不饱和脂肪酸生产含DHA 和 EPA 等的组分
11	BR112012011294-A2	Nutritional composition useful for promoting gut microbiota balance and health, comprises fructooligosaccharide, polysaccharide and inulin	NESTEC SA (NEST-C)	一种包括多糖、低聚果糖、菊糖的营养成分
12	BR200709497-A2	Food oil composition for preparing food product, e.g. salad dressings, marinades and meat sauces, comprises first oil containing long chain polyunsaturated fatty acids, and second oil without long chain polyunsaturated fatty acids	MARTEK BIOSCIENCES CORP (MTKB-C)	一种用于制造沙拉酱和酱汁等食品，含有长链多不饱和脂肪酸的食用油
13	BR200714732-A2	Infant formula composition used as food for infants, human milk, reconstitutable powders or ready-to-feed liquids comprises long chain fatty acids containing docosahexaenoic acid, docosapentaenoic acid or arachidonic acid	MARTEK BIOSCIENCES CORP (MTKB-C) DSM IP ASSETS BV (STAM-C) ARTERBUM L (ARTE-Individual) BARCLAY W (BARC-Individual) FLATT J (FLAT-Individual) VAN ELSWYK M (VELS-Individual) ZELLER S (ZELL-Individual)	一种含有DHA、DPA 和 ARA 等长链多不饱和脂肪酸的婴儿配方奶粉
14	BR200713329-A2	Infant formula for accelerating brain development in infants, contains gangliosides, phospholipids, total sialic acid as lipid-bound sialic acid, docosahexaenoic acid and arachidonic acid	ABBOTT LAB (ABBO-C) RUEDA R (RUED-Individual) BARRANCO A (BARR-Individual) RAMIREZ M (RAMI-Individual) VAZQUEZ E (VAZQ-Individual) VALVERDE E (VALV-Individual) PRIETO P (PRIE-Individual) DOHNALEK M H (DOHN-Individual)	一种加快婴幼儿大脑发育、含有 DHA 等脂肪酸的婴儿配方奶粉
15	BR200713778-A2	Infant formula for reducing risk of diarrhea in infants, contains preset amount of gangliosides, phospholipids, lactoferrin, and sialic acid as lipid-bound sialic acid, as-fed basis	ABBOTT LAB (ABBO-C) RUEDA R (RUED-Individual) BARRANCO A (BARR-Individual) RAMIREZ M (RAMI-Individual) VAZQUEZ E (VAZQ-Individual) VALVERDE E (VALV-Individual) PRIETO P (PRIE-Individual) DOHNALEK M H (DOHN-Individual)	一种降低婴儿腹泻风险，含有磷脂、乳铁蛋白和唾液酸等的婴儿配方奶粉
16	BR200617692-A2	Infant formula useful to promote retinal health and vision development in infant comprises fat, protein, carbohydrate, vitamins, and minerals containing docosahexaenoic acid, and on a ready-to-feed basis lutein	ABBOTT LAB (ABBO-C) ABBOTT GMBH&CO KG (ABBO-C) BARRETT-REIS B (BARR-Individual) PRICE P T (PRIC-Individual) MACKEY A (MACK-Individual)	一种用于促进婴儿视力和视网膜发育，含有DHA 的婴儿配方奶粉

序号	专利号	专利名称	专利权人	市场技术特色
17	BR200713264-A2	Aqueous emulsion e.g. beverage comprises blend of esters comprising esters of polyunsaturated fatty acids, where esters are triglycerides having omega-3 fatty acid ester, and redox potential reducing compound from compound that lowers pH	PROCTER & GAMBLE CO (PROC-C); MEHANSHO H (MEHA-Individual); LUHADIYA A P (LUHA-Individual); MILLER L E (MILL-Individual); TREJO A V (TREJ-Individual)	含有 ω-3 多不饱和脂肪酸的水乳浊液（如饮料等）
18	BR200713705-A2	Aqueous emulsion useful for beverage and food additive or food product, comprises oil comprising triglycerides having omega-3 fatty acid ester, where aqueous emulsion has specified pH	PROCTER & GAMBLE CO (PROC-C); MEHANSHO H (MEHA-Individual); LUHADIYA A P (LUHA-Individual); MILLER L E (MILL-Individual); TREJO A V (TREJ-Individual); PREMCHAND L A (PREM-Individual)	具有特定 pH、含有 ω-3 多不饱和脂肪酸的水乳浊液（用于饮料和食品添加等）
19	BR200713034-A2	Aqueous emulsion useful in the food product e.g. beverage comprises water; emulsifier such as lecithin, cephalin; stabilizer such as whey proteins, caseins, guar gum; and a concentrated blend of esters	PROCTER & GAMBLE CO (PROC-C)	用于饮料等食品的水乳浊液
20	BR200804489-A2	Beverage, e.g. carbonated and non-carbonated soft drinks, flavored water, fruit juice, sport drinks, or alcoholic products, includes water, non-nutritive sweetener, and off-note taste masking long chain fatty acid compound	CONCENTRATE MFG CO IRELAND (CONC-Non-standard)	含有长链脂肪酸的饮料
21	BR200906635-A2	Capsule useful for beverage production device contains ingredients for producing a nutritional liquid when a liquid is fed into capsule, and further contains heat sensitive bioactive components that are physically separated from ingredients	NESTEC SA (NEST-C); WYSS H (WYSS-Individual); DOLEAC F (DOLE-Individual); STEVEN M D (STEV-Individual); TRAN K (TRAN-Individual)	用于饮料生产设备的胶囊
22	BR200313548-A	Cereal based food product includes encapsulated docosahexanoic acid and citrus flavors.	NESTEC SA (NEST-C)	一种含有 DHA、基于谷类的食品
23	BR200013958-A	Composition for use as a medicament, food or nutritive product, for the treatment of sepsis or inflammatory shock, comprises at least one lipid	SOC PROD NESTLE SA (NEST-C); INRA INST NAT RECH AGRONOMIQUE (INRG-C); TURINI M (TURI-Individual); ROESSLE C (ROES-Individual); BREUILLE D (BREU-Individual); CROZIER-WILLI G (CROZ-Individual); FINOT P A (FINO-Individual); RICHELLE M (RICH-Individual); DUTOT G (DUTO-Individual);	用于药物、食品或营养品的成分，至少包含一种脂质

序号	专利号	专利名称	专利权人	市场技术特色
24	BR201011100-A2	Emulsion, useful e.g. to prepare sausage products, comprises external water phase containing antioxidant, and internal fat/oil phase containing fat/oil soluble antioxidant and omega-3 fatty acid ester provided with vegetable oil droplets	FRAUNHOFER GES FOERDERUNG ANGEWANDTEN EV (FRAU-C); EISNER P (EISN-Individual); ZACHERL C (ZACH-Individual); NUSKE A (NUSK-Individual)	一种用于食品制作的乳液
25	BR1101103-A3	Enteral formula used in infant food - comprises protein, carbohydrate including dietary fibre, and fat	ABBOTT LAB (ABBO-C)	含蛋白质、碳水化合物和脂类的婴儿肠内食品配方
26	BR200715335-A2	Food product for decreasing, ameliorating or diagnosing allergy in infants, contains amino acid fraction comprising amino acids and peptides, and lipid fraction comprising fatty acid e.g. arachidonic or docosahexanoic acid	NUTRICIA NV (DNON-C)	包含氨基酸和DHA等脂肪酸的婴儿食品
27	BR200806266-A2	Food product, e.g. yogurt comprises stearidonic acid derived from transgenic plant having lower level of linolenic acid	MONSANTO TECHNOLOGY LLC (MONS-C)	含有十八碳四烯酸的食品
28	BR102012024845-A2	Infant formulation for use in nutrition of infants, comprises substances that support proper physical and mental development of infant	NUCITEC SA DE CV (NUCI-Non-standard)	一种支持婴儿正常身心发育的营养成分
29	BR200804806-A2	Lipid composition used in forming food products comprises specific mixture of edible synthetic triglycerides with defined molar ratio containing combinations of short chain, medium chain/optionally saturated long chain fatty acid residues	KRAFT FOODS GLOBAL BRANDS LLC (KRFT-C); KLEMANN L P (KLEM-Individual); FINLEY J W (FINL-Individual); INTERCONTINENTAL GREAT BRANDS LLC (INTE-Non-standard)	用于制作食品的脂质成分
30	BR112012032045-A2	Manufacturing extruded powdered nutritional product, comprises providing dry mixture, contacting dry mixture and liquid, feeding obtained slurry into ultrasonically-assisted extruder, extruding slurry, and drying and grinding the pellets	ABBOTT LAB (ABBO-C) MAZER T B (MAZE-Individual) GORDON G M (GORD-Individual) TABASH R (TABA-Individual)	制造含有脂质的膨化粉末营养产品的方法
31	BR200516789-A	Nutritional bar e.g. snack bars and meal replacement bars, comprises soy and/or rice protein, at least one transition metal or transition metal compound, and humectant	SLIM-FAST FOODS CO DIV CONOPCO INC (SLIM-Non-standard); UNILEVER NV (UNIL-C); UNILEVER PLC (UNIL-C); HINDUSTAN LEVER LTD (UNIL-C)	一种含有大豆或大米蛋白、过渡金属化合物和保湿剂的营养棒

续表

序号	专利号	专利名称	专利权人	市场技术特色
32	BR201014923-A2	Nutritional composition for mammal that is human infant between birth and three years of age comprises protein source, lipid source, and carbohydrate source, where lipid source is arachidonic acid in amount to provide specific daily dose	NESTEC SA (NEST-C); MACE C (MACE-Individual); APRIKIAN O (APRI-Individual)	一种针对 3 岁以下儿童, 含有蛋白质、脂类、碳水化合物的营养成分
33	BR200606766-A2	Nutritional composition, useful to treat rheumatic diseases, comprises fat source comprising omega-3 or omega-6 long chain polyunsaturated fatty acid; carbohydrate source; protein source; and Boswellia extract or Phlebodium extract	ABBOTT LAB (ABBO-C); RUEDA R (RUED-Individual); BARRANCO A (BARR-Individual); RAMIREZ M (RAMI-Individual)	一种含有 ω-3 或 ω-6 脂肪酸的营养成分
34	BR112012021053-A2	Nutritional formulation for preterm infant comprises emulsion containing docosahexaenoic acid, where emulsion is dispersed in aqueous amino acid such as arginine, arginyl-glutamine or alanyl-glutamine; and highly-purified alpha-lactalbumin	ALVEY J (ALVE-Individual); MEAD JOHNSON NUTRITION CO (MEAD-C); MJN US HOLDINGS LLC (MJNU-Non-standard)	一种针对早产儿, 含 DHA 的营养配方
35	BR200621481-A2	Nutritional supplement for treating nutritional deficiency in individual suffering from e.g. anorexia nervosa, contains protein source comprising milk protein isolate and/or canola plant protein, fat source, and carbohydrate source	NOVARTIS AG (NOVS-C) ; NOVARTIS PHARMA GMBH (NOVS-C); NESTEC SA (NEST-C)	一种针对营养不良人群, 含蛋白质、脂肪和碳水化合物的营养补充成分
36	BR200517776-A	Oil composition useful as e.g. food composition, beverage comprises polyunsaturated fatty acid having at least four carbon-carbon double bonds or its derivative based upon total weight of fatty acid or its derivative	MONSANTO TECHNOLOGY LLC (MONS-C); HEISE J D (HEIS-Individual); MAKADIA V (MAKA-Individual); ARHANCET J P (ARHA-Individual); MORGENSTERN D A (MORG-Individual)	含有多不饱和脂肪酸, 用于食品和饮料等的油
37	BR200516802-A	Oily mixture for adding to food products, especially meat products, comprises salmon oil, alpha tocopherol and supercritical rosemary extract	EMBUTIDOS FRIAL SA (EMBU-Non-standard); UNIV AUTONOMA MADRID (UYMA-Non-standard); MONTAJES ELECTRONICOS DORCAS SL (MONT-Non-standard)	一种用于食品添加, 含有鲑鱼油、生育酚和迷迭香提取物的油性混合物
38	BR200619341-A2	Packaged, oxidation-stable oil-in-water emulsion comprises oil, which contains polyunsaturated fatty acids; pro-oxidative metal cations; vitamin C; and water	UNILEVER NV (UNIL-C); UNILEVER PLC (UNIL-C); HINDUSTAN LEVER LTD (UNIL-C); HINDUSTAN UNILEVER LTD (UNIL-C); BANKEN H T K M (BANK-Individual); CASTENMILLER W A M (CAST-Individual); ROSIER O E (ROSI-Individual)	一种含有多不饱和脂肪酸、具有包装、稳定的水包油乳剂

序号	专利号	专利名称	专利权人	市场技术特色
39	BR200519592-A2	Particle, useful in e.g. instant soup and a powdered milk, comprises oil rich in polyunsaturated fatty acids dispersed in a carbohydrate material with residual surface oil content greater than or equal to 0.2 per cent	VALENTINOTTI S (VALE-Individual); ARMANET L (ARMA-Individual); PORRET J (PORR-Individual); FIRMENICH SA (FIRM-C); FIRMENICH & CIE (FIRM-C)	一种含多不饱和脂肪酸,用于即食汤和奶粉的颗粒
40	BR200613295-A2	Solid fat composition for e.g. dough, batter, baked food, ice cream, salad dressing, comprises mixture of unwinterized microbial oil comprising long chain polyunsaturated fatty acid and emulsifier	MARTEK BIOSCIENCES CORP (MTKB-C); DSM IP ASSETS BV (STAM-C)	一种含多不饱和脂肪酸,用于面食和烘焙食品等的固体脂肪
41	BR201011089-A2	Use of nutritional composition comprising protein source, carbohydrates source, lipid source having docosahexaenoic acid, probiotic microorganism and prebiotics, for improving cognitive performance in child of 1-7 years	NESTEC SA (NEST-C)	一种含有DHA,用于改善 1~7 岁儿童认知能力的营养成分
42	BR201013020-A2	Use of nutritional composition comprising protein, carbohydrates and lipid sources, probiotic microorganism and pre-biotics, for providing nutrition and for improving cognitive performance (e.g. learning capacity) in a child of 1-3 years	NESTEC SA (NEST-C)	一种含有蛋白质、碳水化合物和脂类等,用于改善 1~3 岁童认知能力的营养成分
43	BR200600199-A	Use of pinolenic acid in the manufacture of composition for weight management by reducing feeling of hunger and increasing satiety	LODERS-CROKLAAN BV (LODE-Non-standard) LIPID NUTRITION BV (LIPI-Non-standard)	利用松油酸生产食品成分
44	BR200806335-A2	Food product such as baked goods, dairy products, and margarines, comprises stearidonic acid exhibiting extended shelf-life against flavor degradation, where stearidonic acid is derived from transgenic plant	MONSANTO TECHNOLOGY LLC (MONS-C); WILKES R S (WILK-Individual)	一种含有十八碳四烯酸,具有延长保质期的食品
45	BR200909187-A2	Liquid nanoemulsion concentrate, useful to prepare e.g. beverage or juice, comprises a polyethylene glycol derivative of vitamin E and non-polar active ingredient of polyunsaturated fatty acids, coenzyme Q10 compounds or phytosterols	VIRUN INC (VIRU-Non-standard); BROMLEY P J (BROM-Individual)	一种含有多不饱和脂肪酸,用于制备饮料或果汁的浓缩型液体乳
46	BR112012010476-A2	Vegetable oil, useful in food product (for humans and animals), an infant formula and cosmetic composition, comprises a polyunsaturated fatty acid having at least 20 carbon atoms e.g. arachidonic acid and eicosapentaenoic acid	DSM IP ASSETS BV (STAM-C); VERKOEIJEN D (VERK-Individual); ZUUR K (ZUUR-Individual); BIJL H L (BIJL-Individual)	用于食品、婴幼儿配方奶粉和化妆品,含有多不饱和脂肪酸的植物油

序号	专利号	专利名称	专利权人	市场技术特色
47	BR200409585-A	Composition useful for supplementing dietary needs of e.g. pregnant women comprises vitamins, minerals selected from magnesium and zinc, trace elements, docosahexaenoic acid and a carrier	BOEHRINGER INGELHEIM INT GMBH (BOEH-C) PHARMATON SA (PHAR-Non-standard)	一种为孕妇提供维生素、矿素质、微量元素和DHA等用于饮食补充的成分
48	BR200511771-A	Nutritional supplement for pregnant and lactating woman and her child, comprises at least one essential fatty acid or its precursors and/or derivatives and at least one iron compound	DRUGTECH CORP (DRUG-Non-standard)	一种针对怀孕和哺乳期妇女及其孩子的营养补充
49	BR112013011626-A2	Set of nutritional composition useful for providing balanced nutritional diet to infant and young children in first three years of life comprises age-specific fat compositions containing mix of vegetable fats and animal fats	NESTEC SA (NEST-C)	一种为婴幼儿的头三年提供营养均衡饮食的营养成分

9.2 印度市场专利分析

印度市场上 DHA 相关的食品类专利约有 73 件，涉及婴幼儿配方奶粉、用于食品的微胶囊、无缝胶囊、饮料、果汁、粗藻油、食用油、压缩型口香糖片、干燥食品、用于饮料生产的浓缩型乳液、水乳浊液、水包油乳剂、食品颗粒、谷类食品、营养棒、固体脂肪和面粉等产品形式，婴幼儿营养成分、具有某种功效的营养成分，以及用于食品生产用的囊膜和食品生产的水溶性配方等。

在印度市场布局 DHA 相关的食品类专利的国家有美国、瑞士、荷兰、加拿大、以色列、日本、德国和法国等，其中，美国、瑞士、荷兰和加拿大的专利申请数量最多。美国的主要专利权企业有雅培实验室、马泰克生物科学有限公司、米德约翰逊营养品公司、宝洁公司、孟山都技术有限公司等；瑞士的主要专利权企业有雀巢公司、罗氏维生素公司等；荷兰的主要专利权企业有帝斯曼集团、纽迪希亚公司、联合利华集团等；加拿大的主要专利权企业为加拿大海洋营养公司。印度市场主要的专利权国家、企业的专利申请数量见表9.3。

表 9.3 印度市场主要的专利权国家、企业的专利申请数量分析

国家	序号	公司名称	专利申请数量（件）	专利申请总数量（件）
美国	1	Abbott Lab（雅培实验室）	8	32
	2	Martek（马泰克生物科学有限公司）	4	
	3	Mead Johnson Nutrition Co（米德约翰逊营养品公司）	4	
	4	Rpocter & Gamble Co（宝洁公司）	3	
	5	Monsanto Technology Llc（孟山都技术有限公司）	3	
	6	Bristol-myers Squibb Co（百时美施贵宝公司）	2	
	7	Mjn US Holdings Llc（美赞臣美国控股有限责任公司）	2	
	8	Aurora Algae Inc	2	
	9	Pepsico Inc（百事可乐公司）	2	
	10	Solazyme 公司	1	
	10	Tropicana Products, Inc	1	
	10	Slim-fast Foods Company	1	
	10	Drugtech Corp	1	
	10	Virun 公司	1	
	10	Brandeis University（布兰迪斯大学）	1	
	10	Pronova Biopharma Norge As	1	
瑞士	1	Nest（雀巢公司）	12	17
	2	Roche Vitamins Ag（罗氏维生素公司）	3	
	3	Firmenich Sa（芬美意公司）	1	
	4	Novartis（诺华公司）	1	
荷兰	1	DSM（帝斯曼集团）	8	16
	2	Nutricia Nv（纽迪希亚公司）	6	
	3	Unilever（联合利华集团）	2	
加拿大	1	Ocean Nutrition Canada Ltd（加拿大海洋营养公司）	6	7
	2	Nat Res Council Canada	1	
以色列	1	Enzymotec Ltd	1	2
	2	Qualitas Health Ltd	1	
日本	1	Wakunaga Pharm Co Ltd	2	2
德国	1	BASF（巴斯夫集团）	1	1

国家	序号	公司名称	专利申请数量（件）	专利申请总数量（件）
法国	1	Inra Inst Nat Rech Agronomique	1	1
爱尔兰	1	The Concentrate Manufacturing Company of Ireland	1	1
丹麦	1	Fertin Pharma As	1	1
挪威	1	Universiteteti Oslo（奥斯陆大学）	1	1

印度市场 DHA 相关食品类专利的具体信息见表 9.4。

表 9.4 印度市场 DHA 相关食品类专利解析

序号	专利号	专利名称	专利权人	市场技术特色
1	IN201408395-P1	Aqueous dispersion of microcapsules used e.g. in beverage, comprise hydrophobic substance, and proteinaceous interface (comprising polysaccharide glycated protein including e.g. protein residue) surrounding hydrophobic substance	PEPSICO INC (PEPS-C)	用于饮料等产品的水溶性微胶囊
2	IN201200951-P1	Composition useful (as dietetic food product e.g. infant formula or nutritional supplement) to treat or prevent allergic diseases including allergic rhinitis/conjunctivitis, allergic asthma and atopic eczema, comprises proteinaceous mixture	MEAD JOHNSON NUTRITION CO (MEAD-C)	含有蛋白质复合物的组分（用于婴儿配方奶粉或营养补充）
3	IN201108086-P1	Food ingredient composition, e.g. used for preparing pasta, comprises dried egg product, and algal flour which is homogenate of microalgal biomass containing predominantly or completely lysed cells in powder form comprising triglyceride oil	SOLAZYME INC (SOLA-Non-standard)	含有微藻粉的食品组分
4	IN201004306-P4	Food product, e.g. beverages or juices, comprises fruit juice, encapsulated omega-3 fatty acid, and supplemental amount of fruit flavor	TROPICANA PROD INC (TROP-Non-standard)	含 ω-3 脂肪酸的饮料和果汁等食品
5	IN200907578-P4	Infant and toddler nutrition, e.g. useful for treating allergy, infection, diaper dermatitis, and atopic diseases including eczema and asthma, comprises non-digestible oligosaccharides with non-viable Bifidobacterium breve	NUTRICIA NV (DNON-C); HOUGEE S (HOUG-Individual); VRIESEMA A J M (VRIE-Individual); GARSSEN J (GARS-Individual); KNOL J (KNOL-Individual)	含有非消化性低聚糖，能治疗多种疾病的婴幼儿营养成分
6	IN200702728-P1; IN269261-B	Infant formula used for supporting normal growth and development of infants and children containing caseinoglycomacropeptide comprises sialic acid in enhanced concentration	BRISTOL-MYERS SQUIBB CO (BRIM-C); MEAD JOHNSON NUTRITION CO (MEAD-C); MJN US HOLDINGS LLC (MJNU-Non-standard)	富含高浓度唾液酸的婴幼儿配方奶粉

续表

序号	专利号	专利名称	专利权人	市场技术特色
7	IN200502626-P4; IN229760-B	Nutritionally complete product, e.g. infant formula, follow-on formula, or fruit juice, for feeding to infants and children to support their normal growth and development, comprises sialic acid similar to human breast milk	MCMAHON R J (MCMA-Individual); LOCNISKAR M F (LOCN-Individual); RUMSEY S C (RUMS-Individual); ANTHONY J C (ANTH-Individual); WUNGTANAGORN R (WUNG-Individual); BRISTOL-MYERS SQUIBB CO (BRIM-C); MEAD JOHNSON NUTRITION CO (MEAD-C)	含有唾液酸的营养全面的婴儿配方奶粉和果汁等产品
8	IN200607747-P1	Use of polyunsaturated fatty acids for manufacturing compositions comprising eicosapentaenoic acid, docosahexaenoic acid, arachidonic acid and oligosaccharides having mannose unit homology, used for stimulating intestinal barrier integrity	NUTRICIA NV (DNON-C)	利用多不饱和脂肪酸生产含DHA 和 EPA 等的物质
9	IN201203632-P1;	Nutritional composition useful for promoting gut microbiota balance and health, comprises fructooligosaccharide, polysaccharide and inulin	NESTEC SA (NEST-C)	包括多糖、低聚果糖、菊糖的营养成分
10	IN201507301-P1	Crude algal oil composition useful for producing nutraceutical product comprises eicosapentaenoic acid, arachidonic acid and docosahexaenoic acid of total fatty acids, or comprises triacylglycerol and monogalactosyldiacylglycerol fraction	AURORA ALGAE INC (AURO-Non-standard); VICK B (VICK-Individual); THOMPSON A (THOM-Individual); COLLINS M L (COLL-Individual); HIPPLER J G (HIPP-Individual); ASTWOOD J (ASTW-Individual)	用于生产含有EPA、ARA 和DHA 等脂肪酸的营养产品的粗藻油
11	IN200809293-P1	Food oil composition for preparing food product, e.g. salad dressings, marinades and meat sauces, comprises first oil containing long chain polyunsaturated fatty acids, and second oil without long chain polyunsaturated fatty acids	MARTEK BIOSCIENCES CORP (MTKB-C)	一种用于制造沙拉酱和酱汁等食品,含有长链多不饱和脂肪酸的食用油
12	IN200901960-P1	Infant formula composition used as food for infants, human milk, reconstitutable powders or ready-to-feed liquids comprises long chain fatty acids containing docosahexaenoic acid, docosapentaenoic acid or arachidonic acid	MARTEK BIOSCIENCES CORP (MTKB-C) DSM IP ASSETS BV (STAM-C) ARTERBUM L (ARTE-Individual) BARCLAY W (BARC-Individual) FLATT J (FLAT-Individual) VAN ELSWYK M (VELS-Individual) ZELLER S (ZELL-Individual)	一种含有 DHA、DPA 和 ARA 等长链多不饱和脂肪酸的婴儿配方奶粉

序号	专利号	专利名称	专利权人	市场技术特色
13	IN200802744-P3	Infant formula for accelerating brain development in infants, contains gangliosides, phospholipids, total sialic acid as lipid-bound sialic acid, docosahexaenoic acid and arachidonic acid	ABBOTT LAB (ABBO-C) RUEDA R (RUED-Individual) BARRANCO A (BARR-Individual) RAMIREZ M (RAMI-Individual) VAZQUEZ E (VAZQ-Individual) VALVERDE E (VALV-Individual) PRIETO P (PRIE-Individual) DOHNALEK M H (DOHN-Individual)	一种加快婴幼儿大脑发育，含有 DHA 等脂肪酸的婴儿配方奶粉
14	IN200802739-P3	Infant formula for reducing risk of diarrhea in infants, contains preset amount of gangliosides, phospholipids, lactoferrin, and sialic acid as lipid-bound sialic acid, as-fed basis	ABBOTT LAB (ABBO-C) RUEDA R (RUED-Individual) BARRANCO A (BARR-Individual) RAMIREZ M (RAMI-Individual) VAZQUEZ E (VAZQ-Individual) VALVERDE E (VALV-Individual) PRIETO P (PRIE-Individual) DOHNALEK M H (DOHN-Individual)	一种降低婴儿腹泻风险，含有磷脂、乳铁蛋白和唾液酸等的婴儿配方奶粉
15	IN200800993-P3 IN249657-B	Infant formula useful to promote retinal health and vision development in infant comprises fat, protein, carbohydrate, vitamins, and minerals containing docosahexaenoic acid, and on a ready-to-feed basis lutein	ABBOTT LAB (ABBO-C) ABBOTT GMBH&CO KG (ABBO-C) BARRETT-REIS B (BARR-Individual) PRICE P T (PRIC-Individual) MACKEY A (MACK-Individual)	一种用于促进婴儿视力和视网膜发育，含有 DHA 的婴儿配方奶粉
16	IN201305524-P4	Composition useful as nutritional or pharmaceutical composition for preventing and/or treating frailty, comprises nucleoside equivalent, omega-3 polyunsaturated fatty acid, vitamin B, phospholipid, antioxidant and/or choline	NUTRICIA NV (DNON-C)	一种具有预防或治疗虚弱功效，含有 ω-3 不饱和脂肪酸的营养或药物成分
17	IN201003282-P1	Composition useful for e.g. improving, promoting or maintaining development of cognitive functions, brain, retina, and visual acuities in an infant comprises triglyceride, phospholipid and long chain poly-unsaturated fatty acid	ENZYMOTEC LTD (ENZY-Non-standard) BAR Y F (BARY-Individual) PELLED D (PELL-Individual) KATZ A (KATZ-Individual)	一种含有长链多不饱和脂肪酸，用于促进婴儿认知功能和脑及视网膜发育的成分
18	IN201509377-P1	Product e.g. food or beverage product used for consumption and for inhibiting inflammation of tissue of mammalian subject is selected from e.g. composition comprising algal eicosapentaenoic acid	AURORA ALGAE INC (AURO-Non-standard)	用于哺乳动物消费的、含有 EPA 的产品

续表

序号	专利号	专利名称	专利权人	市场技术特色
19	IN201302355-P3	Nutritional composition, useful for prevention of, reducing risk of and treatment of obesity, improving body composition and prevention of type 2 diabetes, comprises carbohydrates, protein and lipid	NUTRICIA NV (DNON-C)	一种含碳水化合、蛋白质、脂类，用于预防和降低肥胖风险、预防Ⅱ型糖尿病的营养成分
20	IN201303103-P1	Set of nutritional compositions for infants and young children, preferably for reducing obesity, diabetes, cardiovascular diseases, and metabolic disorders associated with obesity, comprises first, second, and third compositions for infants	NESTEC SA (NEST-C)	一种针对婴幼儿的营养物，用于减少婴幼儿因肥胖引起的相关健康问题
21	IN201303771-P1	Set of nutritional composition useful for providing balanced nutritional diet to infant and young children in first three years of life comprises age-specific fat compositions containing mix of vegetable fats and animal fats	NESTEC SA (NEST-C)	一种为婴幼儿0~3岁提供营养均衡饮食的营养成分
22	IN201210370-P1	Set of nutritional compositions, useful in feeding infant and young children with balanced nutritional diet, comprises nutritional compositions comprising e.g. long-chain polyunsaturated fatty acids and having age-specific fat contents	NESTEC SA (NEST-C)	一种含有长链多不饱和脂肪酸，为婴幼儿提供营养均衡饮食的营养成分
23	IN201402226-P2	Hemp-based infant formula composition used as nutritional source or supplement for preventing e.g. heart disease, diabetes, obesity, digestive ailments, and autism, comprises protein, carbohydrates, lipids, vitamins, and minerals	WRIGHT J (WRIG-Individual); SPRAGUE D (SPRA-Individual);	含有蛋白质、碳水化合物和油脂等的婴儿配方奶粉成分
24	IN201406092-P1	Aqueous dispersion of microcapsule, useful in food product e.g. carbonated soda beverage, comprises hydrophobic substance, and interface layer comprising protein aggregates, and a negatively charged polymer	PEPSICO INC (PEPS-C)	一种用于食品的水分散体微胶囊
25	IN201301727-P3	Composition useful as food composition or supplement for preparing medication for treating human pathologies and dysfunctions related to oxidative stress, comprises mixture of at least one bacterial strain e.g. Bifidobacterium lactis	PROBIOTICAL SPA (PROB-Non-standard); MOGNA G (MOGN-Individual); STROZZI G P (STRO-Individual); MOGNA L (MOGN-Individual)	含有乳酸杆菌的食品组分
26	IN201002472-P2	Compressed chewing gum tablet useful for delivering active ingredients e.g. anti-smoking agents such as nicotine polacrilex, comprises first and second chewing gum module comprising composition of active ingredients and enhancers	FERTIN PHARMA AS (FERT-Non-standard); ANDERSEN C (ANDE-Individual); LORENZEN G (LORE-Individual); ARENT N (AREN-Individual); THORENGAARD B (THOR-Individual); WITTORFF H (WITT-Individual)	一种压缩型口香糖片

序号	专利号	专利名称	专利权人	市场技术特色
27	IN200500252-P4; IN220039-B	Dry food composition product for mixing with a drinkable liquid, includes fat, carbohydrates, proteins, vitamins and minerals	INDEVEX HOLDINGS LTD (INDE-Non-standard); VENTURI D (VENT-Individual); EBN INT KFT (EBNI-Non-standard)	一种含有脂肪、碳水化合物、蛋白质和维生素等的干燥食品
28	IN200801411-P2	Edible product as dietary supplement, has fat-based composition containing specified amounts of triglyceride-based edible oil or fat, and non-esterified phytosterol(s) that have been converted to triglyceride-recrystallized phytosterols	PERLMAN D (PERL-Individual); HAYES K (HAYE-Individual); PRONCZUK A (PRON-Individual); UNIV BRANDEIS (UYBR-Non-standard)	一种含有甘油三酯食用油的可食用产品
29	IN201502113-P2	Eicosapentaenoic acid (EPA) composition comprises EPA and polar lipids in form of e.g. capsule, or tablet, useful in e.g. food, and beverage for preventing, and/or treating disease condition e.g. psychiatric disorder, and liver disease	QUALITAS HEALTH LTD (QUAL-Non-standard)	用于食品和饮料的 EPA 组分
30	IN201302182-P1	Emulsion, used in beverage to lower e.g. cholesterol levels, comprises emulsifier (tocopherol polyethylene glycol succinate), dispersed phase (polyunsaturated fatty acid), water, co-solvent e.g. glycerol, and mono- and/or disaccharide	OCEAN NUTRITION CANADA LTD (OCEA-Non-standard); DSM NUTRITIONAL PROD AG (DSMN-Non-standard)	一种含有多不饱和脂肪酸, 具有降低胆固醇功效, 用于饮料生产的乳液
31	IN200800654-P1	Food article used as, e.g. wet soup, dehydrated and culinary food, or beverage comprises microcapsule having agglomeration of primary microcapsules and loading substance, each individual primary microcapsule having primary shell	OCEAN NUTRITION CANADA LTD (OCEA-Non-standard); CURTIS J M (CURT-Individual); ZHANG W (ZHAN-Individual); SPURVEY S A (SPUR-Individual); ROBERT S R (ROBE-Individual); MATTSON P H (MATT-Individual); GORSKI R A (GORS-Individual); FONG B Y (FONG-Individual); TRINGALE L M (TRIN-Individual); MATHEW D (MATH-Individual); DEA P C (DEAP-Individual) BOYDEN M M (BOYD-Individual) DSM NUTRITIONAL PROD (DSMN-Non-standard); ROCHE VITAMINS AG (HOFF-C)	一种含有微胶囊, 用于汤、脱水食品、烹饪食品或饮料的食物颗粒

续表

序号	专利号	专利名称	专利权人	市场技术特色
32	IN200904536-P1	Food product such as baked goods, dairy products, and margarines, comprises stearidonic acid exhibiting extended shelf-life against flavor degradation, where stearidonic acid is derived from transgenic plant	MONSANTO TECHNOLOGY LLC (MONS-C); WILKES R S (WILK-Individual)	一种含有十八碳四烯酸，具有延长保质期的食品
33	IN201007031-P1	Liquid nanoemulsion concentrate, useful to prepare e.g. beverage or juice, comprises a polyethylene glycol derivative of vitamin E and non-polar active ingredient of polyunsaturated fatty acids, coenzyme Q10 compounds or phytosterols	VIRUN INC (VIRU-Non-standard); BROMLEY P J (BROM-Individual)	一种含有多不饱和脂肪酸，用于制备饮料或果汁的浓缩型液体乳
34	IN201503322-P1	Liquid nutritional composition, useful for reducing muscle loss in individual with metabolic disorder, diabetes and chronic kidney dysfunction, comprises calcium beta-hydroxy-beta-methylbutyrate, protein, potassium, sodium, and phosphorus	ABBOTT LAB (ABBO-C)	一种含有蛋白质、钾和钠等的液体营养成分
35	IN200810106-P1	Aqueous emulsion e.g. beverage comprises blend of esters comprising esters of polyunsaturated fatty acids, where esters are triglycerides having omega-3 fatty acid ester, and redox potential reducing compound from compound that lowers pH	PROCTER & GAMBLE CO (PROC-C); MEHANSHO H (MEHA-Individual); LUHADIYA A P (LUHA-Individual); MILLER L E (MILL-Individual); TREJO A V (TREJ-Individual)	含有 ω-3 多不饱和脂肪酸的水乳浊液（如饮料等）
36	IN200810108-P1	Aqueous emulsion useful for beverage and food additive or food product, comprises oil comprising triglycerides having omega-3 fatty acid ester, where aqueous emulsion has specified pH	PROCTER & GAMBLE CO (PROC-C); MEHANSHO H (MEHA-Individual); LUHADIYA A P (LUHA-Individual); MILLER L E (MILL-Individual); TREJO A V (TREJ-Individual); PREMCHAND L A (PREM-Individual)	具有特定 pH，含有 ω-3 多不饱和脂肪酸的水乳浊液（用于饮料和食品添加等）
37	IN200810107-P1	Aqueous emulsion useful in the food product e.g. beverage comprises water; emulsifier such as lecithin, cephalin; stabilizer such as whey proteins, caseins, guar gum; and a concentrated blend of esters	PROCTER & GAMBLE CO (PROC-C)	用于饮料等食品的水乳浊液
38	IN200802743-P3; IN249465-B	Beverage, e.g. carbonated and non-carbonated soft drinks, flavored water, fruit juice, sport drinks, or alcoholic products, includes water, non-nutritive sweetener, and off-note taste masking long chain fatty acid compound	CONCENTRATE MFG CO IRELAND (CONC-Non-standard)	含有长链脂肪酸的饮料

序号	专利号	专利名称	专利权人	市场技术特色
39	IN201005313-P1	Capsule useful for beverage production device contains ingredients for producing a nutritional liquid when a liquid is fed into capsule, and further contains heat sensitive bioactive components that are physically separated from ingredients	NESTEC SA (NEST-C); WYSS H (WYSS-Individual); DOLEAC F (DOLE-Individual); STEVEN M D (STEV-Individual); TRAN K (TRAN-Individual)	用于饮料生产设备的胶囊
40	IN200500792-P1; IN245407-B	Cereal based food product includes encapsulated docosahexaenoic acid and citrus flavors	NESTEC SA (NEST-C)	一种含有 DHA、基于谷类的食品
41	IN200200348-P4	Composition for use as a medicament, food or nutritive product, for the treatment of sepsis or inflammatory shock, comprises at least one lipid	SOC PROD NESTLE SA (NEST-C); INRA INST NAT RECH AGRONOMIQUE (INRG-C); TURINI M (TURI-Individual); ROESSLE C (ROES-Individual); BREUILLE D (BREU-Individual); CROZIER-WILLI G (CROZ-Individual); FINOT P A (FINO-Individual); RICHELLE M (RICH-Individual); DUTOT G (DUTO-Individual);	用于药物、食品或营养品的成分，至少包含一种脂质
42	IN200904323-P1	Food product, e.g. yogurt comprises stearidonic acid derived from transgenic plant having lower level of linolenic acid	MONSANTO TECHNOLOGY LLC (MONS-C)	含有十八碳四烯酸的食品
43	IN201210908-P1	Manufacturing extruded powdered nutritional product, comprises providing dry mixture, contacting dry mixture and liquid, feeding obtained slurry into ultrasonically-assisted extruder, extruding slurry, and drying and grinding the pellets	ABBOTT LAB (ABBO-C) MAZER T B (MAZE-Individual) GORDON G M (GORD-Individual) TABASH R (TABA-Individual)	制造含有脂质的膨化粉末营养制品的方法
44	IN200700802-P3	Nutritional bar e.g. snack bars and meal replacement bars, comprises soy and/or rice protein, at least one transition metal or transition metal compound, and humectant	SLIM-FAST FOODS CO DIV CONOPCO INC (SLIM-Non-standard); UNILEVER NV (UNIL-C); UNILEVER PLC (UNIL-C); HINDUSTAN LEVER LTD (UNIL-C)	一种含有大豆或大米蛋白、过渡金属化合物和保湿剂的营养棒
45	IN201107472-P1	Nutritional composition for mammal that is human infant between birth and three years of age comprises protein source, lipid source, and carbohydrate source, where lipid source is arachidonic acid in amount to provide specific daily dose	NESTEC SA (NEST-C); MACE C (MACE-Individual); APRIKIAN O (APRI-Individual)	一种针对 3 岁以下儿童，含有蛋白质、脂类、碳水化合物的营养成分

续表

序号	专利号	专利名称	专利权人	市场技术特色
46	IN200701590-P3	Nutritional composition, useful to treat rheumatic diseases, comprises fat source comprising omega-3 or omega-6 long chain polyunsaturated fatty acid; carbohydrate source; protein source; and Boswellia extract or Phlebodium extract	ABBOTT LAB (ABBO-C); RUEDA R (RUED-Individual); BARRANCO A (BARR-Individual); RAMIREZ M (RAMI-Individual)	一种含有 ω-3 或 ω-6 脂肪酸 的营养成分
47	IN201205655-P1	Nutritional formulation for preterm infant comprises emulsion containing docosahexaenoic acid, where emulsion is dispersed in aqueous amino acid such as arginine, arginyl-glutamine or alanyl-glutamine; and highly-purified alpha-lactalbumin	ALVEY J (ALVE-Individual); MEAD JOHNSON NUTRITION CO (MEAD-C); MJN US HOLDINGS LLC (MJNU-Non-standard)	一种针对早产 儿,含 DHA 的 营养配方
48	IN200807955-P1	Nutritional supplement for treating nutritional deficiency in individual suffering from e.g. anorexia nervosa, contains protein source comprising milk protein isolate and/or canola plant protein, fat source, and carbohydrate source	NOVARTIS AG (NOVS-C); NOVARTIS PHARMA GMBH (NOVS-C); NESTEC SA (NEST-C)	一种针对营养 不良人群,含 蛋白质、脂肪 和碳水化合物 的营养补充成 分
49	IN200703450-P1	Oil composition useful as e.g. food composition, beverage comprises polyunsaturated fatty acid having at least four carbon-carbon double bonds or its derivative based upon total weight of fatty acid or its derivative	MONSANTO TECHNOLOGY LLC (MONS-C); HEISE J D (HEIS-Individual); MAKADIA V (MAKA-Individual); ARHANCET J P (ARHA-Individual); MORGENSTERN D A (MORG-Individual)	含有多不饱和 脂肪酸,用于 食品和饮料等 的油
50	IN200800493-P3; IN200800674-P3	Packaged, oxidation-stable oil-in-water emulsion comprises oil, which contains polyunsaturated fatty acids; pro-oxidative metal cations; vitamin C; and water	UNILEVER NV (UNIL-C); UNILEVER PLC (UNIL-C); HINDUSTAN LEVER LTD (UNIL-C); HINDUSTAN UNILEVER LTD (UNIL-C); BANKEN H T K M (BANK-Individual); CASTENMILLER W A M (CAST-Individual); ROSIER O E (ROSI-Individual)	一种含有多不 饱和脂肪酸, 具有包装的、 稳定的水包油 乳剂
51	IN200702323-P2; IN251687-B	Particle, useful in e.g. instant soup and a powdered milk, comprises oil rich in polyunsaturated fatty acids dispersed in a carbohydrate material with residual surface oil content greater than or equal to 0.2 per cent	VALENTINOTTI S (VALE-Individual); ARMANET L (ARMA-Individual); PORRET J (PORR-Individual); FIRMENICH SA (FIRM-C); FIRMENICH & CIE (FIRM-C)	一种含多不饱 和脂肪酸,用 于即食汤和奶 粉的颗粒

序号	专利号	专利名称	专利权人	市场技术特色
52	IN200800071-P1	Solid fat composition for e.g. dough, batter, baked food, ice cream, salad dressing, comprises mixture of unwinterized microbial oil comprising long chain polyunsaturated fatty acid and emulsifier	MARTEK BIOSCIENCES CORP (MTKB-C); DSM IP ASSETS BV (STAM-C)	一种含多不饱和脂肪酸，用于面食和烘焙食品等的固体脂肪
53	IN201109056-P1	Use of nutritional composition comprising protein source, carbohydrates source, lipid source having docosahexaenoic acid, probiotic microorganism and prebiotics, for improving cognitive performance in child of 1-7 years	NESTEC SA (NEST-C)	一种含有 DHA，用于改善 1~7 岁儿童认知能力的营养成分
54	IN201109515-P1	Use of nutritional composition comprising protein, carbohydrates and lipid sources, probiotic microorganism and pre-biotics, for providing nutrition and for improving cognitive performance (e.g. learning capacity) in a child of 1-3 years	NESTEC SA (NEST-C)	一种含有蛋白质、碳水化合物和脂类等，用于改善 1~3 岁童认知能力的营养成分
55	IN200402944-P1 IN244495-B	Microcapsule for containing loading substance comprises agglomeration of primary microcapsules with primary shell with agglomeration encapsulated by outer shell	YAN N (YANN-Individual); OCEAN NUTRITION CANADA LTD (OCEA-Non-standard); ROCHE VITAMINS AG (HOFF-C)	一种具有载物的微胶囊
56	IN200810740-P1	Microcapsule used in beverage comprises agglomeration of microcapsules with primary shell and loading substance encapsulated by shell, where agglomeration is encapsulated by outer shell and shells have residue of composition having e.g. wax	OCEAN NUTRITION CANADA LTD (OCEA-Non-standard); YULAI J (YULA-Individual); BARROW C J (BARR-Individual); ZHANG W (ZHAN-Individual); YAN C (YANC-Individual); CURTIS J M (CURT-Individual); MOULTON S (MOUL-Individual); DJOGBENOU N B (DJOG-Individual); WEBBER L A (WEBB-Individual); ROCHE VITAMINS AG (HOFF-C); DSM NUTRITIONAL PROD (DSMN-Non-standard)	一种用于饮料的微胶囊
57	IN201004433-P4	Microcapsule, useful in e.g. food supplement and beverage, comprises a fat-soluble active substance (e.g. vitamins), monounsaturated fatty acids, polyunsaturated fatty acids, carotenoids and benzoquinones embedded in a matrix	BASF SE (BADI-C); HANSEN M M (HANS-Individual); MUSAEUS N (MUSA-Individual)	一种含有单不饱和脂肪酸、多不饱和脂肪酸等，用于食物补充和饮料的微胶囊

续表

序号	专利号	专利名称	专利权人	市场技术特色
58	IN201201717-I3	Nutritional and rejuvenative food supplement useful for toning, prevention or control of, but not limited to neurological disorders, comprises water soluble nutrients, fat soluble nutrients, stabilized labile molecules, and antioxidant	WAGH U V (WAGH-Individual); HEGDE M V (HEGD-Individual)	一种含有水溶性营养素和脂溶性营养素等的营养补充食品
59	IN201308501-P1	Oil-in-water emulsion used e.g. in beverage, food product, herbal composition, and/or nutraceutical composition comprises oil containing polyunsaturated fatty acid, emulsifier, water, metal chelating agent, and antioxidant	MARTEK BIOSCIENCES CORP (MTKB-C); DSM IP ASSETS BV (STAM-C)	含有多不饱和脂肪酸等, 用于饮料和食品等的水包油乳剂
60	IN201101718-P4	Seamless capsule, useful for e.g. regulating health problem e.g. heart failure and neuronal development, comprises polysaccharide gel membrane outer surface shell having alginate, where the outer surface encapsulates at least one emulsion	PRONOVA BIOPHARMA NORGE AS (PRON-Non-standard); BERGE G (BERG-Individual); HUSTVEDT S O (HUST-Individual); ANDERSEN T (ANDE-Individual); GASEROD O (GASE-Individual); ANDERSEN P O (ANDE-Individual); LARSEN C K (LARS-Individual)	一种无缝胶囊, 外面为一层多糖凝胶膜
61	IN201504002-P1	Stabilized liquid nutritional composition, useful in nutritional product for individuals afflicted with specific diseases or conditions, comprises a first insoluble calcium salt, a second insoluble calcium salt, an emulsifier, and a fat	ABBOTT LAB (ABBO-C)	一种含有不溶性钙, 用于营养型产品的稳定型液体营养成分
62	IN201305690-P1	Synthetic pediatric formula useful for reducing inflammation (e.g. enteric inflammation) in infant, toddler or child, comprises human milk oligosaccharide and long chain polyunsaturated fatty acid	ABBOTT LAB (ABBO-C)	一种含有长链多不饱和脂肪酸, 用于减少婴幼儿炎症的合成儿科配方奶粉
63	IN201509254-P1	Use of a fermented milk-derived product comprises lactic acid and lactate for manufacturing nutritional composition e.g. growing up milk having lactose and iron e.g. to treat or prevent anemia and iron deficiency of human subject	NUTRICIA NV (DNON-C)	利用发酵乳制品制造营养成分
64	IN201509117-P1	Use of milk-derived product fermented by lactic-acid-producing bacteria which contains lactic acid and/or lactate for manufacture of nutritional composition used for treating and/or preventing anemia and iron deficiency in a human subject	NUTRICIA NV (DNON-C)	利用发酵乳制品生产用于治疗或预防贫血和缺铁的营养成分
65	IN201109516-P1	Use of pediatric nutritional composition comprising protein source, carbohydrate source, lipid source having docosahexaenoic acid, probiotic microorganism and prebiotic for supporting, sustaining and improving cognitive performance in child	NESTEC SA (NEST-C)	使用含 DHA 等的小儿营养成分维持和提高孩子的认知能力

序号	专利号	专利名称	专利权人	市场技术特色
66	IN200905263-P1	Water-soluble formulation useful to prepare e.g. beverage, foods, pharmaceuticals and nutraceuticals comprises lipophilic bioactive molecule, water-soluble reducing agent and solubilizing agent containing substituted alkane derivative	NAT RES COUNCIL CANADA (CANA-C); ZYMES LLC (ZYME-Non-standard); CANADA NAT RES COUNCIL (CANA-Non-standard); BOROWY-BOROWSKI H (BORO-Individual); BERL V (BERL-Individual)	用于制备饮料、食品和药品等的水溶性配方
67	IN200807348-P1	Preparation of water soluble (un)saturated fatty acid salt useful as nutritional supplement involves addition of amino alcohol compound to crude composition containing (un)saturated fatty acid followed by separation and isolation	UNIV OSLO (UYOS-Non-standard); CAMPBELL N (CAMP-Individual)	一种制备水溶性不饱和脂肪酸盐的方法
68	IN201203815-P1	Vegetable oil, useful in food product (for humans and animals), an infant formula and cosmetic composition, comprises a polyunsaturated fatty acid having at least 20 carbon atoms e.g. arachidonic acid and eicosapentaenoic acid	DSM IP ASSETS BV (STAM-C); VERKOEIJEN D (VERK-Individual); ZUUR K (ZUUR-Individual); BIJL H L (BIJL-Individual)	用于食品、婴幼儿配方奶粉和化妆品，含有多不饱和脂肪酸的植物油
69	IN200603364-P2	Nutritional supplement for pregnant and lactating woman and her child, comprises at least one essential fatty acid or its precursors and/or derivatives and at least one iron compound	DRUGTECH CORP (DRUG-Non-standard)	一种针对怀孕和哺乳期妇女及其孩子的营养补充
70	IN200700304-P2 IN251140-B	Capsule film forming composition for soft capsule used as pharmaceuticals, quasi drug, health food, common foodstuffs and cosmetics, contains gelatin and inositol phosphate	WAKUNAGA PHARM CO LTD (WAKT-C)	一种用于制药、保健食品、普通食品和化妆品的软胶囊的囊膜
71	IN200603293-P1	Composition useful in food and pharmaceuticals for improving central-nerve function and circulation, contains fats-and-oils containing linolenic acid(s), and/or phosphatide containing n-3 polyunsaturated fatty acid component	WAKUNAGA PHARM CO LTD (WAKT-C)	一种用于食品和药品，改善中枢神经功能和血液循环的成分
72	IN200904853-P1	Microcapsule used in emulsion and formulation vehicle such as foodstuffs and beverage, and for preparing medicament for delivering loading substance, comprises loading substance, and agglomeration of primary microcapsules	OCEAN NUTRITION CANADA LTD (OCEA-Non-standard)	一种用于食品和饮料等的微胶囊
73	IN201410037-P1	Powder blend composition used in food product which is nutritional bar and granola bar, comprises homogenous blend of powdered green tea extract and powdered preparation comprising polyunsaturated fattyacids	OCEAN NUTRITION CANADA LTD (OCEA-Non-standard) DSM NUTRITIONAL PROD AG (DSMN-Non-standard)	一种用于食品，绿茶粉和含多不饱和脂肪酸的粉的混合粉

9.3 俄罗斯市场专利分析

俄罗斯市场上 DHA 相关的食品类专利约有 39 件，涉及婴幼儿配方奶粉、婴幼儿营养成分、婴幼儿食品、饮料、果汁、牛奶、谷类食品、营养配方和乳液等。

在俄罗斯市场布局 DHA 相关的食品类专利的国家有荷兰、美国、瑞士、加拿大、爱尔兰、日本和比利时等，其中，荷兰、美国、瑞士的专利申请数量最多。荷兰的主要专利权企业有纽迪希亚公司（Nutricia/ 荷兰）、美素集团（Fries And Brands/ 荷兰）等；美国的主要专利权企业有米德约翰逊营养品公司（Mead Johnson Nutrition Co/ 美国）、雅培实验室（ABBOTT LAB/ 美国）、美赞臣美国控股有限责任公司（Mjn US Holdings Llc/ 美国）、百时美施贵宝公司（Bristol-myers Squibb Co/ 美国）等；瑞士的主要专利权企业有雀巢公司（Nest/ 瑞士）、诺华公司（Novartis/ 瑞士）等。俄罗斯市场主要的专利权国家、企业的专利申请数量见表 9.5。

表 9.5 俄罗斯市场主要的专利权国家、企业的专利申请数量分析

国家	序号	公司名称	专利申请数量（件）	专利申请总数量（件）
荷兰	1	Nutricia Nv（纽迪希亚公司）	9	15
	2	Friesland Brands Bv（荷兰美素集团）	2	
	3	Loders-croklaan Bv	1	
	4	Lipid Nutrition Bv	1	
	5	DSM（帝斯曼集团）	1	
美国	1	Mead Johnson Nutrition Co（米德约翰逊营养品公司）	5	11
	2	Abbott Lab（雅培实验室）	3	
	3	Mjn US Holdings Llc（美赞臣美国控股有限责任公司）	3	
	4	Bristol-myers Squbibb Co（百时美施贵宝公司）	2	
	5	Martek（马泰克生物科学有限公司）	1	
	6	Pfizer Inc（辉瑞公司）	1	
瑞士	1	Nest（雀巢公司）	3	4
	2	Novartis（诺华公司）	1	

续表

国家	序号	公司名称	专利申请数量（件）	专利申请总数量（件）
加拿大	1	Ocean Nutrition Canada Ltd（加拿大海洋营养公司）	1	1
爱尔兰	1	The Concentrate Manufacturing Company of Ireland	1	1
日本	1	Wakunaga Pharm Co Ltd	1	1
比利时	1	Corman（歌文公司）	1	1
以色列	1	Enzymotec Ltd	1	1
波兰	1	Leenlife Polska Sa	1	1

俄罗斯市场 DHA 相关食品类专利的具体信息见表 9.6。

表 9.6　俄罗斯市场 DHA 相关食品类专利解析

序号	专利号	专利名称	专利权人	市场技术特色
1	RU2011138722-A; RU2546283-C2	Cholesterol-reduced ruminant dairy product e.g. milk which is useful in treating e.g. cardiovascular disease, where cholesterol content comprises specific fat	CORMAN S A（CORM-Individual）	含有特定脂肪酸的低胆固醇的牛奶等日常消费品
2	RU2012114190-A	Composition useful (as dietetic food product e.g. infant formula or nutritional supplement) to treat or prevent allergic diseases including allergic rhinitis/conjunctivitis, allergic asthma and atopic eczema, comprises proteinaceous mixture	MEAD JOHNSON NUTRITION CO (MEAD-C)	含有蛋白质复合物的组分（用于婴儿配方奶粉或营养补充）
3	RU2013144267-A; RU2572698-C2	Composition useful as food composition or supplement for preparing medication for treating human pathologies and dysfunctions related to oxidative stress, comprises mixture of at least one bacterial strain e.g. Bifidobacterium lactis	PROBIOTICAL SPA (PROB-Non-standard); MOGNA G (MOGN-Individual); STROZZI G P (STRO-Individual); MOGNA L (MOGN-Individual)	包含乳酸杆菌的食品组分
4	RU2010101056-A; RU2475051-C2	Infant and toddler nutrition, e.g. useful for treating allergy, infection, diaper dermatitis, and atopic diseases including eczema and asthma, comprises non-digestible oligosaccharides with non-viable Bifidobacterium breve	NUTRICIA NV (DNON-C); HOUGEE S (HOUG-Individual) VRIESEMA A J M (VRIE-Individual) GARSSEN J (GARS-Individual) KNOL J (KNOL-Individual)	含有非消化性低聚糖，能治疗多种疾病的婴幼儿营养成分
5	RU2396879-C2	Infant formula used for supporting normal growth and development of infants and children containing caseinoglycomacropeptide comprises sialic acid in enhanced concentration	BRISTOL-MYERS SQUIBB CO (BRIM-C); MEAD JOHNSON NUTRITION CO (MEAD-C); MJN US HOLDINGS LLC (MJNU-Non-standard)	富含高浓度唾液酸的婴幼儿配方奶粉

续表

序号	专利号	专利名称	专利权人	市场技术特色
6	RU2011105430-A; RU2508121-C2	Nutritional composition e.g. used for promoting growth comprises lipid or fat, protein source, long chain polyunsaturated fatty acids source comprising docosahexanoic acid, and prebiotic composition comprising oligosaccharides	MEAD JOHNSON NUTRITION CO (MEAD-C); ROSALES F J (ROSA-Individual); RAI G P (RAIG-Individual); MORRIS K (MORR-Individual); BANAVARA D (BANA-Individual); VAN TOL E (VTOL-Individual); JOUNI Z E (JOUN-Individual); MCMAHON R J (MCMA-Individual); SCHADE D A (SCHA-Individual); WALKER D C (WALK-Individual); HONDMANN D (HOND-Individual); VA T E (VATE-Individual); MJN US HOLDINGS CO LTD (MJNU-Non-standard)	包含脂类、蛋白质和 DHA 等的营养成分
7	RU2012123959-A	Nutritional composition useful for promoting gut microbiota balance and health, comprises fructooligosaccharide, polysaccharide and inulin	NESTEC SA (NEST-C)	包括多糖、低聚果糖、菊糖的营养成分
8	RU2361408-C2	Nutritionally complete product, e.g. infant formula, follow-on formula, or fruit juice, for feeding to infants and children to support their normal growth and development, comprises sialic acid similar to human breast milk	MCMAHON R J (MCMA-Individual); LOCNISKAR M F (LOCN-Individual); RUMSEY S C (RUMS-Individual); ANTHONY J C (ANTH-Individual); WUNGTANAGORN R (WUNG-Individual); BRISTOL-MYERS SQUIBB CO (BRIM-C); MEAD JOHNSON NUTRITION CO (MEAD-C)	含唾液酸的婴儿配方奶粉和果汁等产品
9	RU2093996-C1	Supplementing infant formula - by obtaining at least two different long chain poly-unsatd. fatty acid-contg. microbial oils from different sources and adding blend of oils	MARTEK CORP (MART-Non-standard)	添加多不饱和脂肪酸的婴儿配方奶粉
10	RU2402240-C2	Use of polyunsaturated fatty acids for manufacturing compositions comprising eicosapentaenoic acid, docosahexaenoic acid, arachidonic acid and oligosaccharides having mannose unit homology, used for stimulating intestinal barrier integrity	NUTRICIA NV (DNON-C)	利用多不饱和脂肪酸生产含 DHA 和 EPA 等的物质
11	RU2009103063-A;	Infant formula for accelerating brain development in infants, contains gangliosides, phospholipids, total sialic acid as lipid-bound sialic acid, docosahexaenoic acid and arachidonic acid	ABBOTT LAB (ABBO-C) RUEDA R (RUED-Individual) BARRANCO A (BARR-Individual) RAMIREZ M (RAMI-Individual) VAZQUEZ E (VAZQ-Individual) VALVERDE E (VALV-Individual) PRIETO P (PRIE-Individual) DOHNALEK M H (DOHN-Individual)	一种加快婴幼儿大脑发育，含有 DHA 等脂肪酸的婴儿配方奶粉

续表

序号	专利号	专利名称	专利权人	市场技术特色
12	RU2009103065-A	Infant formula for reducing risk of diarrhea in infants, contains preset amount of gangliosides, phospholipids, lactoferrin, and sialic acid as lipid-bound sialic acid, as-fed basis	ABBOTT LAB (ABBO-C) RUEDA R (RUED-Individual) BARRANCO A (BARR-Individual) RAMIREZ M (RAMI-Individual) VAZQUEZ E (VAZQ-Individual) VALVERDE E (VALV-Individual) PRIETO P (PRIE-Individual) DOHNALEK M H (DOHN-Individual)	一种降低婴儿腹泻风险,含有磷脂、乳铁蛋白和唾液酸等的婴儿配方奶粉
13	RU2445796-C2 RU2011148962-A	Infant formula useful to promote retinal health and vision development in infant comprises fat, protein, carbohydrate, vitamins, and minerals containing docosahexaenoic acid, and on a ready-to-feed basis lutein	ABBOTT LAB (ABBO-C) ABBOTT GMBH&CO KG (ABBO-C) BARRETT-REIS B (BARR-Individual) PRICE P T (PRIC-Individual) MACKEY A (MACK-Individual)	一种用于促进婴儿视力和视网膜发育,含有 DHA 的婴儿配方奶粉
14	RU2013135311-A	Composition useful as nutritional or pharmaceutical composition for preventing and/or treating frailty, comprises nucleoside equivalent, omega-3 polyunsaturated fatty acid, vitamin B, phospholipid, antioxidant and/or choline	NUTRICIA NV (DNON-C)	一种具有预防或治疗虚弱功效,含有 ω-3 不饱和脂肪酸的营养或药物成分
15	RU2010122055-A; RU2488283-C2 RU2013116385-A	Composition useful for e.g. improving, promoting or maintaining development of cognitive functions, brain, retina, and visual acuities in an infant comprises triglyceride, phospholipid and long chain poly-unsaturated fatty acid	ENZYMOTEC LTD (ENZY-Non-standard) BAR Y F (BARY-Individual) PELLED D (PELL-Individual) KATZ A (KATZ-Individual)	一种含有长链多不饱和脂肪酸,用于促进婴儿认知功能和脑及视网膜发育的成分
16	RU2009121781-A	Composition, preferably infants food, useful e.g. for treating/preventing symptoms associated with allergy for ruminant milk proteins, comprises lipid source, carbohydrate source and low-allergenic casein hydrolyzate with peptides	FRIESLAND BRANDS BV (FRIL-C) GLAS C (GLAS-Individual) TE B R (TEBR-Individual) KIERS J L (KIER-Individual) NIEUWENHUIS E E S (NIEU-Individual)	一种含有脂肪和碳水化合物等的婴儿食品
17	RU2009137117-A	Infant food for child's particular age comprises food sources with optimized amino acid content including tryptophan and tyrosine	FRIESLAND BRANDS BV (FRIL-C)	一种含有优化氨基酸含量的,适合于特定年龄儿童的婴幼儿食品
18	RU2013135312-A	Non-medical use of at least two components comprising nucleoside equivalents, polyunsaturated fatty acids, vitamins B, phospholipids, antioxidants, or cholines, for e.g. increasing or maintaining the body weight of a mammal	NUTRICIA NV (DNON-C) DE WILDE M C (DWIL-Individual) HAGEMAN R J J (HAGE-Individual) GROENENDIJK (GROE-Individual) KAMPHUIS P J G H (KAMP-Individual)	非医疗目的使用含多不饱和脂肪酸成分以增加或维持哺乳动物的体重
19	RU2014101160-A	Nutritional composition useful for e.g. prevention or treatment of obesity, reducing risk of obesity, improving insulin sensitivity, and in improving body composition, comprises carbohydrates, protein and lipid	NUTRICIA NV (DNON-C)	一种含碳水化合、蛋白质、脂类,具有预防或降低肥胖风险、提高胰岛素敏感性的营养成分

续表

序号	专利号	专利名称	专利权人	市场技术特色
20	RU2014101211-A	Nutritional composition, useful for prevention of, reducing risk of and treatment of obesity, improving body composition and prevention of type 2 diabetes, comprises carbohydrates, protein and lipid	NUTRICIA NV (DNON-C)	一种含碳水化合、蛋白质、脂类,用于预防和降低肥胖风险、预防II型糖尿病的营养成分
21	RU2433748-C2 RU2009118408-A	Solid or semi-solid nutritional composition useful as ketogenic diet comprises protein, lipid and digestible carbohydrate fractions from at least two different sources	NUTRICIA NV (DNON-C)	用作生酮膳食的固体或半固体营养成分
22	RU2008151092-A; RU2423053-C2;	Beverage, e.g. carbonated and non-carbonated soft drinks, flavored water, fruit juice, sport drinks, or alcoholic products, includes water, non-nutritive sweetener, and off-note taste masking long chain fatty acid compound	CONCENTRATE MFG CO IRELAND (CONC-Non-standard)	含有长链脂肪酸的饮料
23	RU2010135360-A; RU2483586-C2	Capsule useful for beverage production device contains ingredients for producing a nutritional liquid when a liquid is fed into capsule, and further contains heat sensitive bioactive components that are physically separated from ingredients	NESTEC SA (NEST-C); WYSS H (WYSS-Individual); DOLEAC F (DOLE-Individual); STEVEN M D (STEV-Individual); TRAN K (TRAN-Individual)	用于饮料生产设备的胶囊
24	RU2324369-C2	Cereal based food product includes encapsulated docosahexanoic acid and citrus flavors	NESTEC SA (NEST-C)	一种含有DHA、基于谷类的食品
25	RU2009107681-A; RU2436414-C2	Food product for decreasing, ameliorating or diagnosing allergy in infants, contains amino acid fraction comprising amino acids and peptides, and lipid fraction comprising fatty acid e.g. arachidonic or docosahexanoic acid	NUTRICIA NV (DNON-C)	包含氨基酸和DHA等脂肪酸的婴儿食品
26	RU2011144102-A; RU2559646-C2	Nutritional composition for mammal that is human infant between birth and three years of age comprises protein source, lipid source, and carbohydrate source, where lipid source is arachidonic acid in amount to provide specific daily dose	NESTEC SA (NEST-C); MACE C (MACE-Individual); APRIKIAN O (APRI-Individual)	一种针对3岁以下儿童的,含有蛋白质、脂类、碳水化合物的营养成分
27	RU2012139658-A; RU2558199-C2;	Nutritional formulation for preterm infant comprises emulsion containing docosahexaenoic acid, where emulsion is dispersed in aqueous amino acid such as arginine, arginyl-glutamine or alanyl-glutamine; and highly-purified alpha-lactalbumin	ALVEY J (ALVE-Individual); MEAD JOHNSON NUTRITION CO (MEAD-C); MJN US HOLDINGS LLC (MJNU-Non-standard)	一种针对早产儿,含DHA的营养配方

续表

序号	专利号	专利名称	专利权人	市场技术特色
28	RU2420210-C2	Nutritional supplement for treating nutritional deficiency in individual suffering from e.g. anorexia nervosa, contains protein source comprising milk protein isolate and/or canola plant protein, fat source, and carbohydrate source	NOVARTIS AG (NOVS-C); NOVARTIS PHARMA GMBH (NOVS-C); NESTEC SA (NEST-C)	一种针对营养不良人群的，含蛋白质、脂肪和碳水化合物的营养补充成分
29	RU2011153279-A; RU2539844-C2	Use of nutritional composition comprising protein source, carbohydrates source, lipid source having docosahexaenoic acid, probiotic microorganism and prebiotics, for improving cognitive performance in child of 1-7 years	NESTEC SA (NEST-C)	一种含有 DHA，用于改善 1~7 岁儿童认知能力的营养成分
30	RU2358476-C2	Use of pinolenic acid in the manufacture of composition for weight management by reducing feeling of hunger and increasing satiety	LODERS-CROKLAAN BV (LODE-Non-standard) LIPID NUTRITION BV (LIPI-Non-standard)	利用松油酸生产食品成分
31	RU2013115296-A	Emulsion, used in beverage to lower e.g. cholesterol levels, comprises emulsifier (tocopherol polyethylene glycol succinate), dispersed phase (polyunsaturated fatty acid), water, co-solvent e.g. glycerol, and mono- and/or disaccharide	OCEAN NUTRITION CANADA LTD (OCEA-Non-standard); DSM NUTRITIONAL PROD AG (DSMN-Non-standard)	一种含有多不饱和脂肪酸，具有降低胆固醇功效，用于饮料生产的乳液
32	RU2013155993-A	Health-giving foodstuff comprises ethyl esters of fatty acids, and microcapsule in form of powder comprising protein-carbohydrate matrix and nutraceutical with bioactive ethyl esters of acids	LEENLIFE POLSKA SA (LEEN-Non-standard)	一种含有脂肪酸乙酯的保健食品
33	RU2014123509-A	Infant formula, useful for e.g. improving stool consistency of an infant, comprises fat comprising palmitic acid in the sn-2 position, oligofructose, protein, and omega-6-fatty acid	PFIZER INC (PFIZ-C); FITZGERALD M (FITZ-Individual); KULLEN M J (KULL-Individual); RAMANUJAM K S (RAMA-Individual); YAO M (YAOM-Individual); NESTEC SA (NEST-C)	一种含有低聚果糖、ω-6 脂肪酸的婴幼儿配方奶粉
34	RU2010136283-A; RU2489893-C2	Isolated egg yolk lecithin product for use in fat mixture and infant food composition, comprises omega6 long chain polyunsaturated fatty acid portion having phospholipid fraction	BNLFOOD INVESTMENTS SARL (BNLF-Non-standard); THIRY Y F (THIR-Individual); DESYARDEN P (DESY-Individual); SCHMITZ CH (SCHM-Individual); LIGNAN YA (LIGN-Individual); RAMIREZ H P (RAMI-Individual); DE M F (DEMF-Individual)	一种含有 ω-6 长链多不饱和脂肪酸，用于婴儿食品的蛋黄卵磷脂产品
35	RU2012131518-A RU2551089-C2	Nutritional composition used for preventing or treating disease or condition involving muscle decline in mammal, comprises proteinaceous matter comprising whey protein and leucine, and source of fat and source of digestible carbohydrates	NUTRICIA NV (DNON-C)	一种含有乳清蛋白、亮氨酸、脂肪和易消化的碳水化合物的营养成分

续表

序号	专利号	专利名称	专利权人	市场技术特色
36	RU2008143560-A	Capsule film forming composition for soft capsule used as pharmaceuticals, quasi drug, health food, common foodstuffs and cosmetics, contains gelatin and inositol phosphate	WAKUNAGA PHARM CO LTD (WAKT-C)	一种用于制药、保健食品、普通食品和化妆品的软胶囊的囊膜
37	RU2013127309-A	Set of nutritional compositions for infants and young children, preferably for reducing obesity, diabetes, cardiovascular diseases, and metabolic disorders associated with obesity, comprises first, second, and third compositions for infants	NESTEC SA (NEST-C)	一种针对婴幼儿的营养物，用于减少婴幼儿因肥胖引起的相关健康问题
38	RU2013127308-A RU2573779-C2	Set of nutritional composition useful for providing balanced nutritional diet to infant and young children in first three years of life comprises age-specific fat compositions containing mix of vegetable fats and animal fats	NESTEC SA (NEST-C)	一种为 0~3 岁婴幼儿提供营养均衡饮食的营养成分
39	RU2013105287-A RU2565728-C2	Set of nutritional compositions, useful in feeding infant and young children with balanced nutritional diet, comprises nutritional compositions comprising e.g. long-chain polyunsaturated fatty acids and having age-specific fat contents	NESTEC SA (NEST-C)	一种含有长链多不饱和脂肪酸，为婴幼儿提供营养均衡饮食的营养成分

9.4 澳大利亚市场专利分析

澳大利亚市场上 DHA 相关的食品类专利约有 102 件，涉及婴幼儿配方奶粉、早产儿配方奶粉、微胶囊、无缝胶囊、口香糖、低胆固醇牛奶、食用油、微藻粉食品、饮料、果汁、混合油脂、粗藻油、谷物食品、固体脂肪、干燥食品、乳液、食品颗粒、浓缩型液体乳、脂肪酸凝胶和冰激凌等，婴幼儿营养成分，饮料等生产的水溶性配方，以及制造食品的方法等。

在澳大利亚市场布局 DHA 相关的食品类专利的国家有美国、荷兰、瑞士、加拿大、德国、日本、以色列和挪威等，其中，美国、荷兰、瑞士、加拿大的专利申请数量最多。美国的主要专利权人企业有马泰克生物科学有限公司（Martek/ 美国）、雅培实验室（Abbott Lab/ 美国）、孟山都技术有限公司（Monsanto Technology Llc/ 美国）、美赞臣美国控股有限责任公司（Mjn US Holdings Llc/ 美国）、Solazyme 公司（美国）和百事可乐公司（Pepsico Inc/ 美国）等；荷兰的主要专利权人企业有帝斯曼集团（DSM/ 荷兰）、纽迪希亚公司（Nutricia/ 荷兰）和美素集团（Friesland Brands/ 荷兰）等；瑞士的主要专利权人企业有雀巢公司（Nest/ 瑞士）和罗氏维生素公司（Roche Vitamins Ag/ 瑞士）等；加拿大的主要专利权人企业为加拿大海洋营养公司（Ocean Nutrition Canada Ltd/ 加拿大）。澳大利亚市场主要的专利权国家、企业的专利申请数量见表 9.7。

表 9.7　澳大利亚市场主要的专利权国家、企业的专利申请数量分析

国家	序号	公司名称	专利申请数量(件)	专利申请总数量（件）
美国	1	Martek（马泰克生物科学有限公司）	12	40
	2	Abbott Lab（雅培实验室）	5	
	3	Monsanto Technology Llc（孟山都技术有限公司）	3	
	4	Mjn US Holdings Llc（美赞臣美国控股有限责任公司）	3	
	5	Solazyme 公司	2	
	6	Pepsico Inc（百事可乐公司）	2	
	7	Drugtech Corp	2	
	8	Brandeis University（布兰迪斯大学）	2	
	9	Mead Johnson Nutrition Co（米德约翰逊营养品公司）	1	
	10	Procter & Gamble Co（宝洁公司）	1	
	11	Aurora Algae INC	1	
	12	Tropicana Products, Inc	1	
	13	Virun 公司	1	
	14	Pronova Biopharma Norge As	1	
	15	Advanced Bionutrition Corp	1	
	16	Biozone Lab Inc	1	
	17	Kraft Foods Global Brands Llc	1	
	18	Pfizer Inc（辉瑞公司）	1	
	19	Nitromega Corp	1	
	20	Du Pont de Nemours & Co E I	1	
荷兰	1	DSM（帝斯曼集团）	12	25
	2	Nutricia Nv（纽迪希亚公司）	8	
	3	Friesland Brands Bv（荷兰美素集团）	2	
	4	Unilever（联合利华集团）	1	
	5	Loders-croklaan Bv	1	
	6	Lipid Nutrition Bv	1	
瑞士	1	Nestec Sa（雀巢公司）	15	20
	2	Roche Vitamins Ag（罗氏维生素公司）	4	
	3	Novartis（诺华公司）	1	

续表

国家	序号	公司名称	专利申请数量(件)	专利申请总数量(件)
加拿大	1	Ocean Nutrition Canada Ltd（加拿大海洋营养公司）	6	8
	2	Nat Res Council Canada	1	
	3	Burnbrae Farms Ltd	1	
德国	1	BASF（巴斯夫集团）	1	3
	2	Boehringer Ingelheim Int Gmbh（勃林格殷格翰国际有限公司）	1	
	3	Pharmaton Sa	1	
日本	1	Wakunaga Pharm Co Ltd	1	3
	2	Suntory Ltd（三得利股份有限公司）	2	
以色列	1	Enzymotec Ltd	1	2
	2	Qualitas Health Ltd	1	
挪威	1	Universitetet Oslo（奥斯陆大学）	1	2
	2	Natural Asa	1	
爱尔兰	1	The Concentrate Manufacturing Company of Ireland	1	1
丹麦	1	Fertin Pharma As	1	1
比利时	1	Corman（歌文公司）	1	1
澳大利亚	1	Commonwealth Sci & Ind Res Org（澳大利亚联邦科学与工业研究组织）	1	1
法国	1	Inra Inst Nat Rech Agronomique	1	1
波兰	1	Leenlife Polska Sa	1	1

澳大利亚市场 DHA 相关食品类专利具体信息见表 9.8。

表 9.8　澳大利亚市场 DHA 相关食品类专利解析

序号	专利号	专利名称	专利权人	市场技术特色
1	AU2013235804-A1	Aqueous dispersion of microcapsules used e.g. in beverage, comprise hydrophobic substance, and proteinaceous interface (comprising polysaccharide glycated protein including e.g. protein residue) surrounding hydrophobic substance	PEPSICO INC (PEPS-C)	用于饮料等产品的水溶性微胶囊
2	AU2003226152-A1	Chewing gum or oral care composition has flavor profile comprising flavor ingredient(s) including enzymatically modified or lipolyzed modified oils, fats and fatty acids of mono-, di- and tri-glycerides	GURIN M (GURI-Individual)	含有油脂和脂肪酸的口香糖
3	AU2010240858-A1	Cholesterol-reduced ruminant dairy product e.g. milk which is useful in treating e.g. cardiovascular disease, where cholesterol content comprises specific fat	CORMAN S A（CORM-Individual）	含有特定脂肪酸的低胆固醇的牛奶等日常消费品

续表

序号	专利号	专利名称	专利权人	市场技术特色
4	AU2010293145-A1	Composition useful (as dietetic food product e.g. infant formula or nutritional supplement) to treat or prevent allergic diseases including allergic rhinitis/conjunctivitis, allergic asthma and atopic eczema, comprises proteinaceous mixture	MEAD JOHNSON NUTRITION CO (MEAD-C)	含有蛋白质复合物的组分（用于婴儿配方奶粉或营养补充）
5	AU9173302-A AU660162-B	Edible oil contg. docosa:hexa:enoic acid, from marine microorganism - used in infant feeds, diet supplements and pharmaceutical compsns	MARTEK BIOSCIENCES CORP (MTKB-C)	含 DHA 的食用油
6	AU2009303354-A1 AU2009303354-B2 AU2015261580-A1	Food composition e.g. salad dressing, bread, bar, pasta, sauce, soup, drink and beverage comprises specific amount of algal biomass and other edible ingredient, where the algal biomass comprises specific amount of algal oil by dry weight	SOLAZYME INC (SOLA-Non-standard); CORAGLIOTTI A (CORA-Individual); FRANKLIN S (FRAN-Individual); DAY A G (DAYA-Individual) DECKER S M (DECK-Individual)	含微藻或藻油的食品组分
7	AU2010236491-A1 AU2010236491-B2	Food ingredient composition, e.g. used for preparing pasta, comprises dried egg product, and algal flour which is homogenate of microalgal biomass containing predominantly or completely lysed cells in powder form comprising triglyceride oil	SOLAZYME INC (SOLA-Non-standard)	含有微藻粉的食品组分
8	AU2005283696-A1 AU2005283696-B2	Food or pharmaceutical composition for preventing or treating stress-induced brain function impairment, comprises arachidonic acid and/or a compound containing arachidonic acid as constituent fatty acid	SUNTORY LTD (SUNR-C) SAKAKIBARA M (SAKA-Individual) ISHIKURA Y (ISHI-Individual)	含 ARA 的食品或药品
9	AU2008343174-A1 AU2008343174-B2	Food product, e.g. beverages or juices, comprises fruit juice, encapsulated omega-3 fatty acid, and supplemental amount of fruit flavor	TROPICANA PROD INC (TROP-Non-standard)	含 ω-3 脂肪酸的饮料和果汁等食品
10	AU2008262670-A1 AU2008262670-B2	Infant and toddler nutrition, e.g. useful for treating allergy, infection, diaper dermatitis, and atopic diseases including eczema and asthma, comprises non-digestible oligosaccharides with non-viable Bifidobacterium breve	NUTRICIA NV (DNON-C); HOUGEE S (HOUG-Individual) VRIESEMA A J M (VRIE-Individual) GARSSEN J (GARS-Individual) KNOL J (KNOL-Individual)	含有非消化性低聚糖的婴幼儿营养成分
11	AU2007260873-A1 AU2007260873-B2	Labile compound containing product, e.g. beverage, includes prill coating of first encapsulant of composition comprising labile compound, and Maillard reaction product formed by contacting the encapsulants or in non-aqueous environment	MARTEK BIOSCIENCES CORP (MTKB-C); DSM IP ASSETS BV (STAM-C) GA 2008G84032	含不稳定成分的产品（饮料等）
12	AU2003237182-A1 AU2003237182-B2 AU2008252072-A1 AU2008252072-B2 AU2011202620-A1 AU2011202620-B2 AU2013273736-A1 AU2013273736-B2 AU2015243079-A1	Lipid useful in e.g. dietary supplements, pharmaceutical formulations, humanized animal milk comprises polyunsaturated fatty acid	MARTEK BIOSCIENCES CORP (MTKB-C); WEAVER C A (WEAV-Individual); KOBZEFF J M (KOBZ-Individual); BEHRENS P W (BEHR-Individual); FICHTALI J (FICH-Individual); BELL R M (BELL-Individual); DSM IP ASSETS BV (STAM-C)	用于饮食补充、药物、奶制品的含多不饱和脂肪酸的油脂

续表

序号	专利号	专利名称	专利权人	市场技术特色
13	AU2003220137-A1	Microalgal oil for use as animal feed or human nutritive supplement, comprises arachidonic acid	KYLE D J (KYLE-Individual); ADVANCED BIONUT-RITION CORP (ADBI-Non-standard)	含 ARA 的微生物油脂
14	AU2012204109-A1	Nutritional composition made by combining milk with natural phytonutrients and optionally adding nutritional or beneficial substances, useful as infant formula, comprises protein source, fat source, vitamins, minerals, and flavonoid	XU X (XUXX-Individual)	牛奶与天然植物营养素混合的营养成分(含蛋白质、脂肪、碳水化合物、维生素和 DHA 等)
15	AU2010319490-A1 AU2010319490-B2	Nutritional composition useful for promoting gut microbiota balance and health, comprises fructooligosaccharide, polysaccharide and inulin	NESTEC SA (NEST-C)	含有多糖、低聚果糖、菊糖的营养成分
16	AU2002234611-A1	Oil blend as food or diet supplement for preventing cardiovascular diseases and also used in nutritional products such as milk and juices, comprises polyunsaturated fatty acids and monounsaturated fatty acids	PULEVA BIOTECH SA (PULE-Non-standard)	含多不饱和脂肪酸和单不饱和脂肪酸的混合油脂
17	AU2008265715-A1	Product useful in e.g. food and cosmetic products comprises composition of labile compound, first encapsulant of composition, second encapsulant of first encapsulant, and Maillard reaction product, where second encapsulant is prill coating	MARTEK BIOSCIENCES CORP (MTKB-C); DSM IP ASSETS BV (STAM-C)	含不稳定化合物成分，具有双重密封，用于食品和化妆品的产品
18	AU2006247618-A1	Production of product comprising a nutrient, e.g. cereal, beverage, sun screens, multivitamin, energy bars and infant formula, involves hydrolyzing a biomass comprising nutrient, and emulsifying the hydrolyzed biomass	MARTEK BIOSCIENCES CORP (MTKB-C)	一种新颖的生产营养型产品的方法
19	AU9212392-A AU661297-B	Supplementing infant formula - by obtaining at least two different long chain poly-unsatd. fatty acid-contg. microbial oils from different sources and adding blend of oils	MARTEK CORP (MART-Non-standard)	添加多不饱和脂肪酸的婴儿配方奶粉
20	AU200123324-A	Use of 18C polyunsaturated fatty acids and derivatives for treatment or prevention of coronary heart disease and as nutritional supplements	COMMONWEALTH SCI & IND RES ORG (CSIR-C)	将十八碳多不饱和脂肪酸及其衍生物用于药物或营养添加物
21	AU2004320743-A1 AU2004320743-B2	Use of polyunsaturated fatty acids for manufacturing compositions comprising eicosapentaenoic acid, docosahexaenoic acid, arachidonic acid and oligosaccharides having mannose unit homology, used for stimulating intestinal barrier integrity	NUTRICIA NV (DNON-C)	利用多不饱和脂肪酸生产含 DHA 和 EPA 等的物质

序号	专利号	专利名称	专利权人	市场技术特色
22	AU2014232168-A1	Crude algal oil composition useful for producing nutraceutical product comprises eicosapentaenoic acid, arachidonic acid and docosahexaenoic acid of total fatty acids, or comprises triacylglycerol and monogalactosyldiacylglycerol fraction	AURORA ALGAE INC (AURO-Non-standard); VICK B (VICK-Individual); THOMPSON A (THOM-Individual); COLLINS M L (COLL-Individual); HIPPLER J G (HIPP-Individual); ASTWOOD J (ASTW-Individual)	用于生产含有 EPA、ARA 和 DHA 等脂肪酸的营养产品的粗藻油
23	AU2007238131-A1 AU2007238131-B2	Food oil composition for preparing food product, e.g. salad dressings, marinades and meat sauces, comprises first oil containing long chain polyunsaturated fatty acids, and second oil without long chain polyunsaturated fatty acids	MARTEK BIOSCIENCES CORP (MTKB-C)	一种用于制造沙拉酱和酱汁等食品,含有长链多不饱和脂肪酸的食用油
24	AU2007289233-A1 AU2014201227-A1	Infant formula composition used as food for infants, human milk, reconstitutable powders or ready-to-feed liquids comprises long chain fatty acids containing docosahexaenoic acid, docosapentaenoic acid or arachidonic acid	MARTEK BIOSCIENCES CORP (MTKB-C) DSM IP ASSETS BV (STAM-C) ARTERBUM L (ARTE-Individual) BARCLAY W (BARC-Individual) FLATT J (FLAT-Individual) VAN ELSWYK M (VELS-Individual) ZELLER S (ZELL-Individual)	一种含有 DHA、DPA 和 ARA 等长链多不饱和脂肪酸的婴儿配方奶粉
25	AU2007269255-A1	Infant formula for accelerating brain development in infants, contains gangliosides, phospholipids, total sialic acid as lipid-bound sialic acid, docosahexaenoic acid and arachidonic acid	ABBOTT LAB (ABBO-C) RUEDA R (RUED-Individual) BARRANCO A (BARR-Individual) RAMIREZ M (RAMI-Individual) VAZQUEZ E (VAZQ-Individual) VALVERDE E (VALV-Individual) PRIETO P (PRIE-Individual) DOHNALEK M H (DOHN-Individual)	一种加快婴幼儿大脑发育,含有 DHA 等脂肪酸的婴儿配方奶粉
26	AU2007269248-A1	Infant formula for reducing risk of diarrhea in infants, contains preset amount of gangliosides, phospholipids, lactoferrin, and sialic acid as lipid-bound sialic acid, as-fed basis	ABBOTT LAB (ABBO-C) RUEDA R (RUED-Individual) BARRANCO A (BARR-Individual) RAMIREZ M (RAMI-Individual) VAZQUEZ E (VAZQ-Individual) VALVERDE E (VALV-Individual) PRIETO P (PRIE-Individual) DOHNALEK M H (DOHN-Individual)	一种降低婴儿腹泻风险,含有磷脂、乳铁蛋白和唾液酸等的婴儿配方奶粉
27	AU2006306366-A1 AU2011218634-A1 AU2011218634-B2	Infant formula useful to promote retinal health and vision development in infant comprises fat, protein, carbohydrate, vitamins, and minerals containing docosahexaenoic acid, and on a ready-to-feed basis lutein	ABBOTT LAB (ABBO-C) ABBOTT GMBH&CO KG (ABBO-C) BARRETT-REIS B (BARR-Individual) PRICE P T (PRIC-Individual) MACKEY A (MACK-Individual)	一种用于促进婴儿视力和视网膜发育,含有 DHA 的婴儿配方奶粉

续表

序号	专利号	专利名称	专利权人	市场技术特色
28	AU2011353204-A1 AU2011353204-B2	Composition useful as nutritional or pharmaceutical composition for preventing and/or treating frailty, comprises nucleoside equivalent, omega-3 polyunsaturated fatty acid, vitamin B, phospholipid, antioxidant and/or choline	NUTRICIA NV (DNON-C)	一种具有预防或治疗虚弱功效,含有 ω-3 不饱和脂肪酸的营养或药物成分
29	AU2008320328-A1 AU2008320328-B2	Composition useful for e.g. improving, promoting or maintaining development of cognitive functions, brain, retina, and visual acuities in an infant comprises triglyceride, phospholipid and long chain poly-unsaturated fatty acid	ENZYMOTEC LTD (ENZY-Non-standard) BAR Y F (BARY-Individual) PELLED D (PELL-Individual) KATZ A (KATZ-Individual)	一种含有长链多不饱和脂肪酸,用于促进婴儿认知功能和脑及视网膜发育的成分
30	AU2011353251-A1	Non-medical use of at least two components comprising nucleoside equivalents, polyunsaturated fatty acids, vitamins B, phospholipids, antioxidants, or cholines, for e.g. increasing or maintaining the body weight of a mammal	NUTRICIA NV (DNON-C) DE WILDE M C (DWIL-Individual) HAGEMAN R J J (HAGE-Individual) GROENENDIJK (GROE-Individual) KAMPHUIS P J G H (KAMP-Individual)	非医疗目的使用含多不饱和脂肪酸成分以增加或维持哺乳动物的体重
31	AU2007311714-A1 AU2007311714-B2	Solid or semi-solid nutritional composition useful as ketogenic diet comprises protein, lipid and digestible carbohydrate fractions from at least two different sources	NUTRICIA NV (DNON-C)	用作生酮膳食的固体或半固体营养成分
32	AU2014228652-A1	Composition, such as infant formula, useful for delivering lipid nutrition to pediatric subject e.g. children and as nutritional supplements, comprises carbohydrate source, protein source, and fat source with enriched lipid fraction	BANAVARA D (BANA-Individual) JOUNI Z (JOUN-Individual) ALVEY J (ALVE-Individual) GONZALEZ J (GONZ-Individual) MJN US HOLDINGS LLC (MJNU-Non-standard)	一种作为儿童营养补充的营养成分
33	AU9913074-A	An enhanced infant formula containing liposome encapsulated nutrients and agents	BIOZONE LAB INC (BIOZ-Non-standard)	含有被脂质体包裹的营养物和药物的增强型婴儿配方奶粉。
34	AU200038845-A	Food product containing mixed glycerides comprising polyunsaturated fatty acid residues and/or highly unsaturated fatty acid residues stabilized by addition of phospholipids	MARTEK BIOSCIENCES CORP (MTKB-C)	含有多不饱和脂肪酸残基或高度不饱和脂肪酸残基的食品(添加了磷脂作为稳定剂)
35	AU2013234830-A1	Hemp-based infant formula composition used as nutritional source or supplement for preventing e.g. heart disease, diabetes, obesity, digestive ailments, and autism, comprises protein, carbohydrates, lipids, vitamins, and minerals	WRIGHT J (WRIG-Individual); SPRAGUE D (SPRA-Individual);	含有蛋白质、碳水化合物和油脂等的婴儿配方奶粉成分

序号	专利号	专利名称	专利权人	市场技术特色
36	AU2014260349-A1	Preterm infant formula useful as nutritional composition for promoting gastric emptying and head growth comprises carbohydrate source, fat source, and protein source comprising whey and hydrolyzed casein	ALVEY J (ALVE-Individual); BANAVARA D (BANA-Individual); BERG B (BERG-Individual); WITTKE A (WITT-Individual); BURRIN D (BURR-Individual); MJN US HOLDINGS LLC (MJNU-Non-standard)	含有碳水化合物、脂肪和蛋白质的早产儿配方奶粉
37	AU2009207823-A1 AU2009207823-B2	Capsule useful for beverage production device contains ingredients for producing a nutritional liquid when a liquid is fed into capsule, and further contains heat sensitive bioactive components that are physically separated from ingredients	NESTEC SA (NEST-C); WYSS H (WYSS-Individual); DOLEAC F (DOLE-Individual); STEVEN M D (STEV-Individual); TRAN K (TRAN-Individual)	用于饮料生产设备的胶囊
38	AU2003255314-A1	Cereal based food product includes encapsulated docosahexanoic acid and citrus flavors	NESTEC SA (NEST-C)	一种含有 DHA、基于谷类的食品
39	AU200068430-A	Composition for use as a medicament, food or nutritive product, for the treatment of sepsis or inflammatory shock, comprises at least one lipid	SOC PROD NESTLE SA (NEST-C); INRA INST NAT RECH AGRONOMIQUE (INRG-C); TURINI M (TURI-Individual); ROESSLE C (ROES-Individual); BREUILLE D (BREU-Individual); CROZIER-WILLI G (CROZ-Individual); FINOT P A (FINO-Individual); RICHELLE M (RICH-Individual); DUTOT G (DUTO-Individual);	用于药物、食品或营养品的成分，至少包含一种脂质
40	AU2002256661-A1	Composition useful for the prevention of osteoporosis comprises isoflavone and/or isoflavone glycoside, polyunsaturated fatty acid, and optionally a vitamin or excipient	ROCHE VITAMINS AG (HOFF-C); KRAMMER S (KRAM-Individual); RIEGGER C (RIEG-Individual); SCHLACHTER M (SCHL-Individual); WEBER P (WEBE-Individual); DSM IP ASSETS BV (STAM-C);	包含异黄酮、多不饱和脂肪酸、维生素的组分
41	AU9718382-A; AU720158-B	Enteral formula used in infant food - comprises protein, carbohydrate including dietary fibre, and fat	ABBOTT LAB (ABBO-C)	含蛋白质、碳水化合物和脂类的婴儿肠内食品配方
42	AU2008203869-A1; AU2008203869-B2	Food product, e.g. yogurt comprises stearidonic acid derived from transgenic plant having lower level of linolenic acid	MONSANTO TECHNOLOGY LLC (MONS-C)	含有十八碳四烯酸的食品

序号	专利号	专利名称	专利权人	市场技术特色
43	AU2008237599-A1 AU2008237599-B2	Lipid composition used in forming food products comprises specific mixture of edible synthetic triglycerides with defined molar ratio containing combinations of short chain, medium chain/optionally saturated long chain fatty acid residues	KRAFT FOODS GLOBAL BRANDS LLC (KRFT-C); KLEMANN L P (KLEM-Individual); FINLEY J W (FINL-Individual); INTERCONTINENTAL GREAT BRANDS LLC (INTE-Non-standard)	用于形成食品的脂质成分
44	AU2010230362-A1 AU2010230362-B2	Nutritional composition for mammal that is human infant between birth and three years of age comprises protein source, lipid source, and carbohydrate source, where lipid source is arachidonic acid in amount to provide specific daily dose	NESTEC SA (NEST-C); MACE C (MACE-Individual); APRIKIAN O (APRI-Individual)	一种针对 3 岁以下儿童的,含有蛋白质、脂类、碳水化合物的营养成分
45	AU2006220730-A1	Nutritional composition, useful to treat rheumatic diseases, comprises fat source comprising omega-3 or omega-6 long chain polyunsaturated fatty acid; carbohydrate source; protein source; and Boswellia extract or Phlebodium extract	ABBOTT LAB (ABBO-C); RUEDA R (RUED-Individual); BARRANCO A (BARR-Individual); RAMIREZ M (RAMI-Individual)	一种含有 ω-3 或 ω-6 脂肪酸的营养成分
46	AU2006340316-A1 AU2006340316-B2	Nutritional supplement for treating nutritional deficiency in individual suffering from e.g. anorexia nervosa, contains protein source comprising milk protein isolate and/or canola plant protein, fat source, and carbohydrate source	NOVARTIS AG (NOVS-C); NOVARTIS PHARMA GMBH (NOVS-C); NESTEC SA (NEST-C)	一种针对营养不良人群的,含蛋白质、脂肪和碳水化合物的营养补充成分
47	AU2005304994-A1 AU2005304994-B2	Oil composition useful as e.g. food composition, beverage comprises polyunsaturated fatty acid having at least four carbon-carbon double bonds or its derivative based upon total weight of fatty acid or its derivative	MONSANTO TECHNOLOGY LLC (MONS-C); HEISE J D (HEIS-Individual); MAKADIA V (MAKA-Individual); ARHANCET J P (ARHA-Individual); MORGENSTERN D A (MORG-Individual)	含有多不饱和脂肪酸, 用于食品和饮料等的油
48	AU2006265801-A1 AU2006265801-B2	Solid fat composition for e.g. dough, batter, baked food, ice cream, salad dressing, comprises mixture of unwinterized microbial oil comprising long chain polyunsaturated fatty acid and emulsifier	MARTEK BIOSCIENCES CORP (MTKB-C); DSM IP ASSETS BV (STAM-C)	一种含多不饱和脂肪酸, 用于面食和烘焙食品等的固体脂肪
49	AU2010255787-A1 AU2010255787-B2	Use of nutritional composition comprising protein source, carbohydrates source, lipid source having docosahexaenoic acid, probiotic microorganism and prebiotics, for improving cognitive performance in child of 1-7 years	NESTEC SA (NEST-C)	一种含有DHA, 用于改善 1~7 岁儿童认知能力的营养成分
50	AU2010255789-A1 AU2010255789-B2	Use of nutritional composition comprising protein, carbohydrates and lipid sources, probiotic microorganism and pre-biotics, for providing nutrition and for improving cognitive performance (e.g. learning capacity) in a child of 1-3 years	NESTEC SA (NEST-C)	一种含有蛋白质、碳水化合物和脂类等, 用于改善 1~3 岁童认知能力的营养成分

序号	专利号	专利名称	专利权人	市场技术特色
51	AU2006200169-A1 AU2006200169-B2	Use of pinolenic acid in the manufacture of composition for weight management by reducing feeling of hunger and increasing satiety	LODERS-CROKLAAN BV (LODE-Non-standard) LIPID NUTRITION BV (LIPI-Non-standard)	利用松油酸生产食品成分
52	AU2013217670-A1 AU2013217670-B2	Aqueous dispersion of microcapsule, useful in food product e.g. carbonated soda beverage, comprises hydrophobic substance, and interface layer comprising protein aggregates, and a negatively charged polymer	PEPSICO INC (PEPS-C)	一种用于食品的水分散体微胶囊
53	AU2003253199-A1	Dry food composition product for mixing with a drinkable liquid, includes fat, carbohydrates, proteins, vitamins and minerals	INDEVEX HOLDINGS LTD (INDE-Non-standard); VENTURI D (VENT-Individual); EBN INT KFT (EBNI-Non-standard)	一种含有脂肪、碳水化合物、蛋白质和维生素等的干燥食品
54	AU2006287524-A1 AU2006287524-B2 AU2012261647-A1	Edible product as dietary supplement, has fat-based composition containing specified amounts of triglyceride-based edible oil or fat, and non-esterified phytosterol(s) that have been converted to triglyceride-recrystallized phytosterols	PERLMAN D (PERL-Individual); HAYES K (HAYE-Individual); PRONCZUK A (PRON-Individual); UNIV BRANDEIS (UYBR-Non-standard)	一种含有甘油三酯食用油的可食用产品
55	AU2013371074-A1	Eicosapentaenoic acid (EPA) composition comprises EPA and polar lipids in form of e.g. capsule, or tablet, useful in e.g. food, and beverage for preventing, and/or treating disease condition e.g. psychiatric disorder, and liver disease	QUALITAS HEALTH LTD (QUAL-Non-standard)	用于食品和饮料的 EPA 组分
56	AU2011300428-A1	Emulsion, used in beverage to lower e.g. cholesterol levels, comprises emulsifier (tocopherol polyethylene glycol succinate), dispersed phase (polyunsaturated fatty acid), water, co-solvent e.g. glycerol, and mono- and/or disaccharide	OCEAN NUTRITION CANADA LTD (OCEA-Non-standard); DSM NUTRITIONAL PROD AG (DSMN-Non-standard)	一种含有多不饱和脂肪酸，具有降低胆固醇功效，用于饮料生产的乳液
57	AU2006269568-A1	Food article used as, e.g. wet soup, dehydrated and culinary food, or beverage comprises microcapsule having agglomeration of primary microcapsules and loading substance, each individual primary microcapsule having primary shell	OCEAN NUTRITION CANADA LTD (OCEA-Non-standard); CURTIS J M (CURT-Individual); ZHANG W (ZHAN-Individual); SPURVEY S A (SPUR-Individual); ROBERT S R (ROBE-Individual); MATTSON P H (MATT-Individual); GORSKI R A (GORS-Individual); FONG B Y (FONG-Individual); TRINGALE L M (TRIN-Individual); MATHEW D (MATH-Individual); DEA P C (DEAP-Individual) BOYDEN M M (BOYD-Individual) DSM NUTRITIONAL PROD (DSMN-Non-standard); ROCHE VITAMINS AG (HOFF-C)	一种含有微胶囊，用于汤、脱水食品、烹饪食品或饮料的食物颗粒

续表

序号	专利号	专利名称	专利权人	市场技术特色
58	AU2008203870-A1 AU2008203870-B2	Food product such as baked goods, dairy products, and margarines, comprises stearidonic acid exhibiting extended shelf-life against flavor degradation, where stearidonic acid is derived from transgenic plant	MONSANTO TECHNOLOGY LLC (MONS-C); WILKES R S (WILK-Individual)	一种含有十八碳四烯酸，具有延长保质期的食品
59	AU2009226019-A1 AU2009226019-B2 AU2009226019-C1	Liquid nanoemulsion concentrate, useful to prepare e.g. beverage or juice, comprises a polyethylene glycol derivative of vitamin E and non-polar active ingredient of polyunsaturated fatty acids, coenzyme Q10 compounds or phytosterols	VIRUN INC (VIRU-Non-standard); BROMLEY P J (BROM-Individual)	一种含有多不饱和脂肪酸，用于制备饮料或果汁的浓缩型液体乳
60	AU2003218573-A1 AU2003218573-B2 AU2006201070-A1 AU2006201070-B2	Microcapsule for containing loading substance comprises agglomeration of primary microcapsules with primary shell with agglomeration encapsulated by outer shell	YAN N (YANN-Individual); OCEAN NUTRITION CANADA LTD (OCEA-Non-standard); ROCHE VITAMINS AG (HOFF-C)	一种具有载物的微胶囊
61	AU2007282922-A1 AU2007282922-B2	Microcapsule used in beverage comprises agglomeration of microcapsules with primary shell and loading substance encapsulated by shell, where agglomeration is encapsulated by outer shell and shells have residue of composition having e.g. wax	OCEAN NUTRITION CANADA LTD (OCEA-Non-standard); YULAI J (YULA-Individual); BARROW C J (BARR-Individual); ZHANG W (ZHAN-Individual); YAN C (YANC-Individual); CURTIS J M (CURT-Individual); MOULTON S (MOUL-Individual); DJOGBENOU N B (DJOG-Individual); WEBBER L A (WEBB-Individual); ROCHE VITAMINS AG (HOFF-C); DSM NUTRITIONAL PROD (DSMN-Non-standard)	一种用于饮料的微胶囊
62	AU2008340061-A1 AU2008340061-B2	Microcapsule, useful in e.g. food supplement and beverage, comprises a fat-soluble active substance (e.g. vitamins), monounsaturated fatty acids, polyunsaturated fatty acids, carotenoids and benzoquinones embedded in a matrix	BASF SE (BADI-C); HANSEN M M (HANS-Individual); MUSAEUS N (MUSA-Individual)	一种含有单不饱和脂肪酸、多不饱和脂肪酸等，用于食物补充和饮料的微胶囊
63	AU2009290542-A1	Seamless capsule, useful for e.g. regulating health problem e.g. heart failure and neuronal development, comprises polysaccharide gel membrane outer surface shell having alginate, where the outer surface encapsulates at least one emulsion	PRONOVA BIOPHARMA NORGE AS (PRON-Non-standard); BERGE G (BERG-Individual); HUSTVEDT S O (HUST-Individual); ANDERSEN T (ANDE-Individual); GASEROD O (GASE-Individual); ANDERSEN P O (ANDE-Individual); LARSEN C K (LARS-Individual)	一种无缝胶囊，外面为一层多糖凝胶膜

续表

序号	专利号	专利名称	专利权人	市场技术特色
64	AU2010255788-A1	Use of pediatric nutritional composition comprising protein source, carbohydrate source, lipid source having docosahexaenoic acid, probiotic microorganism and prebiotic for supporting, sustaining and improving cognitive performance in child	NESTEC SA (NEST-C)	使用含DHA等的小儿营养成分维持和提高孩子的认知能力
65	AU2008210290-A1 AU2008210290-B2	Water-soluble formulation useful to prepare e.g. beverage, foods, pharmaceuticals and nutraceuticals comprises lipophilic bioactive molecule, water-soluble reducing agent and solubilizing agent containing substituted alkane derivative	NAT RES COUNCIL CANADA (CANA-C); ZYMES LLC (ZYME-Non-standard); CANADA NAT RES COUNCIL (CANA-Non-standard); BOROWY-BOROWSKI H (BORO-Individual); BERL V (BERL-Individual)	用于制备饮料、食品和药品等的水溶性配方
66	AU2012263081-A1 AU2012263081-A8	Health-giving foodstuff comprises ethyl esters of fatty acids, and microcapsule in form of powder comprising protein-carbohydrate matrix and nutraceutical with bioactive ethyl esters of acids	LEENLIFE POLSKA SA (LEEN-Non-standard)	一种含有脂肪酸乙酯的保健食品
67	AU2012335224-A1	Infant formula, useful for e.g. improving stool consistency of an infant, comprises fat comprising palmitic acid in the sn-2 position, oligofructose, protein, and omega-6-fatty acid	PFIZER INC (PFIZ-C); FITZGERALD M (FITZ-Individual); KULLEN M J (KULL-Individual); RAMANUJAM K S (RAMA-Individual); YAO M (YAOM-Individual); NESTEC SA (NEST-C)	一种含有低聚果糖、ω-6脂肪酸的婴幼儿配方奶粉
68	AU2010335044-A1 AU2010335044-B2	Nutritional composition used for preventing or treating disease or condition involving muscle decline in mammal, comprises proteinaceous matter comprising whey protein and leucine, and source of fat and source of digestible carbohydrates	NUTRICIA NV (DNON-C)	一种含有乳清蛋白、亮氨酸、脂肪和易消化的碳水化合物的营养成分
69	AU2013235266-A1	Aqueous omega-3 fatty acid gel composition, useful in oral and gastro-retentive dosage forms which are used e.g. as nutritional supplementation, comprises water and an omega-3 fatty acid e.g. all-cis-5,8,11,14,17-eicosapentaenoic acid	PARTICLE DYNAMICS INT LLC (PART-Non-standard)	一种水性的ω-3脂肪酸凝胶
70	AU2003259904-A1 AU2003259904-A8	Coating polyunsaturated fatty acid containing particles useful in e.g. food involves metering liquid coated material through flow restrictor, injecting gas stream to atomize liquid coating and adding carrier particles	DU PONT DE NEMOURS & CO E I (DUPO-C); DALZIEL S M (DALZ-Individual); FRIEDMANN T E (FRIE-Individual); SCHURR G A (SCHU-Individual)	一种制备含多不饱和脂肪酸载体颗粒的技术

续表

序号	专利号	专利名称	专利权人	市场技术特色
71	AU2012214120-A1 AU2012214120-B2	Composition, useful as nutritional supplements, and to prepare food product comprising e.g. an infant or preterm infant formula, comprises unstable material, octenylsuccinyl anhydride-modified starch and a source of reducing sugars	CLOVER CORP LTD (CLOV-Non-standard)	一种含有不稳定材料、淀粉和还原糖,用于营养补充和食品制备的成分
72	AU2008221680-A1 AU2008221680-B2	Composition, useful in an infant food product e.g. bread and yoghurt, comprises an oxidation sensitive edible oil in a matrix comprising emulsifying agent of soy protein or emulsifying modified starches, and glucose syrup	FRIESLAND BRANDS BV (FRIL-C)	一种用于婴儿食品的组分,含有氧化敏感的食用油
73	AU2003280517-A1	Dietary extra-virgin olive oil with added omega-3 fatty acids, consists of extra-virgin olive oil, eicosapentaenoic acid, docosahexaenoic acid, vitamin E acetate and vitamin B pyridoxine dipalmitate	SALOV SPA (SALO-Non-standard)	添加 ω-3 脂肪酸的食用橄榄油
74	AU2009288740-A1	Edible fat composition, useful in e.g. human diet and prepared food product e.g. dairy product, comprises myristic acid esterified at the sn-2 position in triglyceride molecules, linoleic acid, oleic acid and saturated fatty acids	UNIV BRANDEIS (UYBR-Non-standard); PERLMAN D (PERL-Individual); HAYES K C (HAYE-Individual)	一种用于人类饮食和食品制作的食用脂肪成分,含有豆蔻酸、亚油酸、油酸等
75	AU2008330337-A1	Encapsulate, useful in e.g. foodstuff, comprises protein-based encapsulation matrix that envelops oil droplets containing polyunsaturated fatty acids, where matrix contains protein that has been cross-linked by disulfide crosslinks	NIZO FOOD RES BV (NIZO-Non-standard)	一种用于食品生产的封装技术
76	AU2002245977-A1 AU2002245977-B2 AU2002245977-B9	Food composition for use in cooked frozen egg pastries, omelettes, other frozen products, cake mixes, smoothies, salad dressings and protein beverages, comprises liquid egg and omega-3 fatty acid	BURNBRAE FARMS LTD (BURN-Non-standard); HUDSON M F (HUDS-Individual); WING P L (WING-Individual); BEAUREGARD E (BEAU-Individual)	一种含有液态蛋和 ω-3 脂肪酸的食品组分,用于煎蛋卷、鸡蛋饼和果汁等食品
77	AU2007279448-A1	Food product for decreasing, ameliorating or diagnosing allergy in infants, contains amino acid fraction comprising amino acids and peptides, and lipid fraction comprising fatty acid e.g. arachidonic or docosahexanoic acid	NUTRICIA NV (DNON-C)	一种降低、改善或诊断婴幼儿过敏的食品,含有氨基酸、肽和 DHA 等
78	AU200072028-A AU782267-B2	Glycerides and/or fatty acids blend for food application comprises fatty acid, docosahexaenoic acid and eicosapentaenoic acid, and other fatty acids as balance	UNILEVER PLC (UNIL-C); UNILEVER LTD (UNIL-C); UNILEVER NV (UNIL-C); UNILEVER PATENT HOLDINGS BV (UNIL-C); CAIN F W (CAIN-Individual); BOUWER S (BOUW-Individual); VAN DEN HOEK M H W (VHOE-Individual); MENZEL A (MENZ-Individual); LODERS-CROKLAAN BV (LODE-Non-standard)	用于食品的甘油酯脂肪酸混合物,含有 DHA 和 EPA 等脂肪酸

续表

序号	专利号	专利名称	专利权人	市场技术特色
79	AU200150731-A AU2001250731-B2	Lipid composition used in, e.g. food products, such as ice cream product or cheese product, comprises milk or aqueous portion and/or polyunsaturated fatty acid(s), protecting oil, and additive(s)	SKANEMEJERIER EK (SKAN-Non-standard)	一种用于冰激凌和奶酪等产品的脂类，含有牛奶和多不饱和脂肪酸等
80	AU2013277900-A1	Nutritional composition used e.g. to prevent osteoporosis, comprises carbohydrates, protein and lipid, where lipid comprises e.g. vegetable fat and has fatty acid composition comprising polyunsaturated fatty acids in form of lipid globules	NUTRICIA NV (DNON-C)	一种用于预防骨质疏松症的营养成分，包含碳水化合物、蛋白质和多不饱和脂肪酸等
81	AU2012351535-A1	Nutritional product, used e.g. as dietary supplements, and to treat swallowing disorder, comprises aqueous solution of food grade biopolymer capable of providing specified shear viscosity and relaxation time to nutritional product	NESTEC SA (NEST-C)	一种用于膳食补充的营养产品
82	AU2003238264-A1 AU2003238264-B2 AU2009203200-A1	Oil emulsion for liquid or solid food, cosmetic, pharmaceutical, nutraceutical or industrial product, comprises oil component, emulsifier, emulsion stabilizer, and water	MARTEK BIOSCIENCES CORP (MTKB-C); DSM IP ASSETS BV (STAM-C); ABRIL J R (ABRI-Individual); STAGNITTI G E (STAG-Individual)	一种应用于食品、化妆品、医药保健品的油乳液
83	AU2008239934-A1 AU2008239934-B2	Preparation of a serum protein product useful in a food or therapeutic composition e.g. baby food for promoting maturation of intestinal wall, involves preparation of a permeate through microfiltering of milk from a ruminant with a membrane	FRIESLAND BRANDS BV (FRIL-C)	制备用于婴儿食品的血清蛋白制品的方法
84	AU2007289008-A1	Preparation of food product e.g. sweetened food product involves applying liquid coating with encapsulated polyunsaturated fatty acid PUFA-containing composition to at least portion of food base, and solidifying coating on food base	MARTEK BIOSCIENCES CORP (MTKB-C)	一种制备含多不饱和脂肪酸的食品的方法
85	AU2007213506-A1	Preparation of water soluble (un)saturated fatty acid salt useful as nutritional supplement involves addition of amino alcohol compound to crude composition containing (un)saturated fatty acid followed by separation and isolation	UNIV OSLO (UYOS-Non-standard); CAMPBELL N (CAMP-Individual)	一种制备水溶性不饱和脂肪酸盐的方法
86	AU2010317140-A1	Vegetable oil, useful in food product (for humans and animals), an infant formula and cosmetic composition, comprises a polyunsaturated fatty acid having at least 20 carbon atoms e.g. arachidonic acid and eicosapentaenoic acid	DSM IP ASSETS BV (STAM-C); VERKOEIJEN D (VERK-Individual); ZUUR K (ZUUR-Individual); BIJL H L (BIJL-Individual)	用于食品、婴幼儿配方奶粉和化妆品，含有多不饱和脂肪酸的植物油

续表

序号	专利号	专利名称	专利权人	市场技术特色
87	AU2002317464-A1	Viscous oil product used in food products, comprises preset amount of oil and non-monoglyceride crystallizing agent	EGER OLIVE OIL PROD IND LTD (EGER-Non-standard); EGER S (EGER-Individual); ERLICH M (ERLI-Individual); NEEMAN I (NEEM-Individual)	一种用于食品的稠油产品
88	AU2004229165-A1	Composition useful for supplementing dietary needs of e.g. pregnant women comprises vitamins, minerals selected from magnesium and zinc, trace elements, docosahexaenoic acid and a carrier	BOEHRINGER INGELHEIM INT GMBH (BOEH-C) PHARMATON SA (PHAR-Non-standard)	一种为孕妇提供维生素、矿素质、微量元素 和 DHA 等用于饮食补充的成分
89	AU200051395-A AU780504-B2	New compositions for enriching breast milk to optimize neurological development of infant, comprising linoleic acid and/or docosahexaenoic acid or omega-2 or -3 fatty acid	KV PHARM CO (KVPH-Non-standard) DRUGTECH CORP (DRUG-Non-standard)	一种用于丰富母乳、促进婴儿神经发育的新的成分
90	AU2005251687-A1	Nutritional supplement for pregnant and lactating woman and her child, comprises at least one essential fatty acid or its precursors and/or derivatives and at least one iron compound	DRUGTECH CORP (DRUG-Non-standard)	一种针对怀孕和哺乳期妇女及其孩子的营养补充
91	AU2005265617-A1 AU2005265617-A2 AU2005265617-B2	Capsule film forming composition for soft capsule used as pharmaceuticals, quasi drug, health food, common foodstuffs and cosmetics, contains gelatin and inositol phosphate	WAKUNAGA PHARM CO LTD (WAKT-C)	一种用于制药、保健食品、普通食品和化妆品的软胶囊的囊膜
92	AU2008205325-A1 AU2008205325-A2 AU2008205325-B2	Microcapsule used in emulsion and formulation vehicle such as foodstuffs and beverage, and for preparing medicament for delivering loading substance, comprises loading substance, and agglomeration of primary microcapsules	OCEAN NUTRITION CANADA LTD (OCEA-Non-standard)	一种用于食品和饮料等的微胶囊
93	AU2012380676-A1 AU2012380676-B2	Powder blend composition used in food product which is nutritional bar and granola bar, comprises homogenous blend of powdered green tea extract and powdered preparation comprising polyunsaturated fattyacids	OCEAN NUTRITION CANADA LTD (OCEA-Non-standard) DSM NUTRITIONAL PROD AG (DSMN-Non-standard)	一种用于食品的、绿茶粉和含多不饱和脂肪酸的粉的混合粉
94	AU2011331408-A1	Set of nutritional compositions for infants and young children, preferably for reducing obesity, diabetes, cardiovascular diseases, and metabolic disorders associated with obesity, comprises first, second, and third compositions for infants	NESTEC SA (NEST-C)	一种针对婴幼儿的营养物, 用于减少婴幼儿因肥胖引起的相关健康问题
95	AU2011331409-A1	Set of nutritional composition useful for providing balanced nutritional diet to infant and young children in first three years of life comprises age-specific fat compositions containing mix of vegetable fats and animal fats	NESTEC SA (NEST-C)	一种为 0~3 岁婴幼儿提供营养均衡饮食的营养成分

序号	专利号	专利名称	专利权人	市场技术特色
96	AU2011275840-A1 AU2011275840-B2	Set of nutritional compositions, useful in feeding infant and young children with balanced nutritional diet, comprises nutritional compositions comprising e.g. long-chain polyunsaturated fatty acids and having age-specific fat contents	NESTEC SA (NEST-C)	一种含有长链多不饱和脂肪酸，为婴幼儿提供营养均衡饮食的营养成分
97	AU2014228663-A1	Anti-regurgitation infant formula for reducing gastroesophageal reflux comprises protein source comprising partially hydrolyzed whey and partially hydrolyzed casein; pre-gelatinized waxy corn starch; and low-methylated pectin	MJN US HOLDINGS LLC (MJNU-Non-standard) AO Z (AOZZ-Individual) GONZALEZ J (GONZ-Individual)	一种抗胃食管返流的婴儿配方奶粉
98	AU2003221987-A1 AU2003225059-A1 AU2003234132-A1 AU2003234133-A1 AU2003225059-B2 AU2003234133-B2 AU2008200113-A1 AU2003221987-B2 AU2008201754-A1 AU2008201754-B2 AU2011202058-A1 AU2011202058-B2	Composition useful as food or beverage for weight management comprises short chain fatty acid and long chain fatty acid components	KELM G R (KELM-Individual) CLYMER J W (CLYM-Individual) BHARAJ S S (BHAR-Individual) STARCHER M A (STAR-Individual) FRANCIS C E (FRAN-Individual) PROCTER & GAMBLE CO (PROC-C)	一种含有短链脂肪酸和长链脂肪酸、用于食品或饮料的成分
99	AU2009334476-A1 AU2009334476-B2 AU2013219235-A1 AU2013219235-B2	Dietary supplement, useful e.g. for improving the health of an individual, and to promote a healthy heart and circulatory system, comprises fatty acid component enriched for one or more activated fatty acids and excipient	MILLER R A (MILL-Individual) NITROMEGA CORP (NITR-Non-standard)	一种用于改善个体健康的膳食补充成分
100	AU2004295582-A1	Fats and oil composition for use in foodstuff and supplement, contains long chain polyunsaturated fatty acid-supplying compound and phosphatide	SUNTORY LTD (SUNR-C) KAWASHIMA H (KAWA-Individual) ONO Y (ONOY-Individual) NAKAHARA K (NAKA-Individual)	一种用于食品、含有长链多不饱和脂肪酸的脂肪和油脂组分
101	AU2003290387-A1 AU2003290387-A8	Food composition for human and non-human animal consumption, comprises oleyl ethanolamide component	NATURAL ASA (NATU-Non-standard)	供人类及非人类动物食用的食品成分
102	AU2012241814-A1	Nutritional composition, useful e.g. as an oral nutritional supplement and e.g. for improving immunity in individual comprising an infant, a child or an adult, comprises branched chain fatty acids	NESTEC SA (NEST-C) BOLSTER D (BOLS-Individual) ROUGHEAD Z K F (ROUG-Individual) MAGER J (MAGE-Individual)	一种提高个体免疫力的口服营养成分

9.5 本章小结

本章通过对巴西、印度、俄罗斯、澳大利亚四个国家市场上DHA涉及的食品、食品形式、

食品制造的方法/工艺、食品的组分/配方和制作食品的相关材料等专利进行了分析,发现:

1)巴西、印度、俄罗斯、澳大利亚四个国家市场的主要专利权人高度相似,专利数量排名前3位的专利权国家均为美国、瑞士和荷兰,其中,美国的主要专利权机构有雅培实验室、马泰克生物科学有限公司、米德约翰逊营养品公司、孟山都生物科技公司等,瑞士的主要专利权机构为雀巢公司和罗氏制药公司,荷兰的主要专利权机构有帝斯曼知识产权资产管理有限公司、纽迪希亚公司、联合利华集团等。

2)巴西、印度、俄罗斯、澳大利亚四个国家市场的DHA产品应用形式高度相似,主要有婴幼儿配方奶粉、用于食品的微胶囊、饮料、果汁、食用油、口香糖、干燥食品、食用乳液、谷类食品和面粉等。

3)与澳大利亚等国家相比,俄罗斯市场DHA专利申请数量最少,除纽迪希亚公司、米德约翰逊营养品公司外,大公司较少在该国进行专利保护。

|第10章| 跨国企业专利态势与优势技术

目前，掌握DHA专利的跨国企业主要有马泰克生物科学有限公司（美国）、帝斯曼集团（荷兰）、雅培实验室（美国）、持田制药公司（日本）、阿克海洋生物公司（挪威）和雀巢公司（瑞士）等，本章将对这些跨国企业的专利持续发明创新的能力与优势技术开展分析。

10.1 美国马泰克生物科学有限公司

10.1.1 基本情况

马泰克生物科学有限公司（Martek Biosciences Corp）是美国婴儿食品原料制造商，其客户包括美国第二大谷类早餐制造商家乐氏公司（Kellogg's）、美赞臣营养品公司（Mead Johnson Nutrition）和法国达能集团（Danone）等。马泰克生物科学有限公司是美国著名的DHA原料制造商，仅生产一种DHA产品——Life's DHA。作为DHA行业的领导者，马泰克生物科学有限公司对DHA的开发已有近三十年的经验。与提取自鱼类的DHA产品不同，马泰克生物科学有限公司的DHA提取自藻类，安全无污染，不含各种重金属。Life's DHA被广泛应用于婴幼儿食品、乳制品、谷物食品、饮料、糖果、饼干和肉制品等。美赞臣、惠氏、雅培、雀巢等全球知名品牌的婴幼儿配方奶粉中添加的DHA大多来自Life's DHA。马泰克生物科学有限公司的DHA在全球婴儿配方市场占有率达75%，在美国市场占有率高达96%。2010年，马泰克生物科学有限公司在全球的营业额为3.28亿美元（其中，婴儿配方奶粉的营业额为2.88亿美元，非婴儿配方奶粉的营业额为4000万美元），税前总收入为6400万美元。马泰克生物科学有限公司Life's DHA系列包括的产品有Life's DHA™ All-Vegetarian Softgel 200mg DHA、Life's DHA plus+ EYE HEALTH及Life's DHA Vegetarian Kids Softgel 100mg DHA，市场售价分别为34.95美元、36美元和29.95美元[①]。

10.1.2 专利持续创新能力

马泰克生物科学有限公司从1991年开始有DHA相关专利的申请，截止到2015年，共申请专利为222件，其中，关于DHA的专利为108件，占专利申请总数量的48.6%。马泰克生物科学有限公司的DHA专利申请数量年度变化趋势如图10.1所示。

---

① United States Securities and Exchange Commission from 10-K/A. Martek Biosciences corporation。

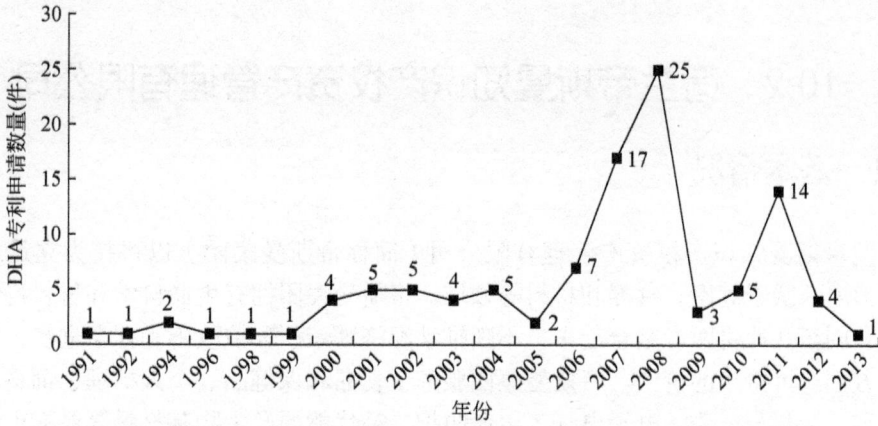

图 10.1 马泰克生物科学有限公司 DHA 专利申请数量年度变化趋势分析

10.1.3 技术优势分析

通过 IPC 分类号对马泰克生物科学有限公司申请的 DHA 专利涉及的主要技术领域分布情况进行分析（表 10.1），可以看出，马泰克生物科学有限公司 DHA 专利涉及的技术领域主要集中于脂肪、脂油、酯型蜡、高级脂肪酸及氧化油或脂的制备（C12P-007/64）、含 3 个或 3 个以上双键的有与至少 7 个碳原子的无环链相连的羧基的羧酸等有效成分的医药配制品（A61K-031/202）和含添加剂的食品或食料（A23L-001/30）等。

表 10.1 马泰克生物科学有限公司 DHA 专利涉及的主要技术领域分布情况

IPC 分类号	专利申请数量（件）	技术领域
C12P-007/64	53	脂肪、脂油、酯型蜡、高级脂肪酸及氧化油或脂的制备
A61K-031/202	34	含 3 个或 3 个以上双键的有与至少 7 个碳原子的无环链相连的羧基的羧酸等有效成分的的医药配制品
A23L-001/30	31	含添加剂的食品或食料
A61K-031/20	25	有与至少 7 个碳原子的无环链相连的羧基的羧酸等有效成分的医药配制品
A23D-009/00	23	食用油或脂肪，如人造奶油、松酥油脂、烹饪用油及其他食用油或脂肪
C12N-015/82	22	用于植物细胞的突变或遗传工程；遗传工程涉及的 DNA 或 RNA，载体
A23D-007/00	21	含有水相的食用油或脂肪组分
A61K-031/232	17	含 3 个或 3 个以上双键的含有羧酸链接至少 7 个碳原子的碳链上的羧酸的酯的医药配制品
C12N-001/00	17	微生物本身，如原生动物；及其组合物
C12N-001/21	17	引入外来遗传物质修饰的细菌；及其培养基

10.2　荷兰帝斯曼知识产权资产管理有限公司

10.2.1　基本情况

荷兰帝斯曼知识产权资产管理有限公司（简称帝斯曼集团）以科技为立足之本，在全球范围内活跃于健康、营养和材料等领域。帝斯曼集团拥有生命科学和材料科学领域的专长，并创新性地将两者结合起来，不断推动经济繁荣、环境改善和社会进步，为所有利益相关方创造可持续的价值。帝斯曼集团服务于食品和保健品、个人护理、饲料、医疗设备、汽车、涂料与油漆、电子电气、生命防护、替代能源及生物基材料等终端市场，在全球范围内创造可持续的解决方案，促进营养、增强和保证产品功效、提高产品性能。帝斯曼集团生产的食品和个人保健产品主要包括维生素、类胡萝卜素、食物酶和酵母等，其中和 DHA 相关的产品有婴儿营养食品和膳食补充剂。2015 年，帝斯曼集团的营养品总销售额为 50 亿欧元，税前利润为 8.22 亿欧元。截至 2016 年，帝斯曼集团在欧洲、亚洲、北美、拉丁美洲和非洲等地区设立了分公司，雇员分别为 9298 人、6028 人、3151 人、2021 人和 252 人[①]。

10.2.2　专利持续创新能力

帝斯曼集团从 1997 年开始有 DHA 相关专利申请。截至 2015 年，帝斯曼集团共申请专利为 5254 件，其中，DHA 相关专利为 106 件，仅占专利总数的 2%。帝斯曼集团 DHA 专利申请数量年度变化趋势如图 10.2 所示，可以看出，从 1997 年以来，帝斯曼集团 DHA 专利的申请数量总体呈波浪式上升趋势，其中，2007 年的专利申请数量最多，为 14 件。

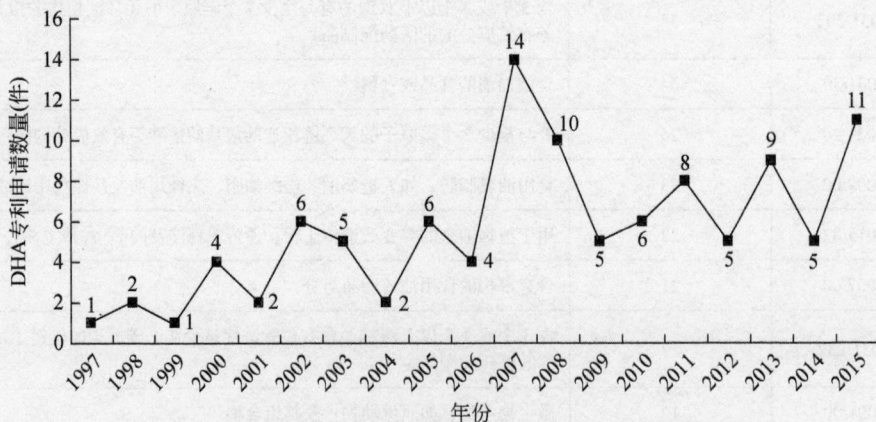

图 10.2　帝斯曼集团 DHA 专利申请数量年度变化趋势分析

---

① DSM company presentation 2016。

10.2.3　技术优势分析

通过 IPC 分类号对帝斯曼集团的 DHA 专利涉及的主要技术领域分布情况进行分析（表 10.2），可以看出，帝斯曼集团的 DHA 专利的技术主要涉及含添加剂的食品或食料（A23L-001/30）、脂肪、脂油、酯型蜡、高级脂肪酸及氧化油或脂的制备（C12P-007/64）、含 3 个或 3 个以上双键的含有羧酸链接至少 7 个碳原子的碳链上的羧酸的酯的医药配制品（A61K-031/202）等领域。

表 10.2　帝斯曼集团 DHA 专利涉及的主要技术领域分布情况

IPC 分类号	专利申请数量（件）	技术领域
A23L-001/30	46	含添加剂的食品或食料
C12P-007/64	43	脂肪、脂油、酯型蜡、高级脂肪酸及氧化油或脂的制备
A61K-031/202	36	以羧酸为有效成分的医药配制品，该羧酸含 3 个或 3 个以上双链
A23D-009/00	35	松酥油脂、烹饪用油等食用油或脂肪
C11B-001/00	26	从原料生产脂肪或脂油
A23D-007/00	25	含有水相的食用油或脂肪组分
A23L-001/29	20	改变食品的营养性质或营养制品
A61K-031/20	20	含 3 个或 3 个以上双链的，有与至少 7 个碳原子的无环链相连的羟基羧酸
A23K-001/16	19	动物饲料补充食物附加或盐块
C12P-000/00	17	发酵或使用酶的方法合成目标化合物或组合物或从外消旋混合物中分离旋光异构体

10.3　美国雅培实验室

10.3.1　基本情况

雅培实验室于 1888 年在美国芝加哥创办，历经百年发展，目前已发展为一个医药及营养产品多元化的世界 500 强企业。自 1927 年首次研制并推出 "心美力" 婴儿奶粉以来，雅培实验室的婴幼儿营养产品不断趋向完善和先进。雅培实验室 1998 年推出的 "喜康宝" 婴儿奶粉率先添加了 TPAN 核甘酸，开创了婴幼儿营养的新时代。雅培实验室的医疗保健品及服务主要包括医药、营养产品、医院用品与诊断用品。雅培实验室共有超过 5.7 万名雇员，分布于全球的 44 个国家，分别从事生产、分销及联营业务。雅培实验室的产品已销往全球的 130 个国家。

雅培实验室是美国最大的小儿营养品市场先驱，稳操市场翘楚地位。雅培实验室的业务中，发展最迅速的为医疗营养产品。这些产品或直接口服，或用吸管饮用，最适合为有特别营养需要的人士提供全面的养分补充。雅培实验室也是美国最大的医疗营养品及管饲仪器用具生产商，现正积极扩展其国际市场。

2015 年，雅培实验室总收入的 42% 来自各种形式的补贴和津贴，而这些收入大部分又来源于 2015 年营养品的生产。雅培实验室为国家关于管理特殊补充营养的计划提供回扣，该计划主要针对妇女、儿童、批发商、集团采购组织和其他政府机构及私人实体。雅培实验室 2013 年退税总额和销售总额分别为 19 亿美元和 102 亿美元，2014 年退税总额和销售总额分别为 21 亿美元和 103 亿美元，2015 年退税总额和销售总额分别为 22 亿美元和 103 亿美元。雅培实验室的主要产品为各种类型的婴幼儿配方奶粉、成年和其他儿童营养品及用于卫生保健领域的各种营养产品[①]。

未来，雅培实验室计划建立药品计划，扩大产品组合，在其主要市场推出新品牌药物，建立符合第一批特定药品市场的新品牌通用产品，进一步扩大现有品牌，对新产品进行改进及战略授权活动。

10.3.2　专利持续创新能力

雅培实验室从 1993 年开始有 DHA 相关专利申请。截至 2015 年，雅培实验室共申请专利为 5811 件，其中，关于 DHA 的专利为 118 件，占专利总数的 2%。雅培实验室 DHA 专利申请数量年度变化趋势如图 10.3 所示，可以看出，从 1993 年至今，雅培实验室 DHA 专利的申请数量呈显著上升趋势，其中，2014 年专利申请数量最多，达 18 件。可以推断，雅培实验室对 DHA 相关技术的研究非常重视，并积极对相关技术寻求专利保护。

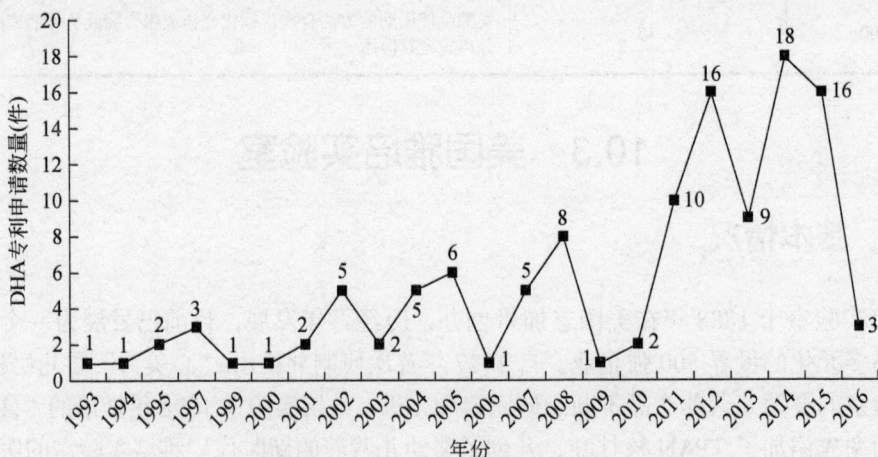

图 10.3　雅培实验室 DHA 专利申请数量年度变化趋势分析

---

① United States Securities and Exchange Commission from 10-K, Abbott Laboratories。

10.3.3 技术优势分析

通过 IPC 分类号对雅培实验室 DHA 专利涉及的主要技术领域分布情况进行分析（表 10.3），可以看出，雅培实验室 DHA 专利的技术主要涉及含添加剂的食品或食料（A23L-001/30）、改变食品的营养性质或营养制品（A23L-001/29）和含 3 个或 3 个以上双键的有与至少 7 个碳原子的无环链相连的羧基的羧酸等有效成分的的医药配制品（A61K-031/202）等领域。

表 10.3　雅培实验室 DHA 专利涉及的主要技术领域分布情况

IPC 分类号	专利申请数量（件）	技术领域
A23L-001/30	70	含添加剂的食品或食料
A23L-001/29	55	改变食品的营养性质或营养制品
A23L-001/305	30	氨基酸类、肽或蛋白质类的添加剂食品或食料及其制备或处理
A61K-031/202	30	以羧酸为有效成分的医药配制品，该羧酸含 3 个或 3 个以上双键
A23L-000/00	22	食品、食料或非酒精饮料及其制备或处理（如烹调、营养品质的改进、物理处理）
A61K-031/702	20	寡糖，即含有彼此通过配糖键连接的三至五糖基的碳水化合物的医药配制品
A61K-031/20	17	以羧酸为有效成分的医药配制品该羧酸有与至少 7 个碳原子的无环链相连的羧基
C07H-021/04	16	有脱氧核糖基作为糖化物基团的化合物，具有以脱氧核糖基的糖化物基团连接的单独的碳酸酯基或多磷酸酯基
A23C-009/20	15	营养奶配制品；奶粉或奶粉的配制品
A23L-001/302	15	含维生素的改变食品的营养性质或营养制品及制备处理

10.4　日本持田制药公司

10.4.1　基本情况

日本持田制药公司成立于 1913 年。从成立时起，该公司就励志为市场提供原始创新药物和促进日本医疗行业的发展。经过不断的努力和发展，持田制药公司为促进病人的健康和提高病人的生活质量做出了巨大贡献。

为了提供全面的医疗服务，持田制药公司新发展了营养补充剂业务，为消费者提供高质量的营养产品。持田制药公司的营养类产品主要为 Vitacollage 系列，该系列产品使用了高质量的原料，旨在为节食或注重摄取碳水化合物的人群提供一种新的易于使用的营养补品。2012 年，持田制药公司生产了第一种标准化产品——FOSHU Glucoriina。持田制药公司将继续为人们的饮食平衡和健康提供服务和支持。

2011~2015年，日本持田制药公司的年销售额分别为79 506百万日元、86 205百万日元、89 210百万日元、93 947百万日元和87 252百万日元，公司净收入分别为5333百万日元、9076百万日元、9152百万日元、9892百万日元和7544百万日元[①]。

持田制药公司计划在2015~2017年对医疗保健领域进行改革，主要包括3点：①继续推出新药，并提高销售能力；②加强对原料的控制；③进行连续投资，创造新一代主导产品。

10.4.2 专利持续创新能力

日本持田制药公司从2002年开始有DHA相关专利的申请，截至2015年，该公司共申请专利为610件，其中，关于DHA的专利为37件，占专利申请总数量的6.1%。该公司DHA专利申请数量年度变化趋势如图10.4所示，可以看出，自2002年以来，该公司DHA相关专利申请的数量一直处于比较低的水平（个位数），2010年专利申请数量最多，为6件。

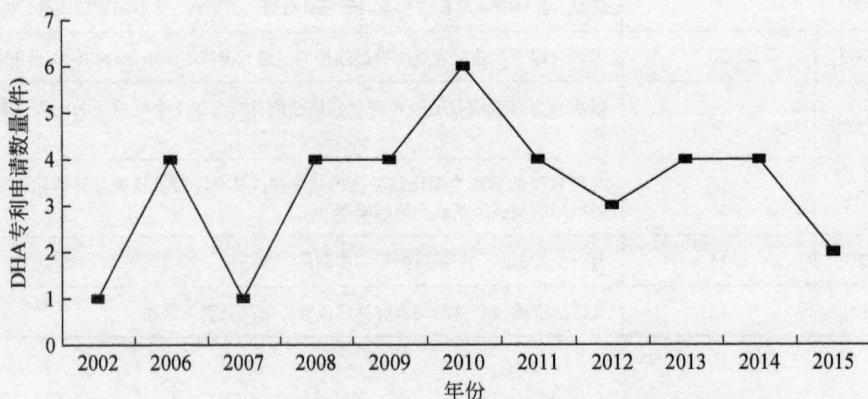

图 10.4   日本持田制药公司 DHA 专利申请数量年度变化趋势分析

10.4.3 技术优势分析

通过IPC分类号对该公司DHA专利涉及的主要技术领域进行分析（表10.4），可以看出，日本持田制药公司的DHA专利的技术主要涉及医药配制品领域（A61K-031/202、A61K-031/232）、抗高血脂疾病的药物（A61P-003/06）、用于特殊目的的药物（A61P-043/00）等领域。

---

① Mochida annual review 2015.

表 10.4　日本持田制药公司 DHA 专利涉及的主要技术领域分布情况

IPC 分类号	专利申请数量（件）	技术领域
A61K-031/202	17	以羧酸为有效成分的医药配制品，该羧酸含 3 个或 3 个以上双键
A61K-031/232	16	含 3 个或 3 个以上双键的含有羧酸链接至少 7 个碳原子的碳链上的羧酸的酯的医药配制品
A61P-003/06	8	抗高血脂药
A61P-043/00	8	用于特殊目的的药物
A61K-031/185	7	含酸、酐、卤化物或其他盐类的医药配制品
A61K-045/00	7	含其他有效成分的医药配制品
A61P-001/16	7	治疗肝脏或胆囊疾病的药物
A61P-009/10	7	治疗局部缺血或动脉粥样硬化疾病的（如抗心绞痛药、冠状血管舒张药）、治疗心肌梗死、视网膜病、脑血管功能不全、肾动脉硬化疾病的药物
A61K-031/20	6	以羧酸为有效成分的医药配制品，该羧酸有至少 7 个碳原子的无环链相连的羧基
A61K-031/21	6	含有酯类（如硝化甘油、硒代氰酸酯）的医药配制品

10.5　挪威阿克海洋生物公司

10.5.1　基本情况

阿克海洋生物公司是挪威著名的工业投资公司——阿克集团（Aker Group）旗下的子公司，与 Aker Solutions、Aker Drilling 和 Aker Clean Carbon 等都是挪威乃至世界著名的工业企业，相关技术处于世界领先水平。该公司主要通过对磷虾捕捞和加工来创造价值，主要产品为木荷磷虾油、荷磷虾帽和磷虾粉等。木荷磷虾油含有丰富的 ω-3 磷脂和抗氧化剂虾青素，能够给身体提供健康。荷磷虾帽是一种全新的胶囊类型的磷虾浓缩产品，含有丰富的 ω-3 磷脂，由佐贺海边的渔船工厂生产。Qrill Qrill ™是阿克海洋生物公司的磷虾粉，该产品专供于水产饲料市场。Qrill Qrill ™磷虾粉产品已被 26 个国家和地区的水产养殖户使用。

阿克海洋生物公司是目前唯一被授予 MSC 认证的磷虾渔业企业。该公司拥有两艘捕捞船和一艘货轮，在南极地区进行生态捕捞，然后对捕捞的磷虾进行制粉和提取磷虾油。该公司每年的磷虾捕捞量占全球捕捞总量的一半以上，并占有全球 70% 的磷虾油市场份额。该公司先后投入超过 5 亿美元用于磷虾产业的研发、创新、临床试验和南极生态环境的保护。

10.5.2 专利持续创新能力

挪威阿克海洋生物公司至今共获授权专利为 32 件，其中，涉及 DHA 的专利共 12 件，占专利申请总数量的 37.5%。由图 10.5 可以看出，2006~2015 年，该公司每年的 DHA 专利申请数量较少，2014 年专利申请数量最多，为 5 件，其余年份仅为 2 件左右。

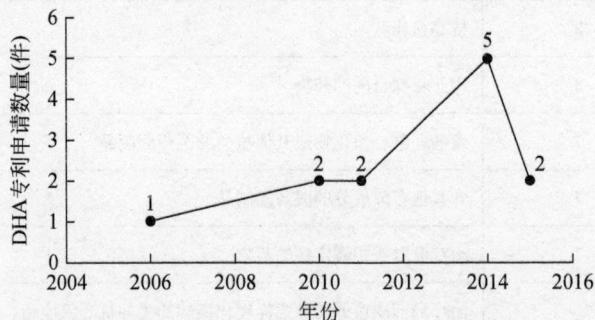

图 10.5 挪威阿克海洋生物公司 DHA 专利申请数量年度变化趋势分析

10.5.3 技术优势分析

由表 10.5 可以看出，挪威阿克海洋生物公司 DHA 专利涉及的主要技术领域集中在医药配制品（A61K-035/56、A61K-000/00、A61K-031/685）领域，其次是食用油或脂肪（A23D-009/013）和动物饲料（A23K-001/16）等领域。

表 10.5 挪威阿克海洋生物公司 DHA 专利涉及的主要技术领域分布情况

IPC 分类号	技术领域	专利申请数量（件）	所占比例（%）
A61K-035/56	含不明结构的原材料或其反应产物的医药配制品	4	33.33
A61K-000/00	医用、牙科用或梳妆用的配制品	3	25.00
A61K-031/685	含羟基化合物（磷脂酰丝氨酸、卵磷脂）的医药品	3	25.00
A23D-009/013	食用油或脂肪（如人造奶油、松酥油脂和烹饪用油等）	2	16.67
A23K-001/16	补充附加食物要素的动物饲料	2	16.67
A23L-001/30	含添加剂的食品或食料	2	16.67
A61K-009/00	以特殊物理形状为特征的医药配制品	2	16.67
A61K-031/202	以羧酸为有效成分的医药配制品，该羧酸含 3 个或 3 个以上双键	2	16.67
A61K-031/66	含磷的化合物的医用配制品	2	16.67
A61K-031/661	不具有 P-C 键的磷酸或其酯成分的医药配制品	2	16.67

10.6　瑞士雀巢公司

10.6.1　基本情况

瑞士雀巢公司拥有 138 年的历史，以生产婴儿食品起家。目前，雀巢公司已是世界上最大的食品制造商，在全球 80 多个国家拥有 500 多家工厂，有近 25 万名员工。雀巢公司是世界上最大的食品制造商，也是最大的跨国公司之一，年销售额高达 477 亿美元以上，其中，约 95% 的销售额来自食品销售。

雀巢公司以生产巧克力棒和速溶咖啡闻名，拥有丰富的产品系列。该公司的 300 多种产品（咖啡及其他产品）在 61 个国家的 421 个工厂里生产。公司总部对生产工艺、品牌、质量控制及主要原材料作出了严格的规定。雀巢公司在华生产和销售的产品包括奶粉、液体奶、婴儿配方奶粉、婴儿米 / 麦粉、甜炼乳、成长奶粉、早餐谷物、速溶咖啡、咖啡伴侣、冰淇淋、巧克力和糖果、瓶装水、饮品、鸡精和调味品等。雀巢大中华区的总部设在北京，在中国经营 20 家工厂，在华员工超过 13 000 名。2008 年，雀巢大中华区的销售额为 143 亿元。作为最早进入中国的外商之一，"雀巢"已成为中国消费者最喜爱和信任的品牌之一。

10.6.2　专利持续创新能力

雀巢公司至今共获授权专利为 3477 件，其中，涉及 DHA 的专利共 100 件，占专利申请总数量的 2.88 %。由图 10.6 可以看出，1995~2012 年，该公司的 DHA 专利申请数量总体呈波浪式上升趋势，2012 年专利申请数量达到峰值，为 21 件；2012 年至今，该公司DHA 专利申请数量呈下降趋势。

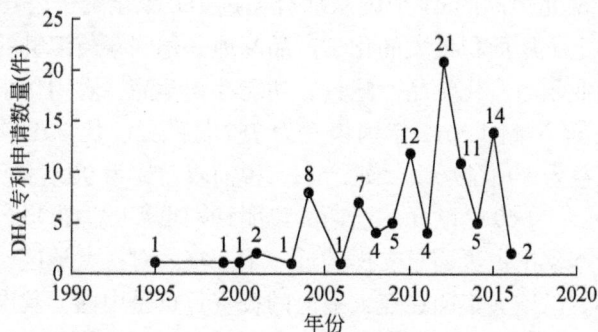

图 10.6　瑞士雀巢公司 DHA 专利申请数量年度变化趋势分析

10.6.3　技术优势分析

由表 10.6 可知，瑞士雀巢公司的 DHA 专利涉及的主要技术领域集中于含添加剂的食品或食料（A23L-001/30）、改变食品的营养性质或营养制品（A23L-001/29）、含酯类（如硝化甘油、硒代氰酸酯）的医药配制品 （A61K-031/202）等领域。

表 10.6　瑞士雀巢公司 DHA 专利涉及的主要技术领域分布情况

IPC 分类号	技术领域	专利申请数量（件）	所占比例（%）
A23L-001/30	含添加剂的食品或食料	78	78.00
A23L-001/29	改变食品的营养性质或营养制品	53	53.00
A61K-031/202	食品、食料或非酒精饮料及其制备或处理（如烹调、营养品质的改进、物理处理）	47	47.00
A23L-001/305	以羧酸为有效成分的医药配制品，该羧酸含 3 个或 3 个以上双键	33	33.00
A61K-035/74	含来自藻类、苔藓、真菌或植物药物制剂	30	30.00
A61K-000/00	医用、牙科用或梳妆用的配制品	29	29.00
A61P-003/02	治疗代谢疾病的营养品（如维生素、矿物质）	29	29.00
A23L-000/00	寡糖，即含有彼此通过配糖键连接的三至五糖基的碳水化合物的医药配制品	28	28.00
A61K-031/198	含酸、卤化物类的医药配制品	24	24.00
A61K-031/20	含酯类的医药配制品	24	24.00

10.7　德国巴斯夫集团

10.7.1　基本情况

巴斯夫集团（BASF）是德国的一家化工企业，也是世界最大的化工厂之一。巴斯夫集团在欧洲、亚洲、南北美洲的 41 个国家拥有超过 160 家全资子公司或者合资公司。该公司的总部位于世界上工厂面积最大的化学产品基地—德国莱茵河畔的路德维希港。巴斯夫集团涉及的主要商业领域有化学品、塑料、功能性化学品、农用化学品、食用化学品、石油和天然气等。巴斯夫集团 2012 年销售额为 787 亿欧元，比 2011 年增长了 7%。不计特殊项目的息税前收益为 89 亿欧元，增长 5%；税前收益约为 90 亿欧元，增长近 5%。净收入减少了 13 亿欧元，为 49 亿欧元。巴斯夫集团特别重视欧洲市场，尤其是本国市场，集团对德国国内的资本支出占集团总支出的近一半。集团对亚太地区、非洲及南美洲的资本支出所占比例最小。巴斯夫集团在亚太地区的投资重点是中国，其次是韩国。北美市场是巴斯夫集团拓展的重点。

巴斯夫集团是世界领先的化工公司，向客户提供一系列的高性能产品，包括化学品、塑料品、特性产品、农用产品、精细化学品及原油和天然气等。集团别具特色的联合体战略（即德语中的 "Verbund"）是公司的优势所在，其使集团降低成本，保证了极大的竞争优势。该集团的股票在法兰克福（BAS）、伦敦（BFA）、纽约（BF）、巴黎（BA）

和苏黎世（BAS）的股票交易所上市。近几年，巴斯夫集团侧重在石化一体化方面的发展，以乙烯裂解为龙头，带出了一系列产品。

10.7.2 专利持续创新能力

德国巴斯夫集团至今共获授权专利为 37 486 件，其中，涉及 DHA 的专利共 40 件，仅占专利申请总数量的 0.11%。由于巴斯夫集团是以石油和化工为主要产品的企业，其涉及 DHA 专利的数量较少。由图 10.7 可以看出，1989~2011 年，该集团 DHA 专利申请数量虽然总体呈上升趋势，但专利申请数量较少，2011 年专利申请数量最多，仅为 7 件；2011 年至今，该集团 DHA 专利申请数量呈下降趋势。

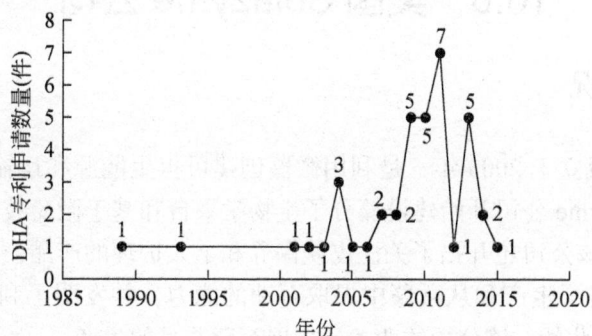

图 10.7 德国巴斯夫集团 DHA 专利申请数量年度变化趋势分析

10.7.3 技术优势分析

由表 10.7 可以看出，巴斯夫集团 DHA 专利涉及的主要技术领域集中于遗传工程涉及的 DNA 或 RNA 载体及重组技术（C12N-015/82）、利用发酵或酶的方法合成包含氧化油或脂的化合物（C12P-007/64）、通过组织培养技术获得有花植物再生的方法（A01H-005/00）等领域。此外，该集团的 DHA 专利还涉及利用酶生产酒类、糖基化合物及微生物酶制剂的生产和研发等。

表 10.7 德国巴斯夫集团 DHA 专利涉及的主要技术领域分布情况

IPC 分类号	技术领域	专利申请数量（件）	所占比例(%)
C12N-015/82	植物细胞表达载体构建、外源基因在植物细胞的表达	22	55.00
C12P-007/64	脂肪、脂油、酯型蜡、高级脂肪酸及氧化油或脂的制备	21	52.50
A01H-005/00	通过组织培养技术获得有花植物再生的方法	19	47.50
C12N-009/02	氧化还原酶类	13	32.50
C07H-021/04	PUFA/ω-3/DHA 合成的相关基因和基因克隆	11	27.50

IPC 分类号	技术领域	专利申请数量（件）	所占比例 (%)
C12N-005/10	细胞的遗传改造、细胞转基因技术	11	27.50
C12N-015/63	利用载体介导外源基因的转入、外源基因在宿主细胞内的表达及表达调控	11	27.50
C12N-001/19	酵母的遗传改造（酵母转基因）	10	25.00
C12N-009/10	转移酶类	10	25.00
A01H-005/10	植物组织培养、植株再生	9	22.50

10.8 美国 Solazyme 公司

10.8.1 基本情况

Solazyme 公司成立于 2003 年，是利用微藻创建可再生能源和运输燃料的企业。2004 年和 2005 年，Solazyme 公司开始建设藻分子生物学平台和基于微藻技术的石油生产平台。除了微藻平台建设，该公司还开拓了关注皮肤保养和个人护理的产品。经过 10 多年的发展，Solazyme 公司已具备了生产和从微藻中提取石油的能力，并发明了利用 alguronic 酸来护理体外皮肤的技术。此外，该公司的业务还扩展至营养品的生产。

Solazyme 公司利用"间接光合作用"技术，发酵产油微藻，生产摄食性植物糖。该公司建设的微藻生产平台原料多样化，可以利用各种可再生植物糖、蔗糖、玉米和葡萄糖等可持续生产纤维素制品。此外，技术平台还允许该公司生产由蛋白质、纤维素和微藻组成的化合物。

10.8.2 专利持续创新能力

美国 Solazyme 公司至今共获授权专利为 74 件，其中，涉及 DHA 的专利共 10 件，占专利申请总数量的 13.5 %。由图 10.8 可以看出，从 2007 年至今，Solazyme 公司的 DHA

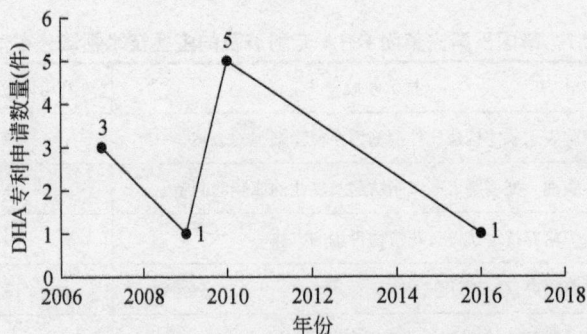

图 10.8 Solazyme 公司 DHA 专利申请数量年度变化趋势分析

专利申请数量一直很少，2010 年专利申请数量最多，仅为 5 件。2007~2016 年，该公司 DHA 专利申请总数量仅为 10 件（平均每年 1 件），这说明该公司在 DHA 领域的技术有待于进一步提高与发展。

10.8.3　技术优势分析

由表 10.8 可知，Solazyme 公司 DHA 专利涉及的主要技术领域集中于利用发酵技术和酶制剂制备多糖及其衍生物（C08B-037/00）、利用发酵和酶的方法生产多糖（含 5 个以上的糖苷键）（C12P-019/04）、含添加剂的食品或食料（A23L-001/30）等领域。这与该公司近年来利用"间接光合作用"技术发酵产油微藻并生产摄食性植物糖的发展趋势是一致的。此外，Solazyme 公司的 DHA 专利还涉及食品 / 谷物的加工与制备、药物制剂和皮肤护理剂等多个技术领域。总之，虽然该公司的 DHA 专利申请数量较少，但其涉及的应用领域比较广，技术较为多样化。因此，在未来，Solazyme 公司可能会在 DHA 领域具有较大的进步和突破。

表 10.8　Solazyme 公司 DHA 专利涉及的主要技术领域分布情况

IPC 分类号	技术领域	专利申请数量（件）	所占比例 (%)
C08B-037/00	不包含纤维素及支链淀粉的多糖类及其衍生物的制备	5	50.00
C12P-019/04	利用发酵和酶的方法生产多糖（含 5 个以上的糖苷键）	5	50.00
A23L-001/30	含添加剂的食品或食料	4	40.00
A21D-013/00	焙烤成品及半成品，以及制作或处理面团的设备	3	30.00
A23L-001/10	含源自谷类的产品的制备及处理方法	3	30.00
A61K-008/02	以特殊物理形状为特征的化妆品或类似梳妆用配制品	3	30.00
A61K-008/73	以组分为特征的化妆品或类似梳妆用配制品	3	30.00
A61K-036/02	含来自藻类的传统草药及未确定结构的药物制剂	3	30.00
A61Q-019/00	化妆品或类似梳妆用配制品（皮肤护理剂）的特定用途	3	30.00

第 11 章 在华企业的专利申请及技术优势

在中国市场上，申请藻类 DHA 技术的专利权人主要有广东润科生物工程有限公司、嘉必优生物技术（武汉）股份有限公司、厦门金达威集团股份有限公司、湖北福星生物科技有限公司、青岛琅琊台集团股份有限公司、澳优乳业（中国）有限公司、南京工业大学、江南大学、湖北欣和生物科技有限公司和内蒙古蒙牛乳业（集团）股份有限公司等，本章对这些企业在中国的专利申请情况开展分析。

11.1 广东慧尔丹营养品科技有限公司

广东慧尔丹营养品科技有限公司位于广东省广州市，是一家开发和推广 DHA 系列营养食品的公司。其母公司是广东润科生物工程有限公司，专注 DHA 事业 13 年，是规模较大的集研发、生产、销售于一体的微藻 DHA 企业，产品均为天然微藻 DHA。广东慧尔丹营养品科技有限公司生产的天然微藻 DHA 中 DHA：EPA 的含量比远大于 10：1，符合 FDA/WHO 推荐的婴幼儿食品中脂肪酸的比例要求。

DHA 相关专利申请情况：

该公司仅申请了一项专利，名为"保健品包装盒"，没有关于 DHA 的专利。

表 11.1 广东慧尔丹营养品科技有限公司的专利信息

公开号	专利名称	申请日期	法律状态
CN302720087S	保健品包装盒	2013-08-09	有效 2014-01-22 授权

11.2 广东润科生物工程有限公司

广东润科生物工程有限公司于 2000 年创建于广东省汕头市，是一家以现代生物工程技术研发为核心，生产和销售营养强化剂的国家高新技术企业。该公司是国内首家生产微藻 DHA 的企业，占地总面积为 424 亩[①]，其中，福建生产基地占地面积为 320 亩，广东生产基地占地面积为 104 亩，并拥有由国际一流海洋微藻研究专家带领的研发团队及先进的研发中心、中试车间和十万级标准的 GMP 标准生产基地。该公司实行严格的质量控制，

---

① 1 亩≈666.67m²。

已通过印度尼西亚乌拉玛委员会的 ISO9001 质量管理体系、ISO22000 食品安全管理体系和 ISO14001 环境管理等体系认证及 HALAL（清真）认证、KOSHER（犹太）与食品爱尔兰食品安全局的 SE 认证。该公司参与了食品安全国家标准《食品添加剂二十二碳六烯酸油脂（发酵法）》（GB 26400-2011）、《食品添加剂花生四烯酸油脂（发酵法）》（GB 26401-2011）等制定，积极推动了行业的健康发展。该公司曾入选 2012 年福布斯中国最具潜力企业 52 强。

DHA 相关专利申请情况：

广东润科生物工程有限公司从 2010 年有相关专利的申请，截止到 2016 年，共申请专利为 17 件，表 11.2 对其 DHA 专利涉及的主要技术领域分布情况进行分析。

表 11.2　广东润科生物工程有限公司 DHA 专利涉及的主要技术领域分布情况

IPC 分类号	专利申请数量（件）	技术领域
A23D	6	食用油或脂肪技术领域
A23L	6	食品、食料或非酒精饮料；它们的制备或处理
C12P	5	发酵或使用酶的方法合成目标化合物或组合物或从外消旋混合物中分离旋光异构体
C12R	3	与涉及微生物之 C12C 至 C12Q 或 C12S 小类相关的引得表
B65D	2	用于物件或物料贮存或运输的容器，如袋、桶、瓶子、箱盒、罐头、纸板箱、板条箱、圆桶、罐、槽、料仓、运输容器；所用的附件、封口或配件；包装元件；包装件

由表 11.2 可知，润科生物的 DHA 专利主要集中于制备和加工含有 DHA 成分的化合物及其配制品，同时也涉及 DHA 产品的包装等领域。该公司 DHA 专利的具体信息见 13.1 节。

11.3　韩国大象株式会社

韩国大象株式会社于 1956 年成立，目前已发展成为年销售额达 25 亿美元的大规模集团。该公司生产的主要产品有肌苷酸（GMP）、鸟苷酸（IMP）、核苷酸（I+G）、L- 苯丙氨酸（L-phenylalanine）、L- 谷氨酰胺（L-glutamin）、L- 精氨酸（L-arginine）、小球藻（chlorella）、L- 鸟氨酸盐酸盐（L-Ornithine HCl）、L- 瓜氨酸盐酸盐（L-citrulline HCl）、味精牛肉复合调味料（MANNA）、环糊精、麦芽糖、淀粉 / 淀粉糖、酱类（黄酱、辣酱、酱油）、咖啡类和健康食品类等。

DHA 相关专利申请情况：

该公司从 1998 年开始在中国申请专利，截至 2016 年，该公司共申请专利为 15 件，IPC 技术构成主要包括 A23L（食品、食料或非酒精饮料；它们的制备或处理）、A23K（专门适用于动物的喂养饲料和数字数据处理），专利申请数量分别为 2 件、2 件和 1 件。

专利分析：韩国大象株式会社 DHA 专利主要集中于包含 DHA 产品的生产和制备、原材料的饲喂等技术领域。

11.4　湖南佳格生物技术有限公司

湖南佳格生物技术有限公司是专业从事单细胞微生物发酵生产、研发的高新生物技术企业，其主导产品为藻油 DHA 和藻油 ARA 等生物发酵多不饱和脂肪酸及系列产品。该公司始建于 1975 年，原名为"国营益阳地区微生物厂"，先后生产的产品有味精、糖化酶和发酵甘油等。2000 年，该企业被美国 General Resource Technology（GRT）公司和台湾佳格食品股份公司联合收购，成为台湾佳格食品股份公司旗下子公司。美籍华人曹祖宁（George T. Tsao）教授为该企业的法人和董事长。2001 年，该公司国内首次引进美国的先进研究成果，开展单细胞生物发酵技术进行 DHA 和 ARA 的规模化生产研究并取得成功。

DHA 相关专利申请情况：该公司没有申请 DHA 相关专利。

11.5　嘉必优生物技术（武汉）有限公司

嘉必优生物技术（武汉）股份有限公司（Cabio/ 嘉必优）以现代生物合成技术为核心技术，以微生物油脂和脂质营养素为核心业务，以高端食品配料为核心市场，致力于向用户和消费者提供膳食脂类的营养素和解决方案，旨在通过膳食营养途径改善公众健康。该公司是国内利用发酵法工业化生产 ARA 及 DHA 等高级食品配料的开拓者和全球范围内的领先企业。该公司拥有微生物油脂领域的多项技术专利，是国家"863"(2014) 科技攻关项目的承担者，湖北省省级"营养品生物合成中心"、多项国家食品安全标准的起草者。其建立了国内第一个微生物油脂产业基地，并拥有全球最大的 ARA+DHA（发酵法）单体工厂，建立了符合 GMP 要求的制成品车间，并全线通过了 ISO9001 质量管理体系、ISO22000 食品安全管理体系、ISO14001 环境管理体系、FSSC22000 食品安全体系及 HALAL 和 KOSHER 等管理体系及质量认证，其 ARA 产品通过了欧盟 NOVEL FOOD 和美国 FDA GRAs 的审核。该公司坚持"好品质、为健康"的品牌主张，建立了覆盖全球的营销网络与运营团队，努力向全球客户提供更好的产品和更优质的服务，致力于成长为一个世界级的高端营养食品配料供应商和值得各方信赖的合作伙伴。

DHA 相关专利申请情况：

该公司从 2013 年开始在中国申请专利，截至 2016 年，该公司共申请专利数量为 21 件，技术构成主要包括使用发酵技术合成目标物或分离旋光屏构件、PHA 生产技术和其他，专利申请数量分别为 14 件、6 件和 6 件。表 11.3 对该公司 DHA 专利涉及的主要技术领域分布情况进行了分析。

表 11.3 嘉必优生物工程（武汉）有限公司 DHA 专利涉及的主要技术领域分布情况

IPC 分类号	专利申请数量（件）	技术领域
C12P	14	发酵或使用酶的方法合成目标化合物或组合物或从外消旋混合物中分离旋光异构体
C11B	6	生产，例如通过压榨原材料或从废料中萃取，精制或保藏脂肪、脂肪物质例如羊毛脂、脂油或蜡；香精油；香料
C12R	6	与涉及微生物之 C12C 至 C12Q 或 C12S 小类相关的引得表
C11C	3	从脂肪、油或蜡中获得的脂肪酸；蜡烛；脂肪、油或由其得到的脂肪酸经化学改性而获得的脂、油或脂肪酸
A23C	2	乳制品，如奶、黄油、干酪；奶或干酪的代用品；其制备

由表 11.3 可知，嘉必优生物工程（武汉）有限公司关于 DHA 的发明专利主要集中于包含 DHA 成分的油脂、乳制品和化合物等物质的制备、生产与纯化技术等。该公司 DHA 专利的具体信息见 13.2 节。

11.6　罗盖特生物营养品（武汉）有限公司

罗盖特生物营养品（武汉）有限公司成立于 2009 年，其前身是友芝友生物科技有限公司，现有员工 150 余人，由罗盖特集团控股管理。该公司位于湖北省武汉市，是一家从事医药生物工程行业的企业，在行业内有一定的知名度，员工规模超过 81% 的同行企业。近年来，该公司确定了进入生物营养品市场的新的战略目标，发展势头迅猛。

该公司仅申请并授权 1 件专利，具体信息见表 11.4。

表 11.4 罗盖特生物营养品（武汉）有限公司的专利申请信息

序号	公开号	专利名称	申请日期	法律状态
1	CN101307341	生物酶法破壁用于二十二碳六烯酸油脂生产方法	2008-05-29	有效 2012-01-04 授权

11.7　厦门金达威集团有限公司

厦门金达威集团股份有限公司申请的 DHA 专利约 15 件，申请的时间跨度为 2009-2015 年。2009 年，该公司就从双鞭甲藻发酵液中提取 DHA 不饱和脂肪酸的方法申请了一件专利。2011 年，该公司研发了一种功能型油脂微胶囊并申请了专利。2012 年，该公司的专利技术集中于富含 DHA 的微藻粉、微生物饲料添加剂和固料培养裂殖壶菌液体发酵生产 DHA 的方法。2013 年，该公司研发了斥水型维生素微胶囊并申请了专利。2014 年，该公司的技术集中于利用双鞭甲藻发酵生产 DHA 和从藻油中提纯二十二碳六烯酸乙酯，同时，还研发了含多不饱和脂肪酸的营养组合物并申请了专利。2015 年，该公司更加重视 DHA 的实际应用，其技术体现在研发了预防和 / 或治疗心脑血管疾病的组合物、生物酶催化制备磷脂型 DHA 的方法和植物性软胶囊胶皮组合物。该公司在华专利的具体信息如表 11.5 所示。

表 11.5　厦门金达威集团有限公司在华 DHA 专利基本信息

序号	专利号	专利名称	申请日期	法律状态
1	CN 101585759	从双鞭甲藻发酵液中提取 DHA 不饱和脂肪酸的方法	2009-07-08	有效
2	CN 102373244	一种花生四烯酸的微生物发酵方法	2011-11-30	有效
3	CN 102423297	一种自微乳液及其制备方法	2011-12-23	有效
4	CN 102550817	一种功能型油脂微胶囊及其制备方法	2011-12-31	有效
5	CN 102919512	一种富含 DHA 微藻粉及其制备方法	2012-09-26	有效
6	CN102925503	利用固料培养基培养高山被孢霉制备花生四烯酸的方法	2012-09-26	有效
7	CN 102987096	微生物饲料添加剂及其制备方法与应用	2012-12-31	有效
8	CN 103146584	一种固料培养裂殖壶菌液体发酵生产 DHA 的方法	2012-12-31	有效
9	CN 103549157	斥水型维生素微胶囊的制备方法	2013-11-14	有效
10	CN 103966273	一种双鞭甲藻发酵生产 DHA 的方法	2014-04-29	实质审查
11	CN 104397687	含多不饱和脂肪酸的营养组合物及其制备方法与应用	2014-11-10	实质审查
12	CN 104557541	一种从藻油中提纯二十二碳六烯酸乙酯的方法	2014-12-30	实质审查
13	CN 105079009	预防和 / 或治疗心脑血管疾病的组合物	2015-08-25	实质审查
14	CN 105400838	一种生物酶催化制备磷脂型 DHA 的方法	2015-12-30	实质审查
15	CN 105434397	一种植物性软胶囊胶皮组合物及其制备方法	2015-12-31	实质审查

11.8　三得利股份有限公司

三得利股份有限公司在华申请的 DHA 专利约 16 条左右，时间跨度为 1996-2008 年。该公司在华 DHA 专利的技术主要集中于含多不饱和脂肪酸的油脂及类脂的制造方法、含 DHA 的组合物等。三得利初期（1996、1997）专利的技术主要集中于含不饱和脂肪酸的食品和油脂。2003 年以后，三得利的专利技术逐渐趋于多样化，包括脂肪酸的改性技术、含 DHA 的食品、去饱和酶基因的挖掘和应用、多不饱和脂肪酸的生产新工艺等。三得利股份有限公司在华专利的具体信息如表 11.6 所示。

表 11.6　三得利股份有限公司在华 DHA 专利基本信息

序号	专利号	专利名称	申请日期	法律状态
1	CN 1158074	高度不饱和脂肪酸含量高的家禽蛋，其制造方法及其用途	1996-05-29	失效（有效期届满）
2	CN 1160990	配合有 ω6 系·ω3 系不饱和脂肪酸的平衡调节剂的食品组合物	1996-07-04	失效（有效期届满）
3	CN 101268828	含不饱和脂肪酸油脂	1997-08-27	有效

序号	专利号	专利名称	申请日期	法律状态
4	CN 1650023	含有高度不饱和脂肪酸的类脂物的制造方法	2003-04-25	有效
5	CN 1688704	转酯的油/脂肪或甘油三酯的生产方法	2003-09-12	有效
6	CN 1684677	用于增强认知能力的含有花生四烯酸或其与二十二碳六烯酸的组合的组合物	2003-09-22	有效
7	CN1753980	高度不饱和脂肪酸的抗坏血酸酯化合物的粉末组合物的制造方法及它们的组合物	2004-02-27	有效
8	CN1890357	含有磷脂质和长链多不饱和脂肪酸供给化合物的油脂组合物及使用该油脂组合物的食品	2004-12-02	有效
9	CN1954079	含有作为构成要素的长链高不饱和脂肪酸的磷脂质的制造方法及其应用	2005-02-28	有效
10	CN1737109	使用新型菌种保藏技术制造多不饱和脂肪酸的方法	2005-08-11	有效
11	CN 101006176	具有 Ω3 脂肪酸去饱和活性的多肽及编码其多肽的多核苷酸及其利用	2005-08-19	有效
12	CN 1746290	菌体的培养方法(可产生多不饱和脂肪酸的菌)	2005-09-05	有效
13	CN1817846	采用新型菌体处理方法制造多不饱和脂肪酸的方法	2006-02-08	有效
14	CN1891215	对器质性脑损伤引起的高级脑功能下降具有改善作用的组合物	2006-06-29	有效
15	CN101631542	神经再生剂	2007-12-27	有效
16	CN 101631870	多不饱和脂肪酸及含有其的脂质的制造方法	2008-01-15	有效

11.9　湖北福星生物科技有限公司

湖北福星生物科技有限公司申请的 DHA 专利约 7 件,其中 2008 年 3 件、2009 年 2 件、2011 和 2014 年各 1 件。可以看出,该公司近几年对 DHA 相关的研发重视程度不够。2008 年,湖北福星生物科技有限公司的专利技术主要集中于微米级 DHA 乳液和微米级花生四烯酸乳液的研发和制备。2009 年,湖北福星生物科技有限公司的专利技术集中于利用裂殖壶菌和寇氏隐甲藻工业化发酵生产 DHA。2011 年,湖北福星生物科技有限公司研发了干法制取 DHA 微藻油的方法并申请了专利。2014 年,该公司研发了一种无腥味 DHA 油脂的提取方法并申请了专利。湖北福星生物科技有限公司在华专利的具体信息如表 11.7 所示。

表 11.7　湖北福星生物科技有限公司在华 DHA 专利基本信息

序号	公开号	专利名称	申请日期	法律状态
1	CN101259102	一种微米级二十二碳六烯酸乳状液及其制备方法	2008-04-17	有效
2	CN101259101	微米级花生四烯酸/二十二碳六烯酸乳状液及其制备方法	2008-04-17	有效
3	CN101258929	一种微米级花生四烯酸乳状液及其制备方法	2008-04-17	有效
4	CN101519676	用裂殖壶菌发酵生产二十二碳六烯酸的方法	2009-04-03	有效
5	CN101538592	用寇氏隐甲藻工业化发酵生产二十二碳六烯酸的方法	2009-04-28	有效
6	CN102492544	干法制取 DHA 微藻油的方法	2011-12-07	有效
7	CN104513704	一种无腥味 DHA 油脂的提取方法	2014-12-11	实质审查

11.10　青岛琅琊台集团股份有限公司

青岛琅琊台集团股份有限公司申请的 DHA 专利约 4 件。该公司于 2012 年开始申请 DHA 专利，初期技术集中于从海洋微藻发酵液中提取 DHA 并申请了相关专利。2014 年，该公司研发了海洋微藻养殖生产干藻粉的方法。2015 年，该公司也开始重视 DHA 的实际应用，研发了一种含葡萄籽油的 DHA 藻油软胶囊并申请了专利。青岛琅琊台集团股份有限公司在华专利的具体信息如表 11.8 所示。

表 11.8　青岛琅琊台集团股份有限公司在华 DHA 专利基本信息

序号	专利号	专利名称	申请日期	法律状态
1	CN102887821	一种萃取分离海洋微藻发酵液提取 DHA 的方法	2012-09-29	有效
2	CN 103787864	一种从海洋微藻发酵液中提取 DHA 的方法	2014-02-20	有效
3	CN 103820326	一种海洋微藻养殖生产干藻粉的方法	2014-03-20	实质审查
4	CN 105124586	一种含葡萄籽油的 DHA 藻油软胶囊复配及其制备方法	2015-09-18	实质审查

11.11　澳优乳业（中国）有限公司

澳优乳业（中国）有限公司申请的 DHA 专利约 13 件，申请的时间跨度为 2010-2015 年。近 5 年来，该公司专利技术范围跨度较小，主要集中于婴幼儿配方奶粉和婴幼儿辅食的研发和配制。该公司拥有的专利技术主要包括含脂联素的婴幼儿配方奶粉及其制备方法、添加分泌型免疫球蛋白 A 的婴幼儿配方奶粉及其制备方法、有机婴幼儿配方奶粉及其制备方法、低渗透压奶粉及其制备方法、添加结构油脂的婴幼儿配方羊奶粉及其制备方法、不上火的婴幼儿配方奶粉及其制备工艺、婴幼儿水果谷粉及其生产方法、含花生四烯酸的孕产妇配方奶粉及其制备方法、氨基酸母乳化婴幼儿配方奶粉及其制备方法、益生菌婴幼儿奶粉、第四代新型婴幼儿配方奶粉及其制备方法、富含骨桥蛋白的婴幼儿奶粉和调制奶粉及其制作方法。澳优乳业（中国）有限公司在华专利的具体信息如表 11.9 所示。

表 11.9　澳优乳业（中国）有限公司在华 DHA 专利基本信息

序号	专利号	专利名称	申请日期	法律状态
1	CN101878819	一种含脂联素的婴幼儿配方奶粉及其制备方法	2010-07-20	有效
2	CN 101953403	添加分泌型免疫球蛋白 A 的婴幼儿配方奶粉及其制备方法	2010-09-25	有效
3	CN 102187913	一种有机婴幼儿配方奶粉及其制备方法	2011-07-04	有效
4	CN 102273519	一种低渗透压奶粉及其制备方法	2011-09-23	有效
5	CN 102283288	一种添加结构油脂的婴幼儿配方羊奶粉及其制备方法	2011-07-04	有效
6	CN 102283289	一种不上火的婴幼儿配方奶粉及其制备工艺	2011-09-15	有效

续表

序号	专利号	专利名称	申请日期	法律状态
7	CN 102349607	一种婴幼儿水果谷粉及其生产方法	2011-10-19	有效
8	CN 102488011	一种含花生四烯酸的孕产妇配方奶粉及其制备方法	2011-12-21	有效
9	CN 104012657	一种氨基酸母乳化婴幼儿配方奶粉及其制备方法	2014-05-21	有效
10	CN 104206539	一种益生菌婴幼儿奶粉	2014-08-14	实质审查
11	CN 104351356	一种第四代新型婴幼儿配方奶粉及其制备方法	2014-11-25	实质审查
12	CN 104489101	一种富含骨桥蛋白的婴幼儿奶粉	2014-12-19	实质审查
13	CN 105192078	一种调制奶粉及其制作方法	2015-09-11	实质审查

11.12 内蒙古蒙牛乳业（集团）股份有限公司

内蒙古蒙牛乳业（集团）股份有限公司申请的 DHA 专利约 14 件，申请的时间跨度为 2007~2015 年。该公司的专利技术主要集中于添加 DHA 的婴儿液态奶、孕妇液态奶、酸奶等。2008 年，该公司为添加 DHA 的婴儿液态奶和孕妇液态奶申请了多件专利。2009 年，该公司研发了含 DHA 和牛乳中活性成分的儿童酸奶并申请了专利。近 5 年来，该公司申请的 DHA 专利较少，专利技术主要集中于含 DHA 的调制乳和儿童常温酸奶制备技术。内蒙古蒙牛乳业（集团）股份有限公司在华专利的具体信息如表 11.10 所示。

表 11.10 内蒙古蒙牛乳业（集团）股份有限公司在华 DHA 专利基本信息

序号	专利号	专利名称	申请日期	法律状态
1	101095433	一种适用于 1—3 岁幼儿食用的液态奶及其生产方法	2007-08-03	有效
2	101218940	一种添加 DHA 的婴儿液态乳	2008-02-02	有效
3	101233876	一种适用于 0-12 个月的低乳糖婴儿液态乳	2008-02-02	有效
4	101233874	一种适用于 12-36 个月的婴儿液态乳	2008-02-02	有效
5	101233875	一种适用于 6-12 个月的婴儿液态乳	2008-02-02	有效
6	101233873	一种适用于初生到 6 个月的婴儿液态乳	2008-02-02	有效
7	101313713	一种添加 DHA 适合孕妇饮用的液态奶及其制备方法	2008-07-09	有效
8	101322509	使用在线添加技术的孕妇用液态奶及其制备方法	2008-07-09	有效
9	101322511	利用蒸汽喷射式直接灭菌的孕妇用液态奶及其制备方法	2008-07-09	有效
10	101322510	使用蒸汽注入式直接灭菌的孕妇用液态奶及其制备方法	2008-07-09	有效
11	101601427	一种添加 DHA 的儿童酸奶及其制备方法	2009-07-04	有效
12	101647490	一种保留牛乳中活性成分和热敏物质的酸奶及其生产方法	2009-09-14	有效
13	102144669	含有 DHA 藻油的调制乳及其生产方法	2011-04-14	有效
14	104824157	儿童常温酸奶及其制备方法	2015-06-02	实质审查

第 12 章 | 总结与建议

12.1 总 结

本研究以国内外藻类 DHA 相关专利为研究对象，从 DHA 全流程技术链六个阶段、潜在国外市场和跨国企业专利布局等角度，揭示了藻类 DHA 发展的总体态势、各环节的重点技术分布、全球主要专利权人及竞争优势等规律，同时还对新兴的、发展潜力巨大的巴西、印度、俄罗斯和澳大利亚四国市场开展专利布局的调查，得出如下主要结论。

12.1.1 技术布局

1）菌种选育专利的技术主要集中在脂肪、脂油、酯型蜡、高级脂肪酸及氧化油或脂的制备、植物细胞表达载体构建、外源基因在植物细胞的表达、PUFA/ω-3/DHA 合成的相关基因和基因克隆、酵母的遗传改造（酵母转基因）等领域。近年来酶或酶原基因的外源表达，酶及酶原、酶的激活、活性抑制、分离和纯化等，转移酶类等酶相关的技术，以及 DNA 重组技术、细胞的遗传改造、细胞转基因技术等基因工程技术是菌种选育的热点技术。

2）发酵培养专利主要涉及含氧有机化合物、食品或食料、微生物、动物饲料、含有机有效成分的医药配制品、脂肪或脂油的生产、具有特定治疗活性的化合物或药物制剂及奶粉或奶粉的配制品等领域。微生物真菌类技术领域是近几年来专利申请的技术热点。

3）收集提取专利主要覆盖脂肪、脂油、酯型蜡、高级脂肪酸及氧化油或脂的制备，萃取法，以及食品或饲料添加剂、含有机有效成分的医药配制品、化合物或药物制剂的特定治疗活性等食品、医药领域，近年来，改变食品的营养性质或营养制品和治疗神经系统疾病的药物等技术相对自身发展较快。

4）精制专利主要覆盖含氧有机化合物、脂肪或油脂的加工处理、饮食产品的加工处理及利用原料生产脂肪或油脂等领域。脂肪或油脂的精制、利用萃取法从原料中生产脂肪或油脂这两个技术领域是近几年来专利申请的技术热点。

5）改性及衍生化专利主要覆盖含氧有机化合物、化合物或药物制剂的特定治疗活性、食品营养成分添加剂、含有机有效成分的医药配制品等领域。近年来，含有机有效成分的医药配制品领域中的无化学特性之有效成分的混合物、与两种羟基化合物形成的磷酸二酯（其中一种羟基化合物具有氮原子）、用于治疗中枢神经系统神经变性疾病的药物、抗高血脂药增长速度较快。

6）产品应用形式专利主要集中在食品和医药等方面，覆盖食品营养成分添加剂、含有机有效成分的医药配制品、化合物或药物制剂的特定治疗活性等领域。改变食品的营养性质或营养制品、无化学特性之有效成分的混合物这两个技术领域是近几年来专利申请的技术热点。

12.1.2 主要机构

1）杜邦公司、马泰克生物科学有限公司、巴斯夫植物科学有限公司、帝斯曼知识产权资产管理有限公司是菌种选育专利主要机构。杜邦公司重点关注含氧有机化合物、DNA 重组技术、氧化还原酶、核酸；马泰克生物科学有限公司在植物相关的菌种选育专利较多；巴斯夫植物科学有限公司重点技术领域有 DNA 重组技术、植物相关的专利、氧化还原酶。

2）帝斯曼知识产权资产管理有限公司、马泰克生物科学有限公司、巴斯夫植物科学有限公司、Fermentalg 公司和纽迪希亚公司是发酵培养专利的主要专利权人。帝斯曼知识产权资产管理有限公司在微生物油脂的制备领域具有绝对的竞争力和优势；马泰克生物科学有限公司在含 DHA 的婴幼儿用食用油和配方奶粉领域具有很强的竞争和优势；巴斯夫植物科学有限公司在多不饱和脂肪酸生产和合成的基因序列领域具有较强的竞争力；Fermentalg 公司在藻种的发酵培养领域具有很强的竞争力和优势；纽迪希亚公司在利用多不饱和脂肪酸生产婴幼儿营养产品领域具有很强的竞争力和优势。

3）帝斯曼知识产权资产管理有限公司、马泰克生物科学有限公司、杜邦公司、日本油脂公司、日本水产株式会社是收集提取专利的主要专利权人。帝斯曼知识产权资产管理有限公司技术全面，在脂肪、脂油、酯型蜡、高级脂肪酸及氧化油或脂的制备，萃取法，食品或饲料添加剂，医药配制品的有机有效成分、化合物或药物制剂的特定治疗活性等技术领域都具有较多专利；马泰克生物科学有限公司专利申请数量也相关较多，在主要领域的技术都有所涉及；杜邦公司关注脂肪、脂油、酯型蜡、高级脂肪酸及氧化油或脂的制备，以及食品或饲料添加剂。

4）帝斯曼知识产权资产管理有限公司、马泰克生物科学有限公司、巴斯夫植物科学有限公司、三得利股份有限公司和日本油脂公司是精制专利的主要专利权人。帝斯曼知识产权资产管理有限公司和马泰克生物科学有限公司在脂类纯化和精制技术领域具有绝对的竞争力；巴斯夫植物科学有限公司研发重心为脂肪或油脂的精制技术，在编码脱水酶的核酸序列领域具有绝对的竞争力；三得利股份有限公司研发重心为含添加剂的食品或食料的制备或处理领域和脂肪或脂肪酸的化学改性领域，在高质量原油的生产技术领域拥有较强的竞争力。

5）努特里希亚公司、马泰克生物科学有限公司、普罗诺瓦生物制药挪威公司、帝斯曼知识产权资产管理有限公司是改性及衍生化专利的主要专利权人。努特里希亚公司在化合物或药物制剂的特定治疗活性、食品营养成分添加剂和医药配制品的有机有效成分等相关技术领域都有布局；马泰克生物科学有限公司和帝斯曼知识产权资产管理有限公司合作密切，技术布局上具有一定的相似性，重点技术包括含氧有机化合物、改变食品营养性质的添加剂等；内蒙古蒙牛乳业（集团）股份有限公司的专利也较多，技术布局主要在改变食品营养性质的添加剂、改变食品的营养性质或营养制品等技术领域。

6）劲膳美生物科技股份有限公司、阿马里纳股份公司、宁波市成大机械研究所、雀巢公司、帝斯曼知识产权资产管理有限公司等是产品应用形式专利的主要专利权人。劲膳美生物科技股份有限公司专利申请数量最多，集中在食品营养成分添加剂技术领域。宁波市成大机械研究所在改变食品营养性质的添加剂和维生素领域专利较多。雀巢公司专利主要集中在食品方面，特别是婴幼儿奶粉。帝斯曼知识产权资产管理有限公司较为关注婴儿食品、营养增补剂方面的 DHA 应用，近几年特别关注 DHA 在改善认知、治疗心脏疾病和治疗痴呆等医疗保健上的应用。

12.1.3　近年新出现的专利

2013 年以来，各个阶段出现了新的技术，如下：

1）2013 年后菌种选育专利虽然出现增长趋势减缓，但在菌株、有机化合物、含氧的有机物制备液态烃混合物、脂肪族微生物等方面，出现了新裂殖种藻类菌株、天然藻油组合物及其制备方法与重组核酸分子等新技术。

2）发酵培养专利在动物饲料的生产方法、食品或食料、含有机有效成分的医药配制品及发酵或使用酶的方法合成目标化合物等技术领域出现了一些新的技术和方法。

3）收集提取专利在结合组织肽、真空蒸馏、有碱金属、铜、金或银的硫酸盐等领域，出现了从鳕鱼骨中提取 ω-3 多不饱和脂肪酸及骨胶原蛋白和活性钙、多烯酸及其酯单体的制备方法及其装置、清洁的微藻油脂利用装置和植物甾醇脂肪酸酯及其催化合成方法等新技术。

4）目前精制技术还处于发展阶段，在动物饲料的生产、化妆品和医药配制品的配方、食品保存、肽的制备、含氧有机化合物等技术领域出现了一些新的技术和方法。

5）改性及衍生化专利近年来持续快速增长，2013 年以来涌现出了一批新技术，包括多烯酸及其酯单体的制备方法及其装置、脂肪酸或脂肪酸酯直接选择性加氢制备脂肪醇的方法等新技术。

6）产品应用形式专利中出现的新技术涉及饲料、食品和药品等领域，出现了 DHA 藻油残渣等废弃物生产的生物饲料、儿童受试者的抗 - 反流营养组合物、含不饱和脂肪酸或多不饱和脂肪酸的碳酸饮料和 DHA 用于治疗老年痴呆的药物等新技术。

12.1.4　主要跨国企业的专利技术优势

1）帝斯曼知识产权资产管理有限公司。主要关注 DHA 在食品领域的应用，相继申请了含微胶囊的婴儿食物、素食微胶囊、食物产品用高稳定性多不饱和脂肪酸组合物和含多不饱和脂肪酸的植物油等专利。2011~2016 年，帝斯曼知识产权资产管理有限公司开始关注乳液及其制备技术，申请了含有多不饱和脂肪酸的水包油乳液、可食用乳液和有机乳液等相关专利。

2）马泰克生物科学有限公司。主要关注 DHA 的应用领域，并相继申请了含多不饱和脂肪酸的油产品、植物种子油和用于治疗痴呆相关病症的多不饱和脂肪酸等相关专利。2006~2016 年，马泰克生物科学有限公司开始关注 PUFA 聚酮化合物合成酶（PKS）系统的应用，并陆续申请了与 PKS 系统的克隆和异源表达以生产多不饱和脂肪酸等技术相关的专利。

3）杜邦公司。主要集中于 PUFA 合成的关键酶及利用这些酶在含油酵母中制备长链多不饱和脂肪酸的方法这两大技术领域的专利申请，近年来还关注酰基 - 辅酶 A 溶血磷脂酰基转移酶对多不饱和脂肪酸生物合成的促进作用，并申请了相关专利。

4）雀巢公司。主要关注含 DHA 且具有某种功效的组合物的专利申请（如婴儿制剂的脂类组合物及其制备方法和含 DHA 的谷物食品），2004 年以后的专利主要涉及多种营养组合物。

5）纽迪希亚公司。主要关注营养品和营养配方等领域。

12.1.5 主要在华企业的专利技术优势

1）广东润科生物工程有限公司。主要集中于含 DHA 的油的制备。此外，2015 年研发了裂壶藻与寇氏隐甲藻混合发酵技术、耐高温型微藻 DHA 油脂微胶囊粉末的制备方法。

2）嘉必优生物技术（武汉）股份有限公司。主要集中于微生物油脂的提取方法和利用高山被孢霉生产花生四烯酸油脂的方法。

3）厦门金达威集团股份有限公司。重视 DHA 的实际应用，研发了预防和治疗心脑血管疾病的组合物、生物酶催化制备磷脂型 DHA 的方法和植物性软胶囊胶皮组合物。

4）青岛琅琊台集团股份有限公司。集中于从海洋微藻发酵液中提取 DHA 技术，近期开始重视 DHA 的实际应用，申请了含葡萄籽油的 DHA 藻油软胶囊的专利。

5）澳优乳业（中国）有限公司。主要集中于婴幼儿配方奶粉和婴幼儿辅食的研发和配制。

12.1.6 潜力市场专利分析

1）巴西市场上 DHA 相关的食品类专利约为 49 件，涉及婴幼儿配方奶粉、食用油、饮料、果汁、水乳浊液、乳液、营养棒、营养配方、固体脂肪、水包油乳剂、颗粒和浓缩型液体乳等产品形式或营养成分。

2）印度市场上 DHA 相关的食品类专利约为 73 件，涉及婴幼儿配方奶粉、用于食品的微胶囊、无缝胶囊、饮料、果汁、粗藻油、食用油、压缩型口香糖片、干燥食品、用于饮料生产的浓缩型乳液、水乳浊液、水包油乳剂、食品颗粒、谷类食品、营养棒、固体脂肪和面粉等产品形式，婴幼儿营养成分、具有某种功效的营养成分，用于食品生产用的囊膜，以及食品生产的水溶性配方等。

3）俄罗斯市场上 DHA 相关的食品类专利约为 39 件，涉及婴幼儿配方奶粉、婴幼儿营养成分、婴幼儿食品、饮料、果汁、牛奶、谷类食品、营养配方和乳液等。

4）澳大利亚市场上 DHA 相关的食品类专利约为 102 件，涉及婴幼儿配方奶粉、早产儿配方奶粉、微胶囊、无缝胶囊、口香糖、低胆固醇牛奶、食用油、微藻粉食品、饮料、果汁、混合油脂、粗藻油、谷物食品、固体脂肪、干燥食品、乳液、食品颗粒、浓缩型液体乳、脂肪酸凝胶和冰激凌等，婴幼儿营养成分、饮料等生产的水溶性配方，以及制造食品的方法等。

5）巴西、印度、俄罗斯、澳大利亚四个国家市场的 DHA 专利布局高度相似，大公司在俄罗斯专利布局较弱。这四个国家的专利权人高度相似，主要专利权机构有雅培实验室、马泰克生物科学有限公司、米德约翰逊营养品公司、雀巢公司、帝斯曼知识产权资产管理有限公司、纽迪希亚公司等；DHA 产品形式高度相似，主要有婴幼儿配方奶粉、用于食品的微胶囊、饮料、果汁、食用油、口香糖、干燥食品、食用乳液、谷类食品和面粉等；与澳大利亚等国家相比，俄罗斯市场 DHA 专利申请数量最少，除纽迪希亚公司、米德约翰逊营养品公司外，大公司较少在该国进行专利保护。

12.2 建 议

基于上述专利分析的结果，本研究从专利的战略布局、市场开发、产品形式、潜在竞争对手和技术发展趋势等角度，提出未来藻类 DHA 技术专利布局发展战略：

1）抓住全球 DHA 专利布局的缺失和空白，加快国际市场的专利战略布局。当前，国内外企业虽积极申请专利，但在专利布局上仍存在缺陷和空白点，全球专利在技术改进、产品研发、多元化布局方面存在欠缺。应抓住机会，通过合理利用专利空白点、加大技术的研发和创新等途径进行专利布局。

2）丰富产品形式，注重有潜力的国外市场。目前，国内市场上 DHA 相关产品的种类还较少，且主要集中于奶制品和医药保健品，市场前景十分广阔。应开发具有特色的、多样化的 DHA 产品类型，如 DHA/藻油/藻粉的植物食用油、饮料、果汁、面粉、保健酒、香肠、饼干、巧克力、面包、月饼、作料酱、下饭菜、调味品、罐头和冷冻食品（雪糕及冰激凌等）等。同时探索有发展潜力的俄罗斯和巴西市场。

3）密切关注新技术的发展动向，积极开展研发合作。近年来，帝斯曼知识产权资产管理有限公司、广东润科生物工程有限公司等国内外大企业日益关注油脂、胶囊粉和营养组合物等的制备技术，并积极拓展 DHA 在医药和日用品中的应用。但多数中小企业涉足DHA 行业时间不长、缺乏竞争力。建议开展企–研–校间的多方合作，整合资源，积极研发新技术、新产品。

4）积极开发和完善 DHA 生产工艺，重点加强 DHA 应用技术的研发。未来，高品质、高功效、多类型的甘油三酯型和磷脂型 DHA 相关产品将逐渐受到消费者的青睐。应积极优化和完善微藻兼养、藻种混养、连续循环积累和提取、超临界流体色谱法及复合纯化等新技术，在提高 DHA 产量的同时进一步降低生产成本，并结合未来市场需求加大对 DHA 的包埋技术、抗氧化性技术与加工稳定性技术等应用技术的研发，掌握核心技术，抢占市场先机。